oremus

Katholisches Gebetbuch

Priesterbruderschaft St. Petrus

Thalwil 2024

Alles hat seinen Preis …

Um dieses Büchlein auf unkomplizierte Weise zu verbreiten, bieten wir es gratis an. Zugleich sind wir sehr dankbar für jede Spende zur Deckung der Druck- und Versandkosten sowie zur Förderung unserer vielfältigen Apostolate. Dafür sagen wir ein herzliches Vergelt's Gott!

Bestellmöglichkeiten

ISBN 978-3-96316-036-3

- Internet: www.petrusverlag.de
- E-Mail: bestellung@petrusverlag.de
p.ramm@fssp.ch
- Post: Priesterbruderschaft St. Petrus
Ludretikonerstrasse 3 / CH-8800 Thalwil
- telefonisch: CH 0041-(0)44-772 39 33
D 0049-(0)8385-924 64 59
A 0043-(0)1-505 83 41

Spendenkonten

- *für die Schweiz:* Verein St. Petrus
CH53 0070 0114 9000 3982 3
- *für Deutschland:* Priesterbruderschaft St. Petrus e.V.
DE85 7509 0300 0200 1992 22
- *für Österreich:* Förderverein St. Petrus
AT87 3200 0000 0703 7419

IMPRIMATUR
Ordinarius Episcopalis Curiensis
Curiæ, die XII mensis Iunii A. D. 2020

INHALT

Wisse, Gott ist Gott,
du kannst Ihn nicht erfassen.
Er ist wie eine große, geheimnisvolle Flut,
wie ein tiefer Abgrund, ohne Ende.
Erschauere vor Ihm.

Wisse weiter: Der Böse ist da,
er ist ein gewaltiger Geist
und ein Betrüger von Anbeginn.
Er umlauert dich allerwärts;
sei wachsam und kämpfe wider den Satan.

Das Größte aber,
was du tun kannst,
ist dies:
beten zu Gott
in Ehrfurcht und großer Einfalt.

hl. Ephräm der Syrer

ZUM GELEIT

Unser geistliches Leben hängt entscheidend von unserem Beten ab. Im Gebet erheben wir unsere Seele zu Gott, dem wir unser Leben verdanken. Durch unser Beten erweisen wir unserem Schöpfer die schuldige Ehre, die ihm zusteht, und danken ihm für die Erlösung.

Das Gebet ehrt aber nicht nur Gott. Es zieht zugleich auch seine Gnade vom Himmel herab und wirkt so unser Heil.

Viele Stellen in der Heiligen Schrift weisen uns auf die Notwendigkeit und die Macht des Gebetes hin. So schreibt der heilige Lukas in seinem Evangelium: *„Man muss allezeit beten, ohne nachzulassen“* (Lk 18, 1) und: *„Bittet, und es wird euch gegeben werden.“* (Lk 11, 9)

Wie aber betet man richtig? Das kleine Büchlein, das Sie in Händen halten, soll keine theoretische Anleitung zum Gebet sein. Es will Sie vielmehr direkt ins Gespräch mit Gott hineinführen, indem es Ihnen viele bekannte Gebete aus dem reichen Gebetsschatz der Kirche darbietet.

Eine alte Erfahrung sagt: Beten lernt man nur durch Beten. In diesem Sinne möchte Sie dieses Büchlein bei Ihrem Beten unterstützen.

Gleich, ob Sie ein ‚geübter' Beter sind, das Gebet vielleicht schon längere Zeit nicht mehr praktizieren oder aber das Gefühl haben, es nie richtig gelernt zu haben: Sie dürfen sich sicher sein, dass Beten leichter ist, als es scheint. Entscheidend ist nur, damit anzufangen.

Sie werden dann gewiss die Erfahrung machen dürfen, dass mit der Übung des Gebetes auch die Freude daran wachsen wird. Es ist ähnlich wie mit dem Erlernen einer fremden Sprache oder eines Musikinstrumentes. Mag auch der Anfang zunächst mühsam und das Durchhalten anstrengend sein, so wird man doch nach einiger Zeit die Früchte seiner Mühen verkosten dürfen.

Gott lohnt jeden Einsatz und jedes Opfer, das man für IHN bringt, um ein Vielfaches. Vertrauen Sie darauf!

Möge Ihnen dieses Büchlein ein treuer Begleiter auf dem Weg zum Himmel werden.

P. Alexander Metz FSSP

GRUNDGEBETE

„Einst verweilte Jesus an einem Ort im Gebet. Als er damit zu Ende war, bat ihn einer von seinen Jüngern: ‚Herr, lehre uns beten!'" (Lk 11, 1)

Kreuzzeichen

Im Namen des Vaters
und des Sohnes
und des Heiligen Geistes. Amen.

Ehre sei dem Vater

Ehre sei dem Vater und dem Sohn und dem Heiligen Geist, wie es war im Anfang, so auch jetzt und allezeit und in Ewigkeit. Amen.

Vater unser

Vater unser im Himmel,
geheiligt werde Dein Name.
Dein Reich komme.
Dein Wille geschehe
wie im Himmel, so auf Erden.
Unser tägliches Brot gib uns heute.
Und vergib uns unsere Schuld,
wie auch wir vergeben unseren Schuldigern.
Und führe uns nicht in Versuchung,
sondern erlöse uns von dem Bösen. Amen.

Ave Maria

Gegrüßet seist du, Maria, voll der Gnade,
der Herr ist mit dir,
du bist gebenedeit unter den Frauen
und gebenedeit
ist die Frucht deines Leibes, Jesus.
Heilige Maria, Mutter Gottes,
bitte für uns Sünder,
jetzt und in der Stunde unseres Todes. Amen.

Gloria

Ehre sei Gott in der Höhe. Und auf Erden Friede den Menschen, die guten Willens sind. Wir loben Dich. Wir preisen Dich. Wir beten Dich an. Wir verherrlichen Dich. Wir sagen Dir Dank ob Deiner großen Herrlichkeit. Herr und Gott, König des Himmels, Gott allmächtiger Vater. Herr Jesus Christus, eingeborener Sohn. Herr und Gott, Lamm Gottes, Sohn des Vaters. Du nimmst hinweg die Sünden der Welt: Erbarme Dich unser. Du nimmst hinweg die Sünden der Welt: Nimm unser Flehen gnädig auf. Du sitzest zur Rechten des Vaters: Erbarme Dich unser. Denn Du allein bist der Heilige. Du allein der Herr. Du allein der Höchste, Jesus Christus. Mit dem Heiligen Geist, in der Herrlichkeit Gottes, des Vaters. Amen.

Apostolisches Glaubensbekenntnis

Ich glaube an Gott, den Vater, den Allmächtigen, den Schöpfer des Himmels und der Erde, und an Jesus Christus, seinen eingeborenen Sohn, unseren Herrn, empfangen durch den Heiligen Geist, geboren von der Jungfrau Maria, gelitten unter Pontius Pilatus, gekreuzigt, gestorben und begraben, hinabgestiegen in das Reich des Todes, am dritten Tage auferstanden von den Toten, aufgefahren in den Himmel; er sitzt zur Rechten Gottes, des allmächtigen Vaters; von dort wird er kommen, zu richten die Lebenden und die Toten. Ich glaube an den Heiligen Geist, die heilige katholische Kirche, Gemeinschaft der Heiligen, Vergebung der Sünden, Auferstehung des Fleisches und das ewige Leben. Amen.

Großes Glaubensbekenntnis

Ich glaube an den einen Gott, den allmächtigen Vater, Schöpfer des Himmels und der Erde, aller sichtbaren und unsichtbaren Dinge. Und an den einen Herrn Jesus Christus, Gottes eingeborenen Sohn. Er ist aus dem Vater geboren vor aller Zeit. Gott von Gott, Licht vom Licht, wahrer Gott vom wahren Gott; gezeugt, nicht geschaffen, eines Wesens mit dem Vater; durch ihn ist alles geschaffen. Für uns Menschen und um unseres Heiles willen ist er vom Himmel herabgestiegen. Er hat Fleisch angenommen durch den Heiligen Geist aus Maria, der Jungfrau, und ist Mensch geworden. Gekreuzigt wurde er sogar für uns; unter Pontius Pilatus hat er den Tod erlitten und ist begraben worden. Er ist auferstanden am dritten Tage, gemäß der Schrift. Er ist aufgefahren in den Himmel und sitzt zur Rechten des Vaters. Er wird wiederkommen in Herrlichkeit, Gericht zu halten über Lebende und Tote, und seines Reiches wird kein Ende sein. Ich glaube an den Heiligen Geist, den Herrn und Lebensspender, der vom Vater und vom Sohne ausgeht. Er wird mit dem Vater und dem Sohn zugleich angebetet und verherrlicht. Er hat gesprochen durch die Propheten. Ich glaube an die eine, heilige, katholische und apostolische Kirche. Ich bekenne die eine Taufe zur Vergebung der Sünden. Ich erwarte die Auferstehung der Toten und das Leben der zukünftigen Welt. Amen.

Sanctus

Heilig, heilig, heilig, Herr, Gott der Heerscharen. Himmel und Erde sind erfüllt von Deiner Herrlichkeit. Hosanna in der Höhe! Hochgelobt sei, der da kommt im Namen des Herrn! Hosanna in der Höhe!

Te Deum

Dich, o Gott, loben wir, Dich, den Herrn, preisen wir.
Dich, den ewigen Vater, verehrt der ganze Erdkreis.
Dir rufen alle Engel zu, die Himmel und alle Mächte.
Der Cherubim und Seraphim Stimme verstummt nicht:
Heilig, heilig, heilig ist der Herr, Gott der Heerscharen.
Himmel und Erde sind voll der Majestät Deiner Herrlichkeit.
Dich lobt der Apostel glorreicher Chor,
Der Propheten lobwürdige Zahl,
Der Martyrer strahlendes Heer.
Die heilige Kirche auf dem Erdenrund bekennt Dich,
Den Vater der unermesslichen Majestät,
Deinen anbetungswürdigen, wahren und einzigen Sohn,

Und den Heiligen Geist, den Tröster.
Du König der Herrlichkeit, Christus,
Du bist des Vaters ewiger Sohn.
Um als Erlöser Mensch zu werden, scheutest Du nicht der Jungfrau Schoß.
Du Sieger über des Todes Stachel hast den Gläubigen das Himmelreich erschlossen.
Du sitzest zur Rechten Gottes, in der Herrlichkeit des Vaters.
Wir glauben an Deine Wiederkunft als Richter.

Zur folgenden Strophe kniet man nieder:

Darum bitten wir Dich, steh Deinen Dienern bei, die Du mit Deinem kostbaren Blut erlöst hast.
Lass uns in der ewigen Herrlichkeit zu Deinen Heiligen gezählt werden.
Rette Dein Volk, o Herr, und segne Dein Erbe,
Und führe sie und erhöhe sie in Ewigkeit.
Tag für Tag preisen wir Dich,
Und wir loben Deinen Namen in Ewigkeit, und von Ewigkeit zu Ewigkeit.
Bewahre, o Herr, an diesem Tag uns vor der Sünde.
Erbarme Dich unser, o Herr, erbarme Dich unser.
Lass Deine Barmherzigkeit über uns kommen, wie wir auf Dich gehofft haben.
Auf Dich, o Herr, hoffe ich. Ich werde nicht zu Schanden in Ewigkeit. Amen.

Angelus während des Jahres, außer in der Osterzeit

℣. Der Engel des Herrn brachte Maria die Botschaft,
℟. und sie empfing vom Heiligen Geist.

Gegrüßet seist du, Maria.

℣. Maria sprach: „Siehe, ich bin die Magd des Herrn,
℟. mir geschehe nach deinem Wort."

Gegrüßet seist du, Maria.

℣. Und das Wort ist Fleisch geworden
℟. und hat unter uns gewohnt.

Gegrüßet seist du, Maria.

℣. Bitte für uns, heilige Gottesgebärerin,
℟. auf dass wir würdig werden der Verheißungen Christi.

Lasset uns beten.

Wir bitten Dich, o Herr, gieße Deine Gnade in unsere Herzen ein, damit wir, die wir durch die Botschaft des Engels die Menschwerdung Christi, Deines Sohnes, erkannt haben, durch sein Leiden und Kreuz zur Herrlichkeit der Auferstehung gelangen, durch Christus, unseren Herrn. ℟. Amen.

Regina cæli in der Osterzeit, anstelle des Angelus

℣. Freu dich, du Himmelskönigin, alleluja.
℟. Den du zu tragen würdig warst, alleluja.

℣. Er ist auferstanden, wie er gesagt hat, alleluja.
℟. Bitt' Gott für uns, alleluja.

℣. Freu dich und frohlocke, Jungfrau Maria, alleluja.
℟. Denn der Herr ist wahrhaft auferstanden, alleluja.

Lasset uns beten.

O Gott, durch die Auferstehung Deines Sohnes, unseres Herrn Jesus Christus, hast Du die Welt mit Jubel erfüllt; lass uns durch seine jungfräuliche Mutter Maria zur unvergänglichen Osterfreude gelangen, durch Christus, unseren Herrn. ℟. Amen.

AM MORGEN UND AM ABEND

„Freut euch allezeit und betet ohne Unterlass. Seid immer voll Dankbarkeit.“ (1 Thess 5, 17)

Am Morgen

O Gott, Du hast in dieser Nacht so väterlich für mich gewacht; ich lob' und preise Dich dafür und dank' für alles Gute Dir. Bewahre mich auch diesen Tag vor Sünde, Tod und jeder Plag'; und was ich denke, red' und tu', das segne, liebster Vater, Du! Beschütze auch, ich bitte dich, o heiliger Engel Gottes mich! Maria, bitt' an Gottes Thron für mich bei Jesus, deinem Sohn, der hochgelobt sei allezeit von nun an bis in Ewigkeit! Amen.

In Ihm sei's begonnen,
der lenket die Sonnen,
den Mond und die Sterne
am blauen Gezelt.
Du, Vater, Du rate,
Du lenke und wende.
Herr, Dir in die Hände
sei Anfang und Ende,
sei alles gelegt. Amen.

Eduard Mörike

Herr Jesus Christus, im Schweigen dieses anbrechenden Morgens komme ich zu Dir und bitte Dich mit Demut und Vertrauen um Deinen Frieden, Deine Weisheit, Deine Kraft. Gib, dass ich heute die Welt betrachte mit Augen, die voller Liebe sind. Lass mich begreifen, dass alle Herrlichkeit der Kirche aus Deinem Kreuz als deren Quelle entspringt. Lass mich meinen Nächsten als den Menschen empfangen, den Du durch mich lieben willst und gib mir die Bereitschaft, ihm mit Hingabe zu dienen und alles Gute, das Du in ihn hineingelegt hast, zu entfalten. Meine Worte sollen Sanftmut ausstrahlen, und mein ganzes Verhalten soll Frieden stiften. Nur jene Gedanken, die Segen verbreiten, sollen in meinem Geist haften bleiben. Verschließe meine Ohren vor jedem übelwollenden Wort und jeder böswilligen Kritik. Möge meine Zunge nur dazu dienen, das Gute hervorzuheben. Vor allem bewirke, o Herr, dass ich so voller Frohmut und Wohlgefallen bin, dass alle, die mir begegnen, sowohl Deine Gegenwart als auch Deine Liebe spüren. Bekleide mich mit dem Glanz Deiner Güte und Deiner Schönheit, damit ich Dich im Verlauf dieses Tages offenbare. Amen.

hl. Mirjam von Abellin

Du Abglanz von des Vaters Pracht
Vom Licht hast Du uns Licht gebracht.
Du jeden Lichtes Licht und Quell,
Du Tag, Du machst den Tag so hell.

Du wahre Sonne, neige Dich,
Dein Glanz erleucht' uns ewiglich,
Senk' Du des Heil'gen Geistes Schein
In unsre Herzen tief hinein.

Und auch zum Vater flehen wir,
Zum Vater der allmächt'gen Huld,
Zum Vater aller Herrlichkeit:
Bewahr' uns, Vater, vor der Schuld!

Herr, stärke uns bei jedem Werk,
Beschütz' uns vor des Neides Gier,
Hilf uns in hartem Lebenskampf
Und führe uns den Weg zu Dir!

Herr, lenke Du nur unsern Sinn
Auf engelgleiche Reinheit hin.
Der Glaube leuchte unserm Geist,
Dass er die Lüge von sich weist.

Und Christus möge unser Brot
Und unser Trank der Glaube sein.
In Freuden tret' der Gnadenstrom
Des Geistes in die Seelen ein.

Froh gehe dieser Tag dahin.
Dem Frührot die Bescheidenheit,
Dem Mittag sei der Glaube gleich;
Die Nacht bleib unserm Geist ganz weit.

Lob sei dem Herrn auf seinem Thron,
Dem Vater und dem einen Sohn,
Dem Tröster auch, dem Heil'gen Geist,
Jetzt und in alle Ewigkeit. Amen. hl. Ambrosius

Im Namen Gottes fang' ich an,
mir helfe Gott, der helfen kann!
Wenn Gott nicht hilft, wird nichts erreicht,
wenn Gott mir hilft, wird alles leicht.
Drum ist das Beste, was ich kann:
Im Namen Gottes fang' ich an! Amen.

O mein Gott und Vater! Ich sage Dir herzlichen Dank, dass Du mich diese Nacht so gnädig erhalten und durch einen ruhigen Schlaf so gütig gestärkt hast. Dir übergebe ich mich jetzt wieder ganz und gar, mit Leib und Seele. Bewahre mich am heutigen Tag vor allem Übel; leite und führe mich, dass ich in all meinem Tun und Lassen nach Deinem göttlichen Wohlgefallen lebe, jede Sünde standhaft meide und so Deiner Gnade und Liebe immer würdiger werde! Amen.

Jeden Faden, den ich drehe,
jeder Schritt, den ich heut' gehe,
jede Scholle, die ich grabe,
jede Arbeit, die ich habe:
Alles meinem Gott zu Ehren,
hier und dort sein Lob zu mehren!

Jede Speis', die ich genieße,
wenn ich andre freundlich grüße,
wenn ich nur ein Blümlein pflücke,
mich um einen Strohhalm bücke:
Alles meinem Gott zu Ehren,
hier und dort sein Lob zu mehren!

Alles, vom Geringsten, Kleinsten,
bis zum Größten, Höchsten, Reinsten,
mag's die ganze Welt erbauen,
mag's nur still mein Engel schauen:
Alles meinem Gott zu Ehren,
hier und dort sein Lob zu mehren! Amen.

Der neue Tag bricht an.
Die Nacht ist nun vergangen.
Herr, alles, was ich kann,
will ich mit Dir anfangen.
Den Menschen helfen alle Zeit,
den Frieden lieben, nicht den Streit.
Auf allen guten Wegen,
Herr, hilf mit Deinem Segen. Amen.

Aus meines Herzens Grunde
sag' ich Dir Lob und Dank
in dieser Morgenstunde
und all mein Leben lang.
Dich, Gott, auf Deinem Thron,
will preisen ich und ehren,
durch Christus, unsern Herren,
Dein' eingebor'nen Sohn.

Du hast mich, Herr, aus Gnaden
in der vergang'nen Nacht
vor G'fahr und allem Schaden
behütet und bewacht.
Ich bitt' demütiglich,
wollst mir mein Sünd' vergeben,
womit in diesem Leben
ich hab erzürnet Dich.

Du wollest auch behüten
mich gnädig diesen Tag
vor Teufels List und Wüten,
vor Sünden und vor Schmach,
vor Krankheit, Leid und Not,
vor Armut und vor Schanden,
vor Ketten und vor Banden,
vor bösem, schnellem Tod!

Gott will ich lassen raten,
der alle Ding' vermag.
Er segne meine Taten,
mein Werk an diesem Tag.

Ihm hab ich heimgestellt
den Leib, die Seel', das Leben
und was er sonst gegeben;
er mach's wie's ihm gefällt!

Darauf so sprech' ich „Amen!"
und zweifle nicht daran,
Gott wird es all zusammen
in Gnaden sehen an.
Und streck' nun aus mein' Hand,
greif' an das Werk mit Freuden,
dazu mich Gott mög' leiten
in mein'm Beruf und Stand! Amen.

Wenn ich erwach' am frühen Morgen,
Herz Jesu, dann begrüß' ich Dich,
um für des Tages Müh' und Sorgen,
Dir innig zu empfehlen mich.

Auf Dich, o Herz, will ich nur schauen,
Du bist mein Stern, mein Trost, mein Licht!
Und mutig will ich Dir vertrauen;
denn Deine Treue wanket nicht.

So nimm mein Herz Dir ganz zu eigen;
gib Du ihm Kraft zur guten Tat.
Und sollte es zur Sünde neigen,
halt' Du es fest in Deiner Gnad'!

Von Dir soll heute nichts mich scheiden,
verbirg in Deinen Wunden mich!
Dort will ich beten, opfern, leiden
und sterben, wenn Du willst, für Dich!

So oft wie heut' mein Herz wird schlagen,
will ich es stets aufs Neu' Dir weih'n,
und jeder Pulsschlag soll Dir sagen:
„Herz Jesu, für Dich ganz allein!"

In Deine Liebe ich empfehle
auch alle, die mir nahesteh'n;
behüte sie an Leib und Seele,
lass keinen heute irregeh'n!

Und nun gib mir den Morgensegen,
er weihe diesen Tag mir ein,
und sei mit mir auf allen Wegen,
bis ich werd' ewig bei Dir sein! Amen.

Herr und Gott, König des Himmels und der Erde, leite und heilige, regiere und lenke in Deiner Gnade heute unser Herz und unseren Leib, unsere Gedanken, Worte und Werke nach Deinem Gesetz und in der Erfüllung Deiner Gebote, damit wir mit Deiner Hilfe hier und auf ewig selig und frei werden. Du Heiland der Welt, der Du lebst und herrschest in alle Ewigkeit. Amen.

Ich leg' in Deine guten Vaterhände,
was Du an Sorgen schickst, an Freuden schenkst.
Ich weihe Dir die Meinen, die ich liebe,
damit Du gnädig ihre Wege lenkst.
Ich weihe Dir die Menschen, die ich führe,
führ' Du sie einmal in den Himmel ein.
Ich weihe Dir die Arbeit, die ich schaffe,
lass meine schwache Hand gesegnet sein.
Ich weihe Dir die Freude des Erfolges,
in dem ich dankbar Deinen Ansporn seh'.
Ich weihe Dir den Ansturm der Versuchung,
gib Du mir Kraft, dass ich ihr widersteh'.
Ich weihe Dir mein Herz und was es einschließt.
Ich weihe Dir mein Wollen, gut zu sein.
Komm mächt'ger Vater, gib mir Deinen Segen,
bleib bei mir, hilf mir, lass mich nicht allein!
Amen.

Herr, allmächtiger Gott, Du hast uns zum Beginn dieses Tages gelangen lassen; schirme uns heute durch Deine Kraft. Lass uns an diesem Tag in keine Sünde fallen; lass vielmehr unser Denken, Reden und Tun allzeit darauf gerichtet sein, was recht ist vor Dir. Durch unseren Herrn Jesus Christus, Deinen Sohn, der mit Dir und dem Heiligen Geist lebt und herrscht, Gott, von Ewigkeit zu Ewigkeit. Amen.

In Deine Hände, Herr, und in die Hände Deiner Engel übergebe und befehle ich heute meine Seele, meine Eltern, meine Wohltäter, meine Freunde, meine Feinde und das ganze katholische Volk. Herr, durch die Verdienste und die Fürbitte der seligen Jungfrau Maria und aller Heiligen bewahre uns diesen Tag vor Irrungen, vor bösen Lüsten und Sünden, vor Versuchungen des Teufels, vor einem plötzlichen, unvermuteten Tode und vor den Strafen der Hölle. Erleuchte mein Herz durch den Heiligen Geist und durch Deine Gnade. Gib, dass ich stets Deinen Geboten gehorche, und lass nicht zu, dass ich mich je einmal von Dir trenne! Du bist Gott und lebst und herrschest mit Gott dem Vater und mit ihm, dem Heiligen Geist, in alle Ewigkeit. Amen. hl. Edmund

Heiligstes Herz Jesu, ich opfere Dir auf meinen Willen, dass Du ihn stärkest, meinen Verstand, dass Du ihn erleuchtest, mein Gedächtnis, dass Du es einnimmst, meine Wünsche und Neigungen, dass Du sie reinigst. Ich opfere Dir auf meine Absichten, dass Du sie leitest, meine Mühen und Arbeiten, dass Du sie segnest, und alle meine inneren und äußeren Handlungen, dass Du sie heiligst. Dein göttliches Herz, o Jesus, soll alles besitzen, was ich bin und habe. Deine Liebe zu mir ist meine Hoffnung und mein ganzes Vertrauen. So erhöre mich denn und lass nicht zu, dass ich je von Dir getrennt werde. Amen.

Des Morgens, wenn ich früh aufsteh',
des Abends, wenn ich schlafen geh,
seh'n meine Augen, Herr, auf Dich,
Herr Jesu, Dir befehl' ich mich. Amen.

Alles meinem Gott zu Ehren,
in der Arbeit, in der Ruh'!
Gottes Lob und Ehr' zu mehren
ich verlang' und alles tu'.
Meinem Gott allein will geben
Leib und Seel', mein ganzes Leben.
Gib, o Jesu, Gnad' dazu.

Dich, Maria, will ich ehren,
die du uns das Heil gebracht,
und dein Leben soll mich lehren,
was mich ewig selig macht.
Lass mich dich recht kindlich lieben,
nie durch eine Sünd' betrüben.
Schütze mich bei Tag und Nacht. Amen.

Dein gedenk' ich jeden Morgen,
milde Himmelskönigin.
Dir empfehl' ich meine Sorgen,
alles, was ich hab und bin.
In vertrauensvollem Flehen
rufe ich zu dir empor,
lass dein Kind nicht trostlos gehen,
neige, Mutter, mir dein Ohr.

Sieh, mein Herz fühlt süße Freuden,
wenn es liebend dein gedenkt,
die in jedem Erdenleiden
lieben Trost und Labsal schenkt,
zu der ich oft so kindlich flehe,
die mich lässt fühlen ihre Macht,
da, wo ich nur geh und stehe,
über meinem Haupte wacht.

Ja, dein will ich stets gedenken,
will dir ganz ergeben sein,
und mich heut' dir wieder schenken,
dir mein Herz von Neuem weih'n.
Will auf deinen Wegen wandeln,
eifern stets für Recht und Pflicht,
allzeit streben, recht zu handeln,
bis mein Aug' im Tode bricht. Amen.

Am Abend

Bevor ich mich zur Ruh' begeb',
zu Dir, o Gott, mein Herz ich heb'
und sage Dank für jede Gab',
die ich von Dir empfangen hab;
und hab ich heut' missfallen Dir,
so bitt' ich Dich, verzeih es mir!
Dann schließ' ich froh die Augen zu,
es wacht mein Engel, wenn ich ruh'.
Maria, liebste Mutter mein,
o lass mich dir empfohlen sein.
Dein Kreuz, o Jesus, schütze mich
vor allem Bösen gnädiglich.
In Deine Wunden schließ' mich ein,
dann schlaf' ich sicher, keusch und rein. Amen.

Müde bin ich, geh zur Ruh',
schließe meine Augen zu.
Vater, lass die Augen Dein
über meinem Bette sein!
Hab ich Unrecht heut' getan,
sieh es, lieber Gott, nicht an!
Deine Gnad' und Jesu Blut
macht ja allen Schaden gut.

Alle, die mir sind verwandt,
Gott, lass ruh'n in Deiner Hand.
Alle Menschen, groß und klein,
sollen Dir befohlen sein.

Kranken Herzen sende Ruh',
nasse Augen schließe zu.
Kürz' der Armen Seelen Pein,
lass sie bald zum Himmel ein. Amen.

Luise Hensel

Christus, der Du bist Tag und Licht,
vor Dir besteht die Nacht ja nicht;
Du strahlst in Deiner Gottheit Glanz,
lehr' uns den Weg zur Wahrheit ganz!

Ach, Herr, wir bitten Deine Güte,
dass sie uns gnädiglich behüte;
bleib bei uns mit Deiner Macht,
gib wahre Ruh' uns diese Nacht!

Ob auch die Augen schlafen ein,
lass unser Herz doch wacher sein;
halt' über uns Dein' rechte Hand,
schütz' uns vor Sündenschuld und Schand'!

Christus, Du gabst für uns Dein Blut,
halt' uns Dein Leiden nun zugut';
durch Deine heil'gen Wunden rot,
hilf uns aus aller Angst und Not!

Denke, o allerliebster Herr,
wie unser Leib so erdenschwer;
der Du der Seelen Schutzherr bist,
o steh uns bei, Herr Jesu Christ!

Lass Deine Engel bei uns sein,
dass wir in Frieden schlafen ein!
O heiligste Dreifaltigkeit,
Dich loben wir in Ewigkeit! Amen.

Herr, bleibe bei mir in dieser Nacht. In Deinen väterlichen Schutz empfehle ich meinen Leib und meine Seele sowie alle die Meinigen. Ich bitte Dich inständig, Du wollest mich diese Nacht vor allem Übel gnädiglich bewahren, auf dass ich morgen neu gekräftigt erwache und Deinen heiligen Namen lobe und preise. Stehe auch bei allen Kranken, Elenden und Obdachlosen und Gefährdeten, schirme die Reisenden, schrecke zurück die Frevler, welche die Nacht zu Zwecken der Finsternis missbrauchen, und erbarme Dich der Sterbenden. Behüte uns alle wie Deinen Augapfel und schütze uns unter dem Schatten Deiner Flügel. So oft ich atme in dieser Nacht, so oft mein Herz schlägt, so oft sollst Du, mein Gott und Herr, von mir angebetet und gepriesen sein. Amen.

Vater, mit dankbarem und demütigem Herzen erscheine ich wieder vor Dir am Ende dieses Tages. Danken möchte ich Dir für alle Wohltaten, die ich von Deiner Huld empfangen habe. Deinem Segen verdanke ich alle gute Arbeit und allen Erfolg dieses Tages. Jede Gelegenheit, Gutes zu tun, jeder Antrieb zum Rechten, jeder Sieg über mich selbst, jeder Gedanke an Deine Allgegenwart, Vater, jeder stille Blick auf das Beispiel und die Liebe Deines Sohnes, meines Herrn Jesus Christus - alles ist Deine Gabe.

Aber ach, wie wenig und wie unvollkommen ist das Gute, das ich getan habe, wie viel das, was ich hätte tun können und nicht getan habe! Ich bin noch immer der träge Knecht, der um den Willen seines Herrn weiß und ihn nicht tut. Mein Leben ist mehr Sünde und Bitte um Nachlass der Sünde als Tugend und Ringen nach Heiligkeit.

O Du treuer, guter Vater Deiner Kinder! So bekenne ich mich denn auch an diesem Abend als Sünder vor Dir. Ich nehme auch jetzt zu Deiner Gnade, die mir Dein Eingeborener angeboten hat, meine Zuflucht. Ich tröste mich auch jetzt im Glauben an Deine teure Verheißung, dass Du den Tod des Sünders nicht willst.

So sprich denn Du zu meiner Seele: Sei rein! So gib mir denn auch Weisheit und Kraft, dass ich in willigem Gehorsam gegen Deine Gebote und im fröhlichen Vertrauen auf Deine Verheißungen treu und rüstig auf dem geraden Weg zu Dir fortwandle. Leben nach Deinem heiligen Willen - das ist doch der beste Dank, den ich Dir für alle Deine Wohltaten bringen kann. Und diesen Dank möchte ich Dir gern immer vollkommener bringen, möchte gern mit jedem Tag in Deiner Erkenntnis und Liebe wachsen. Dazu hilf mir Du, mein gütigster Vater. Amen.

Johann Michael Sailer

Bevor des Tages Licht vergeht,
O Herr der Welt, hör dies Gebet.
Behüte uns in dieser Nacht
Durch Deine große Güt' und Macht.

Hüllt Schlaf die müden Glieder ein,
Lass uns in Dir geborgen sein
Und mach am Morgen uns bereit
Zum Lobe Deiner Herrlichkeit.

Dank Dir, o Vater, reich an Macht,
Der über uns voll Güte wacht
Und mit dem Sohn und Heil'gen Geist
Des Lebens Fülle uns verheißt. Amen.

Hymnus der Komplet

In Deiner unendlichen Güte segne mich, heiligstes Herz Jesu, und nimm auf meine Danksagung für alle Gnaden und Wohltaten, die ich von Dir an diesem Tag empfangen habe.

Es reuen und schmerzen mich die vielen Fehler und Treulosigkeiten, die ich gegen Dich begangen habe. Ich hoffe, dass Du sie mir verzeihst und dass Du alles ersetzest, was ich der göttlichen Ehre geraubt habe.

Mein Glaube, meine Hoffnung, meine Liebe, alles ist Dein. In Deinem heiligsten Herzen, o Jesus, will ich nun ruhen und sanft schlafen. O möge ich dann ganz entzündet von Deiner Liebe wieder erwachen. Amen.

Bevor der Tag zu Ende geht,
hör, lieber Gott, mein Nachtgebet!
Du bist so milde und so gut,
nimm gnädig mich in Deine Hut!
Gib, dass kein böser Traum mich weckt
und mich im Dunkeln nichts erschreckt!
Den Teufel treibe fort von mir;
mit Leib und Seel' gehör' ich Dir!
Ich lobe Dich in Ewigkeit,
o heiligste Dreifaltigkeit. Amen.

In dieser Nacht sei Du mir Schirm und Wacht; o Gott, durch Deine Macht wollst mich bewahren vor Sünd' und Leid, vor Satans List und Neid; hilf mir im letzten Streit, in Tod'sgefahren!

O Jesu mein, die heil'gen Wunden Dein mir sollen Ruhstatt sein für meine Seele. In dieser Ruh' schließ' mir die Augen zu; den Leib und alles Gut ich Dir befehle.

O große Frau, Maria, auf mich schau; mein Herz ich dir vertrau' in meinem Schlafen. Auch schütze mich, Sankt Joseph, väterlich; Schutzengel, streit' für mich mit deinen Waffen.

Leise sinkt der Abend nieder, und das Tagwerk ist vollbracht. Will Dich, Jesus, nochmals grüßen und Dir sagen gute Nacht.

Traulich still vor'm Tabernakel hält die ew'ge Lampe Wacht, und die Englein singen leise: lieber Heiland, gute Nacht!

Heiland, gib uns Deinen Segen, schirm' mit Deiner Gottesmacht mich und alle meine Lieben, lieber Heiland, gute Nacht!

Heiland, darf nicht länger weilen, hielt so gern noch bei Dir Wacht. Doch ich grüße Dich von Herzen, lieber Heiland, gute Nacht!

Den letzten Gruß der Abendstunde
send' ich zu Dir, o göttlich' Herz!
In Deine heil'ge Liebeswunde
senk' ich des Tages Freud' und Schmerz.

O Herz der Liebe, Dir vertraute
am Morgen ich des Tages Last,
und nicht umsonst ich auf Dich baute,
voll Huld Du mich gesegnet hast.

O habe Dank für Deine Güte,
die schützend mir zur Seite stand,
auch diese Nacht mich treu behüte
durch Deines heil'gen Engels Hand.

O göttlich' Herz, all meine Sünden
bereue ich aus Lieb' zu Dir;
o lasse mich Verzeihung finden;
schenk' Deine Lieb' aufs Neue mir!

Herz Jesu, innig ich empfehle
auch alle meine Lieben Dir,
beschütze sie an Leib und Seele,
die Gutes je erwiesen mir.

In Deiner heil'gen Herzenswunde
schlaf ich nun sanft und ruhig ein,
o lass sie in der letzten Stunde
mir eine Himmelspforte sein! Amen.

Schon sinkt der Erde Feuerglut.
O ew'ges Licht, o Einigkeit,
O heiligste Dreifaltigkeit,
Gieß' Lieb' in unsre Herzen ein.

Dich preisen wir schon in der Früh',
Dich flehen wir am Abend an
Und bitten, dass wir Dich dereinst
Besingen in der Heil'gen Schar.

Dem Vater sei und auch dem Sohn
Zugleich mit Dir, dem Heil'gen Geist,
So wie es war, so allezeit,
Der Preisgesang in Ewigkeit. Amen.

aus dem Stundengebet

Bleibe bei uns, Herr, denn es will Abend werden, und der Tag hat sich geneigt. Bleibe bei uns und bei Deiner ganzen Kirche. Bleibe bei uns am Abend des Tages, am Abend des Lebens, am Abend der Welt. Bleibe bei uns mit Deiner Gnade und Güte, mit Deinem Wort und mit Deinem Sakrament, mit Deinem Trost und mit Deinem Segen. Bleibe bei uns, wenn über uns kommt die Nacht der Trübsal und der Angst, die Nacht des Zweifels und der Anfechtung, die Nacht des bitteren Todes. Bleibe bei uns und allen Deinen Gläubigen in Zeit und Ewigkeit. Amen.

Wilhelm Löhe

Bleibe, Abend will es werden
und der Tag hat sich geneigt;
bleibe, Herr, bei uns auf Erden,
bis die letzte Klage schweigt.

Wer soll unsre Tränen stillen,
wenn es Deine Hand nicht tut?
Wer des Herzens Zug erfüllen,
wenn nicht Deine Liebesglut?

Ach, so falsch ist ja die Erde,
ach, so schwankend ist das Herz;
von der Erde, voll Beschwerde,
führe Du uns himmelwärts!

Bleibe, Abend will es werden,
und der Tag neigt sich zur Ruh';
bleibe, Herr, uns hier auf Erden,
und im Himmel bleibe Du! Amen. Franz A. Muth

Der Tag ist vorübergeeilt, den Deine Güte, Gott und Herr, mir geschenkt hat. Siehe, vom Grunde meines Herzens danke ich Dir, dass Du heute mich so väterlich behütet und mir unwürdigem Sünder Deine Güte und Barmherzigkeit hast widerfahren lassen. Langmütig erträgst Du mich und gibst mir Zeit, mein Leben zu bessern und mein Heil zu wirken. Dein heiliger Name sei dafür gelobt und gepriesen in alle Ewigkeit! Amen.

TISCHGEBETE

„Es weiß ja euer Vater im Himmel, dass ihr all dessen bedürft." (Mt 6, 32)

Vor dem Essen

O Gott, von dem wir alles haben,
wir preisen Dich für Deine Gaben!
Du speisest uns, weil Du uns liebst,
drum segne auch, was Du uns gibst. Amen.

Komm, Herr Jesus, sei unser Gast, und segne,
was Du uns bescheret hast. Amen.

Segne, Herr, die Speisen,
gib ein zufrieden Herz
und lass uns stets Dich preisen
in Freude wie in Schmerz. Amen.

Aller Augen warten auf Dich, o Herr,
Du gibst ihnen Speise zur rechten Zeit.
Du öffnest Deine milde Hand
und erfüllest alles, was da lebt, mit Segen.
Ehre sei dem Vater und dem Sohn
und dem Heiligen Geist,
wie es war im Anfang, so auch jetzt und alle Zeit
und in Ewigkeit. Amen.

Herr, segne uns und diese Deine Gaben, die wir von Deiner Güte jetzt empfangen werden, durch Christus, unseren Herrn. Amen.

Alle guten Gaben,
alles, was wir haben,
kommt, o Gott, von Dir,
wir danken Dir dafür.
Gib uns unser täglich Brot,
hilf allen Menschen in der Not.
Lass uns, Herr, beim Trinken, Essen,
Deine Güte nicht vergessen.
Teil' uns Deine Liebe aus,
füll' mit Frieden Herz und Haus. Amen.

Segne Vater dieses Essen,
lass uns Neid und Hass vergessen,
schenke uns ein fröhlich' Herz.
Leite Du so Herz wie Hände,
führe Du zum guten Ende
unsre Freude, unsren Schmerz. Amen.

Nach dem Essen

Wir danken Dir, allmächtiger Gott, für all Deine Wohltaten, der Du lebst und herrschest von Ewigkeit zu Ewigkeit. Amen.

Herr, vergilt allen, die uns um Deines Namens willen Gutes getan haben, mit dem ewigen Leben. Amen.

Dir sei, o Gott, für Speis' und Trank,
für alles Gute Lob und Dank.
Du gabst, Du wirst auch ferner geben,
Dich preise unser ganzes Leben! Amen.

Wir danken Dir Herr Jesus Christ,
dass Du unser Gast gewesen bist.
Bist Du bei uns, ist keine Not,
Du bist das wahre Himmelsbrot. Amen.

Wir danken Dir, Herr und Gott, himmlischer Vater, dass Du nicht allein unseren Leib ernährst, sondern auch unsere Seele mit Deinem heiligen Wort und Sakrament speist.

Verleihe uns die Gnade, dass wir all unsere Kräfte zu Deiner Ehre einsetzen und die armen Brüder, die Hunger und Not leiden, nicht vergessen. Amen.

IM GESPRÄCH
MIT GOTT, DEM DREIEINEN

„Du sollst den Herrn, deinen Gott, anbeten und ihm allein dienen.“ (Lk 4, 8)

Gott, von Dir sich *abwenden* heißt fallen,
zu Dir sich *hinwenden* heißt aufstehen,
in Dir *bleiben* heißt sicheren Bestand haben.
Gott, Dich *verlassen* heißt sterben,
zu Dir *heimkehren* heißt neu zum Leben erwachen,
in Dir *weilen* heißt leben. Amen. hl. Augustinus

Mein Herr und mein Gott,
nimm alles von mir,
was mich hindert zu Dir!
Mein Herr und mein Gott,
gib alles mir,
was mich fördert zu Dir!
Mein Herr und mein Gott,
nimm mich mir
und gib mich ganz zu eigen Dir! Amen.

hl. Nikolaus von der Flüe

Nichts soll dich ängstigen, nichts dich erschrecken. Alles geht vorüber. Gott bleibt derselbe. Geduld erreicht alles. Wer Gott hat, hat alles. Gott allein genügt. Amen.

hl. Theresia von Avila

Du Höchster, Allmächtiger, Einzig-Guter, / Dein ist der Lobpreis und Ruhm, die Ehre und jegliches Benedeien. / Dir allein, Höchster, gebühren sie. / Und keiner der Menschen ist wert, Dich im Munde zu führen. / Sei gelobt, mein Herr, mit all Deinen Kreaturen. / Sonderlich mit der hohen Frau, unsrer Schwester, der Sonne, / die den Tag macht und mit ihrem Licht uns leuchtet, / wie schön in den Höh'n und prächtig in mächtigem Glanze / bedeutet sie, Herrlicher, Dich! / Sei gelobt, mein Herr, für Bruder Mond und die Sterne, / die Du am Himmel geformt in köstlich funkelnder Ferne. / Sei gelobt, mein Herr, für Bruder Wind / und für Luft und Gewölk und heit'res und jegliches Wetter, / wodurch Du belebst die Kreaturen, dass sie sind. / Sei gelobt, mein Herr, für die Schwester Quelle, / die so nützlich ist, gering und köstlich und keusch und helle. / Sei gelobt, mein Herr, für Bruder Feuer, durch den Du erleuchtest die Nacht. / Sein Sprüh'n ist kühn, heiter ist er, schön und gewaltig stark. / Sei gelobt, mein Herr, durch unsere Schwester, die Mutter Erde, die uns versorgt und nährt / und zeitigt allerlei Früchte und farbige Blumen und Gras. / Sei gelobt, mein Herr, für jene, die verzeihen aus Liebe zu Dir, und Elend tragen und Mühsal. / Selig jene, die dulden im Frieden, weil sie von Dir, o Höchster, die Krone empfangen. /

Sei gelobt, mein Herr, für unseren Bruder Tod, den herben, / dem kein Lebender entrinnen kann. / Weh all denen, die sterben in Todessünden. / Selig jene, die sich gefunden in Deinem heiligsten Willen, / denn ihnen kann der zweite Tod nicht an. / Lobet und preiset meinen Herrn in Dankbarkeit und dienet ihm in aller Niedrigkeit! hl. Franz von Assisi

Du bist heilig, Herr, Gott. / Du bist der alleinige Gott, der einzig Wunderwerke tut. / Du bist der Starke, Du bist der Große, Du bist der Allerhöchste. / Du bist der Allmächtige, Du bist der heilige Vater, der König des Himmels und der Erde. / Du bist der Dreifaltige und Eine, Herr, Gott, Allgütiger. / Du bist gut, über alles gut, lebendig und wahr. / Du bist die Liebe, Du bist die Weisheit, Du bist die Demut, Du bist die Geduld. / Du bist die Schönheit, Du bist die Sicherheit, Du bist die Ruhe, Du bist die Freude. / Du bist unsere Hoffnung, Du bist die Gerechtigkeit, Du aller Reichtum. / Du bist unsere Zuflucht und unsere Kraft. / Du bist unser Glaube, unsere Hoffnung und unsere Liebe. / Du bist unsere große Wonne. / Du bist die unendliche Güte, der große und wunderbare Herr, / allmächtiger Gott, gütiger und barmherziger Heiland. / Dir sei Lob und Preis und Ruhm in alle Ewigkeit! Amen. hl. Franz von Assisi

O mein Gott, ich bekenne, dass Du das Dunkel meines Lebens erhellen kannst; ja, Du allein kannst es. Wie sehr wünsche ich, dass dieses Dunkel erhellt werde! Ich weiß nicht, ob Du es willst; aber ich weiß, dass Du es kannst und dass ich es sehnlichst wünsche, und das ist Grund genug, dass ich darum bitte; denn Du hast es mir ja nicht verboten, um Erfüllung meiner seelischen Bedürfnisse zu bitten. Ich verspreche Dir deshalb mit Deiner Gnade, dass ich mit ganzer Seele umfassen werde, was ich schließlich als Wahrheit erkenne, wenn ich überhaupt je zu dieser Sicherheit gelange. Mit Deiner Gnade will ich mich sorgfältig vor jedem Selbstbetrug hüten, der mich verleiten könnte, eher den Wünschen der Natur als dem Urteil der Vernunft zu folgen. Amen. hl. Kardinal John Henry Newman

O wie tröstlich ist es doch, bester Vater, dass Du meinen Kalender für das kommende Jahr schon längst und auf das Genaueste gemacht hast! So überlasse ich mich ganz Deiner gütigen Vorsehung und kenne nur eine Sorge, Deinen väterlichen Willen zu erkennen und zu erfüllen. Amen. Wilhelm Eberschweiler SJ

Ich liebe Dich, o mein Gott, und mein einziger Wunsch ist es, Dich zu lieben bis zum letzten Seufzer meines Lebens.

Ich liebe Dich, o unendlich liebenswürdiger Gott, und ich möchte lieber aus Liebe sterben, als auch nur einen Augenblick zu leben, ohne Dich zu lieben.

Ich liebe Dich, o mein Gott, und ich sehne mich nur nach dem Himmel, um das Glück zu haben, Dich vollkommen zu lieben.

Ich liebe Dich, o mein Gott, und ich fürchte mich vor der Hölle, nur weil man dort niemals den süßen Trost hat, Dich zu lieben.

Mein Gott, wenn meine Zunge nicht in jedem Augenblick sagen kann, dass ich Dich liebe, dann will ich, dass mein Herz es Dir wiederholt, sooft ich nur atme.

Mein Gott, gib mir die Gnade zu leiden, indem ich Dich liebe, und Dich zu lieben, indem ich leide, und zu sterben, indem ich Dich liebe, und zu fühlen, dass ich Dich liebe.

Mein Gott, im gleichen Maß als ich mich meinem Ende nähere, erweise mir die Gnade, meine Liebe zu vermehren und zu vervollkommnen. Amen.

hl. Pfarrer von Ars

Zur göttlichen Vorsehung

Allmächtiger, ewiger Gott, verleihe gnädig, dass wir Deine göttliche Vorsehung allezeit vor Augen haben. Verbanne aus unseren Herzen alle unnützen Sorgen. Lass uns immer fest auf Deine göttliche Allmacht, ewige Weisheit und unendliche Güte vertrauen. Ordne alle Umstände unseres Lebens und leite sie bis an unser Ende, wie Du weißt, dass es Dir gefällig und uns nützlich ist. Amen.

Herr, Du bist groß und hoch zu loben; groß ist Deine Macht und Deine Weisheit ohne Ende! Und Dich zu loben wagt der Mensch, ein winziges Glied Deiner Schöpfung, der Mensch, der dem Tode verfallen ist, der weiß um seine Sünde und weiß, dass Du den Stolzen widerstehst; und dennoch: Du selbst willst es so! Wir sollen Dich loben aus fröhlichem Herzen, denn Du hast uns zu Dir hin geschaffen, und unruhig ist unser Herz, bis es Ruhe findet in Dir. Amen. hl. Augustinus

Das allgemeine Gebet

Allmächtiger, ewiger Gott, Herr, himmlischer Vater! Sieh an mit den Augen Deiner unendlichen Barmherzigkeit unseren Jammer, sieh Elend und Not. Erbarme Dich über alle Christgläubigen, für die Dein eingeborener Sohn, unser lieber Herr und Heiland, Jesus Christus, sich willig in die Hände der Sünder gegeben und sein kostbares Blut am Stamm des heiligen Kreuzes vergossen hat. Durch diesen Herrn Jesus wende ab, gnädiger Vater, die wohlverdienten Strafen, gegenwärtige und zukünftige Gefahren, schädliche Empörung und Kriegsrüstung, Teuerung, Krankheiten und trübe, notvolle Zeiten.

Erleuchte auch und stärke in allem Guten die geistlichen und weltlichen Oberen, damit sie alles fördern, was zu Deiner göttlichen Ehre und zu unserem Heil, zum allgemeinen Frieden und zur Wohlfahrt der ganzen Christenheit gedeihen mag.

Verleihe uns, Gott des Friedens, rechte Vereinigung im Glauben ohne alle Spaltung und Trennung. Bekehre unsere Herzen zur wahren Buße und Besserung des Lebens. Zünde an in uns das Feuer der Liebe. Gib uns Hunger und Eifer nach aller Gerechtigkeit, damit wir als Deine gehorsamen Kinder im Leben und Sterben Dir angenehm und wohlgefällig seien. Wir bitten auch nach Deinem heiligen Willen für unsere Freunde und Feinde, für Gesunde und Kranke, für alle betrübten und bedrängten Christen, für Lebende und Verstorbene.

Dir, o Herr, sei immerdar empfohlen all unser Tun und Lassen, unser Handel und Wandel, unser Leben und Sterben.

Lass uns Deine Gnade hier genießen und dort mit allen Auserwählten erlangen, dass wir in ewiger Freude und Seligkeit Dich loben und ehren. Das verleihe uns, Herr, himmlischer Vater, durch Jesus Christus, Deinen lieben Sohn, unseren Herrn und Heiland, der mit Dir und dem Heiligen Geiste als gleicher Gott lebt und herrscht in Ewigkeit. Amen. hl. Petrus Canisius

Mein Herr und Gebieter meines Lebens! Den Geist des Müßiggangs, der Niedergeschlagenheit, der Herrschsucht und des eitlen Geschwätzes entferne von mir!

Den Geist aber der Keuschheit, der Demut, der Geduld und der Liebe gib mir, Deinem Knechte!

O mein König und Herr, gib mir, meine eigenen Missetaten zu sehen und über meinen Bruder nicht zu richten, denn Du bist gebenedeit in alle Ewigkeiten. Amen. hl. Ephräm der Syrer

O mein Gott, Du, nur Du allein bist allweise und allwissend. Ich glaube, dass Du weißt, was das Beste für mich ist. Ich glaube, dass Du mich mehr liebst, als ich mich selbst, dass Du allweise bist in Deiner Vorsehung und allmächtig in Deinem Schutz. Ich danke Dir aus ganzem Herzen, dass Du mich meiner eigenen Hand entrissen und mir befohlen hast, mich in Deine Hand zu geben. Ich kann nichts Besseres wünschen als Deine Bürde zu sein und nicht meine eigene. O Herr, durch Deine Gnade will ich Dir folgen, wohin immer Du gehst, und will Dir auf Deinem Weg nicht vorgreifen. Ich will warten auf Dich, auf Deine Führung, und wenn ich sie erlangt habe, will ich in Schlichtheit handeln ganz ohne Furcht. Ich verspreche Dir, dass ich nicht ungeduldig sein will, wenn Du mich je einmal in Dunkelheit und Verwirrung lässt; noch will ich klagen oder mich erzürnen, wenn ich in Unglück falle oder Angst. Amen. hl. Kardinal John Henry Newman

O mein Gott, ich will mich ganz ohne Rückhalt Deiner Hand überlassen; Reichtum oder Armut, Freude oder Trauer, Freundschaft oder Vereinsamung, Ehre oder Verdemütigung, Ruhm oder Missachtung, Annehmlichkeit oder Mühsal, Deine Gegenwart oder Deine Verborgenheit - alles ist gut, wenn es von Dir kommt. Du bist die Weisheit und die Liebe. Was kann ich mehr verlangen? Du hast mich geführt nach Deinen Ratschlüssen, und mit Glorie hast Du mich aufgenommen. Was gibt es für mich im Himmel außer Dir, was kann ich auf der Erde wünschen außer Dir? Mein Fleisch wird alt und meine Schwungkraft erlahmt; aber Du bist der Gott meines Herzens und mein Anteil auf ewig. Amen.

hl. Kardinal John Henry Newman

O meine große Liebe, mein einziges Gut und Verlangen! Wie kann es nur ein vernünftiges Geschöpf geben, dass Dich nicht liebt? Ich liebe Dich, mein Gott, aus ganzer Seele, aus ganzem Herzen, aus allen meinen Kräften, und daher freue ich mich auch über Deine Glorie und Majestät. Ich gäbe gern alles, was ich bin und habe, mein ganzes Leben gäbe ich willig hin, wenn ich Deinen Ruhm vermehren könnte. Allein, das ist unmöglich, denn Du bist der Urquell, aus dem alles Gute, was je war, ist und sein wird, fließt. Wer sollte Dich nicht lieben, Du süße Liebe! Du vollkommenes und einziges Gut, welches allein liebenswürdig ist. O Feuer, welches immer brennt und nie erlischt, entzünde mich, damit ich brenne. Brennen werde ich, dass ich ganz Dich allein, in Allem und über Alles liebe. Denn der liebt Dich nicht, der etwas neben Dir liebt und es nicht Deinetwegen liebt. hl. Augustinus

Erkannt, geliebt und verherrlicht werde von allen Menschen der heilige, dreieinige Gott, die Allmacht des Vaters, die Weisheit des Sohnes und die Liebe des Heiligen Geistes. Möge der heilige, unsterbliche Gott immer mehr angebetet werden auf dem ganzen Erdkreis. Mögen alle Völker und Nationen zur Erkenntnis und Liebe seines heiligsten Namens gelangen. Es lebe der heilige, dreieinige Gott in unseren Herzen und in den Herzen aller Menschen! Amen. hl. P. Arnold Janssen

Erfülle mich, o Gott, mit Verstand, Dich zu erkennen, mit Eifer, Dich zu suchen, mit Weisheit, Dich zu finden, mit einer Treue, dass ich am Ende Dich umarmen darf. hl. Thomas von Aquin

Mein Vater, ich überlasse mich Dir, mache mit mir, was Dir gefällt. Was Du auch mit mir tun magst, ich danke Dir. Zu allem bin ich bereit, alles nehme ich an, wenn nur Dein heiliger Wille sich an mir erfüllt und an allen Deinen Geschöpfen, so ersehne ich weiter nichts, mein Gott. In Deine Hände lege ich meine Seele. Ich gebe sie Dir, mein Gott, mit der ganzen Liebe meines Herzens, weil ich Dich liebe, und weil diese Liebe mich treibt, mich Dir hinzugeben, mich in Deine Hände zu legen, ohne Maß mit einem grenzenlosen Vertrauen, denn Du bist mein Vater. Amen.

sel. Charles de Foucauld

O unbegreiflicher, aller Ehre und Anbetung würdigster, dreieiniger Gott! O Abgrund der Weisheit, Macht und Liebe! In Dich versenke ich mich; und da ich Dich nicht fassen kann, so fasse Du mich! Ich glaube an Dich, obwohl ich Dich nicht begreife; vermehre in mir den Glauben! Ich hoffe auf Dich, weil ich mir von Dir alles Gute versprechen darf; unterstütze meine Hoffnung! Ich liebe Dich, weil Du allein aller Liebe würdig bist; entzünde in mir das Feuer Deiner Liebe, damit ich in Liebe Dir lebe und sterbe. Amen.

hl. Augustinus

So nimm denn meine Hände und führe mich bis an mein selig' Ende und ewiglich! Ich kann allein nicht gehen, nicht einen Schritt; wo Du wirst geh'n und stehen, da nimm mich mit!

O hüll' in Dein Erbarmen mein armes Herz, und mach es gänzlich stille in Freud' und Schmerz! Lass ruh'n zu Deinen Füßen Dein schwaches Kind! Es will die Augen schließen und glauben blind.

Wenn ich auch gar nichts fühle von Deiner Macht, Du führst mich doch zum Ziele - auch durch die Nacht! So nimm denn meine Hände und führe mich bis an mein selig' Ende und ewiglich!

Julie von Hausmann

Ewiger Vater, ich bringe Dir das Opfer dar, das Dein geliebter Sohn Jesus am Kreuz vollzog, da er sich selbst dahingab. Jetzt erneuert er es auf dem Altar. Ich will Dich anbeten und Dich ehren, so wie es sich gebührt. Ich erkenne Dich an als den höchsten Herrn über die ganze Schöpfung; alles ist voll und ganz von Dir abhängig. Du bist der Urgrund unseres Seins und unser letztes Ziel. Ich will Dir danken für die zahllosen Gnaden, die Du mir geschenkt hast.

Ich will Deine Gerechtigkeit versöhnen, die durch so viele Sünden beleidigt wurde, und will Dir entsprechende Genugtuung dafür bieten. Gnade und Erbarmen will ich erfleh'n für mich, für alle Bedrängten und Betrübten, für die armen Sünder, für die ganze Welt und für die Seelen im Fegfeuer. Amen. hl. Pius X.

Herr, eine Gnade möcht' ich mir ersteh'n
als allergrößtes, allerschönstes Glück:
Lehr' mich die Menschen kennen und versteh'n,
für ihre Leiden schärfe meinen Blick.
Lass mich erraten, lass mich tief empfinden
das Leid, das eine andre Seele trägt,
und lass mich stets ein Wort des Trostes finden,
das lindernd sich auf jede Wunde legt.
O gib, dass ich für andrer Schuld und Fehle
nur Mitleid hab und gütiges Verzeih'n.
Und hilf mir, jede Regung meiner Seele
zu einer frommen Liebestat zu weih'n.
Ja, lass mich Deine Himmelströstung bringen
zu allen, die in Nacht und Elend sind.
Und lass mich jede Finsternis durchdringen,
mach an Erbarmen überreich mein Herz.
Und lass das eig'ne Sehnen und Verlangen
mich still vergessen über fremdem Schmerz.
Amen. Hans Amstalden

Mein Hirt ist Gott, der Herr, er will mich immer weiden, darum ich nimmermehr kann Not und Mangel leiden; er wird auf grüner Au, so wie ich ihm vertrau, mir Rast und Nahrung geben und wird mich immerdar, an Wassern still und klar, erfrischen und beleben.

Er wird die Seele mein mit seiner Kraft erquicken, wird durch den Namen sein auf rechte Bahn mich schicken; und wenn aus blinder Wahl ich auch im finster'n Tal weitab mich sollt' verlieren, so fürcht' ich dennoch nicht; ich weiß mit Zuversicht, Du, Herr, Du wirst mich führen.

Du wirst zur rechten Zeit den Hirtenstab erheben, der allzeit ist bereit, dem Herzen Trost zu geben. Dazu ist wunderbar ein Tisch mir immerdar von Dir, o Herr, bereitet, der mir die Kräfte schenkt, wann mich der Feind bedrängt, und mich zum Siege leitet.

Du hast mein Haupt getränkt, gesalbt mit Freudenöle, den Kelch mir eingeschenkt, hoch voll zur Lust der Seele. Herr, Deine Gütigkeit wird durch des Lebens Zeit mich immer treu begleiten, dass ich im Hause Dein fest möge wohnhaft sein zu ewiglichen Zeiten. Amen.

Dreifaltigkeit, urewig' Licht,
Dich schauen kann mein Auge nicht,
Und wollt' es schauen Deinen Glanz,
Mein Auge würd' erblinden ganz.

O heiligste Dreifaltigkeit,
O ungeteilte Einigkeit,
Des Glaubens Lichtstrahl mir verleih,
Dass ich anbet' und sehend sei.

Mein Lobgesang, mein Dankgebet
Sei morgens früh und abends spät
Dir, heiligste Dreifaltigkeit,
Dir, meiner Seele Licht, geweiht.

Dreifaltiger verborg'ner Gott,
Ein Licht aus dreier Sonnen Glanz,
Drei Flammen einer Liebesglut,
Gott, Vater, Sohn und Heil'ger Geist.

Allherscher Du von Ewigkeit,
Gott Vater, der die Welt erschuf,
Du lenkst die Werke Deiner Hand
Und führst uns durch der Zeiten Lauf.

Gott Sohn, dem Vater wesensgleich,
Du König der erlösten Welt,
In Dir nimmt Gott Gestalt vom Mensch,
In Dir der Mensch zu Gott erhöht.

Du Atem Gottes, Heil'ger Geist,
Durchdringst die Welt mit Lebenskraft,
Du senkst in uns die Liebe ein,
Die einen will und göttlich macht.

O Dreieinigkeit! Erhabenster, gütigster, wohltätigster Gott, Vater, Sohn und Heiliger Geist, Du einiger Gott, ich hoffe auf Dich! Lehre mich, leite mich, stütze mich.

O Vater! Durch Deine unendliche Macht befestige mein Gedächtnis in Dir und fülle es mit heiligen und göttlichen Gedanken.

O Sohn! Mit Deiner ewigen Weisheit erleuchte meinen Verstand, gewähre mir die Erkenntnis Deiner höchsten Wahrheit und meiner Niedrigkeit.

O Heiliger Geist, der Du die Liebe des Vaters und des Sohnes bist, in Deiner unfassbaren Güte nimm meinen Willen in Dich hinein und entflamme ihn mit dem unauslöschlichen Feuer Deiner Liebe.

Mein Herr und mein Gott, mein Ursprung und mein Ziel, höchst einfache, höchst ruhevolle, höchst liebenswürdige Wesenheit!

Mein Gott und mein Alles, was fehlt mir noch, wenn ich Dich besitze? Du bist mein einziges und unwandelbares Gut. hl. Albert der Große

Du großer Gott, wenn ich die Welt betrachte,
die Du geschaffen durch Dein Allmachtswort.
Wenn ich auf alle jene Wesen achte,
die Du regierst und nährest fort und fort.

[: Dann jauchzt mein Herz Dir, großer Herrscher, zu: Wie groß bist Du! Wie groß bist Du! :]

Blick' ich empor zu jenen lichten Welten
und seh' der Sterne unzählbare Schar,
wie Sonn' und Mond im lichten Äther zelten,
gleich gold'nen Schiffen hehr und wunderbar. [:

Und seh' ich Jesus auf der Erde wandeln
in Knechtsgestalt, voll Lieb' und voller Huld,
wenn ich im Geiste seh' sein göttlich' Handeln,
am Kreuz bezahlen vieler Sünder Schuld. [:

Und auch den Geist, vom Vater und dem Sohne,
verehren wir und preisen seine Macht,
wenn er uns hebt bis zu des Höchsten Throne,
die Liebe uns hat zum Geschenk gemacht! [:

Wenn mir der Herr in seinem Wort begegnet,
wenn ich die großen Gnadentaten seh',
wie er das Volk des Eigentums gesegnet,
wie er's geliebt, begnadigt je und je. [:

Wenn schwerer Bürden Last mich niederbeuget,
wenn meine Seel' betrübt ist bis zum Tod,
und er in Lieb' und Huld sich zu mir neiget,
mich tröstet und errettet aus der Not. [:

Und wenn der Herr von hinnen mich gerufen,
wenn ich von seinem Glanz geblendet steh',
anbetend niederfall' zu seinen Stufen,
den König dort in seiner Schönheit seh'. [:

Und wenn ich denk' an unsre gute Mutter,
die er erwählt für uns und seinen Sohn,
im Himmel oben fleht sie für die Kinder,
dass er sie vor der großen Straf' verschon'! [:

Für alle Lieb', die ich von ihr empfangen,
dank' ich der lieben Mutter meines Herrn.
Mit ihrer Hilf' den Himmel zu erlangen,
bet' ich zu ihr, voll Freude immer gern! [:

O Vater Joseph, Helfer aller Seelen,
verlass' uns nicht, haucht unser Leben aus.
Der böse Feind, er kann uns nicht mehr quälen,
begleitest du uns heim ins Vaterhaus! [:

Sankt Michael, du mächt'ger Fürst der Heere,
mit allen Engeln steh uns schützend bei.
Bekämpf' die Höllenmacht für Gottes Ehre,
die große Himmelsmacht zu spüren sei! [:

Manfred von Glehn

Dein' Gnad', Dein' Macht und Herrlichkeit,
o Herr, uns alle hoch erfreut.
Du großer Gott hast uns erhört,
durch Deine Güte reich beschert.
Von ganzem Herzen danken wir
hierfür, o Gott und Vater, Dir.
Gelobt sei, Herr, Dein Güt' und Macht,
die uns so gnädiglich bedacht!

Gelobt seist Du, Herr Jesus Christ,
Dein Wirken Heil und Rettung ist.
O ew'ger Sohn, der Welten Licht,
in Dir erstrahlt des Herrn Gesicht!
Dein Leben macht uns offenbar
den Vater, der von Anfang war.
Dein Bild zu werden schön und rein,
muss unsres Lebens Arbeit sein.

Gelobt seist Du, Gott Heil'ger Geist,
Du bist, der Gottes Wege weist.
O ew'ger Geist, der Gottheit Glut,
Du bist der Erde Kraft und Mut!
Du führst die Welt den großen Gang,
Du zündest ihren Werdedrang;
der Gottheit Bildnis, das sie ist,
mach gleich dem Urbild: Jesus Christ!

Allmächtiger Gott, vor dem ich betend atme, fruchtbarer Quellgrund, dem das Sein entfließt, ich bin ein Nichts und bin in Dir geborgen. Urew'ge Heimat, die das All umschließt, Du dachtest mein, schon eh' die Sterne flammten, eh' aus dem Chaos sich das Weltall hob. Du weißt um mich, hast mich von je behütet, und auch mein Nichts ist Deiner Allmacht Lob. Dreieiniger Gott, Du meiner Seele Sehnen, Du all mein Friede, meiner Unrast Ruh', Du mein Alles, Du mein ‚Du'.

Sr. M. Benedicta OSB

Gebet des Vertrauens

Ich weiß, dass Du mein Vater bist,
in dessen Arm ich wohlgeborgen.
Ich will nicht fragen, wie Du führst,
ich will Dir folgen ohne Sorgen.
Und gäbest Du in meine Hand
mein Leben, dass ich selbst es wende,
ich legt' mit kindlichem Vertrau'n
es nur zurück in Deine Hände. Amen.

Belebung der drei göttlichen Tugenden

Glaube: O mein Gott, ich glaube fest, dass Du einfach in der Natur und dreifach in den Personen bist. Ich glaube, dass Du Himmel und Erde erschaffen hast, erhältst und regierst, dass Du das Gute belohnst und das Böse bestrafst. Ich glaube, dass Dein eingeborener Sohn Mensch geworden, für uns am Kreuz gestorben und im heiligsten Altarsakrament wahrhaft zugegen ist. Ich glaube, dass meine Seele unsterblich und Deine Gnade allen Menschen zur Seligkeit notwendig ist. Dieses und alles andere, was Du uns durch Deine heilige Kirche zu glauben vorstellst, glaube ich fest, weil Du, o Gott, die ewige, untrügliche Wahrheit, es geoffenbart hast. – In diesem Glauben will ich leben und sterben. Amen.

Hoffnung: Auf Dich, o mildreichster Vater, setze ich mein festes Vertrauen und hoffe von Dir, durch die Verdienste Jesu Christi, vermittels eigener Mitwirkung die Verzeihung meiner Sünden, Deine Gnade zum Guten und endlich die ewige Glückseligkeit, weil Du, allmächtiger, unendlich gütiger und getreuer Gott, mir solches versprochen hast. – In dieser Hoffnung will ich leben und sterben. Amen.

Liebe: Ich liebe Dich, o mein Herr und Gott, aus ganzem Herzen über alles, weil Du mich zuvor geliebt und mit unzähligen Wohltaten überhäuft hast, vorzüglich aber deswegen, weil Du das allerhöchste Gut und wegen Deiner selbst aller Liebe unendlich würdig bist. Aus Liebe zu Dir liebe ich auch meinen Nächsten, sowohl Freund als auch Feind, wie mich selbst. – In dieser Liebe will ich leben und sterben. Amen.

Ich glaube an Dich, mein Gott – stärke meinen Glauben! Ich liebe Dich – entzünde meine Liebe mehr und mehr! Ich bereue meine Sünden – vermehre meine Reue! Als meinen ersten Ursprung verehre ich Dich, als mein letztes Ende verlange ich Dich, als meinen ewigen Wohltäter lobe ich Dich, als meinen höchsten Beschützer rufe ich Dich an. Lass es Dir gefallen, Herr, durch Deine Vorsehung mich zu führen und zu leiten, durch Deine Gerechtigkeit mich im Gehorsam zu halten, durch Deine Gnade mich zu stärken und durch Deine Allmacht mich zu schützen. Amen.

Prinz Eugen von Savoyen

IM VERTRAUEN AUF JESUS CHRISTUS

„Wenn ihr mich in meinem Namen um etwas bittet, so werde ich es tun.“ (Joh 14,14)

Lieber Jesus, durchflute unsere Herzen mit Deinem Geist und Leben. Durchdringe unser ganzes Sein und nimm es in Besitz, so vollständig, dass unser Leben einzig ein Ausstrahlen Deines Lebens sei. Leuchte durch uns hindurch und wohne so in uns, dass jeder, dem wir begegnen, Deine Gegenwart in unserem Herzen erspürt. Bleibe bei uns, dann werden wir zu leuchten beginnen, wie Du leuchtest; das Licht wird ganz aus Dir stammen. Lass uns Dich so preisen, wie es Dir am liebsten ist, indem wir für die Menschen um uns ein Licht sind. Lass uns Dich verkünden durch unser Beispiel, durch die aufleuchtende Fülle der Liebe zu Dir, die Du in uns entzündest. Amen.

hl. Kardinal John Henry Newman

Mein Jesus, Du bist die Liebe selbst; entzünde in meinem Herzen das göttliche Feuer, das die Heiligen verzehrt und sie Dir ähnlich macht!

Leo XIII.

Herr, mach mich zu einem Werkzeug Deines Friedens, dass ich liebe, wo man hasst; dass ich verzeihe, wo man beleidigt; dass ich verbinde, wo Streit ist; dass ich die Wahrheit sage, wo Irrtum ist; dass ich den Glauben bringe, wo Zweifel droht; dass ich Hoffnung wecke, wo Verzweiflung quält; dass ich Licht entzünde, wo Finsternis regiert; dass ich Freude bringe, wo der Kummer wohnt. Herr, lass mich trachten, nicht, dass ich getröstet werde, sondern dass ich tröste; nicht, dass ich verstanden werde, sondern dass ich verstehe; nicht, dass ich geliebt werde, sondern dass ich liebe. Denn wer sich hingibt, der empfängt; wer sich selbst vergisst, der findet; wer verzeiht, dem wird verziehen; und wer stirbt, der erwacht zum ewigen Leben. Amen.

Ewiges Wort, eingeborener Sohn Gottes! Lehre mich die wahre Großmut. Lehre mich Dir dienen, wie Du es verdienst: geben, ohne zu zählen; kämpfen, ohne der Wunden zu achten; arbeiten, ohne Ruhe zu suchen; mich hingeben, ohne Lohn zu erwarten. Mir genüge das frohe Wissen, Deinen heiligen Willen erfüllt zu haben. Amen.

hl. Ignatius von Loyola

Christus, werde mir so groß,
dass alles andre klein mir werde!
Christus, werde mir so weit,
dass mir zu eng die ganze Erde!
Christus, mache mich so tief,
dass tiefstes Leid ich leicht versenke!
Christus, mache mich so stark,
dass keine Täuschung mich mehr kränke!
Christus, fülle mich so ganz,
dass auch kein Wünschen Raum mehr finde!
Christus, mache mich so still,
dass ich nur Dich, mein' Christus, will! Amen.

Lass meine Seele, Herr, ein Leuchten sein
und meine Hände, Herr, ein stiller Segen
für alle, die da müd' und wartend steh'n
an meines Lebens buntverzweigten Wegen!
Lass meine Seele, Herr, voll Güte sein,
die Trost und Frieden wundervoll bereitet,
auch wenn sie selbst in Nacht und Finsternis
durch Lebenssturm und Einsamkeiten schreitet.
Nicht um des Lebens Kronen bitt' ich, Herr,
dass Glück und Lachen meinem Herz begegnet;
lass meine Seele, Herr, ein Leuchten sein
von Deinem Licht, dann bin ich reich gesegnet.
Amen.

Meinen Jesus lass ich nicht,
er hat sich für mich gegeben;
sollt' ich nicht aus Dankespflicht
ihm anhangen, ihm nur leben?
Er ist meines Lebens Licht,
meinen Jesus lass ich nicht.

Durch ein Herz voll Dankbarkeit,
durch Gehorsam, den ich übe,
gegen das, was er gebietet,
halt' ich fest an seiner Liebe.
Trauend dem, was er verspricht,
lass ich meinen Jesus nicht. Amen.

Denk' Du in mir, o Jesus,
dann denk' ich licht und klar.
Sprich Du aus mir, o Jesus,
dann sprech' ich mild und wahr.
Wirk' Du durch mich, o Jesus,
gerecht ist dann mein Tun,
geheiligt meine Arbeit,
geheiligt auch mein Ruh'n.
Erfüll' mein ganzes Wesen,
durchdring' mein ganzes Sein,
dass man aus mir kann lesen
die große Liebe Dein. Amen.

Gebet um ein Leben im Geiste Christi

Herr, mach mich gehorsam ohne Widerspruch; arm im Geist ohne niedrige Gesinnung; keusch ohne falsche Scham; geduldig ohne Murren; demütig ohne Verstellung; froh ohne Ausgelassenheit; ernst ohne Trübsinn; rührig ohne Hast; wahrhaftig ohne Falsch. Lass mich Gutes tun ohne Überheblichkeit; den Nächsten ermahnen ohne Heuchelei. Gib mir, Herr, ein wachsames Herz, das kein leichtfertiger Gedanke von Dir ablenkt; ein edles Herz, das keine unwürdige Neigung nach unten zieht; ein gerades und aufrechtes Herz, das kein gemeines Streben auf Abwege führt; ein starkes Herz, das keine Trübsal beugt; ein freies Herz, das sich von keiner Leidenschaft beherrschen lässt. Gib mir einen Lebenswandel, der Dir wohlgefällt; Beharrlichkeit, die Dich mit Zuversicht erwartet. Amen. hl. Thomas von Aquin

Nimm hin, o Herr, meine ganze Freiheit, mein Gedächtnis, meinen Verstand und meinen ganzen Willen, all mein Hab und Gut. Du hast es mir geschenkt, Dir, Herr, gebe ich es wieder zurück. Alles ist Dein; verfüge darüber nach Deinem Willen. Gib mir Deine Liebe und Gnade, das ist mir genug. Leben und Sterben lege ich ganz in Deine Hände. Amen.

Jesus, meine Liebe, nimm alles, was ich habe, und alles, was ich bin, und verfüge über mich völlig nach Deinem Wohlgefallen, denn alles, was ich habe, gehört ohne Vorbehalt Dir. Wandle mich um in Dich, damit ich nicht mehr die Fähigkeit habe, mich auch nur einen Augenblick von Dir zu trennen, und dass ich nichts tue außer das, wozu Deine reine Liebe mich drängt. Amen. hl. Margareta Maria Alacoque

Gib mir, o liebreichster Jesus, dass ich ruhe in Dir! Denn Du, Herr, mein Gott, bist über alles der Beste, Du allein der Höchste, Du allein der Mächtigste, Du allein der Genügendste und Reichste, Du allein der Holdseligste und Trostreichste, Du allein der Schönste und Liebreichste, Du allein der Edelste und Glorreichste über alles. Du allein bist genug.

Und darum ist wenig und unzureichend alles, was Du außer Dir selbst mir schenkst oder offenbarst oder verheißt von Dir, wenn ich Dich selbst nicht sehe und völlig verlange.

Denn mein Herz kann nicht wahrhaft ruhen noch gänzlich befriedigt werden, es ruhe denn in Dir und erhebe sich über alle Gaben und alles Erschaffene. Amen. Thomas von Kempen

Mein Gott, mein Erlöser, bleibe bei mir! Fern von Dir müsste ich welken und verdorren. Zeigst Du Dich mir wieder, blühe ich auf in neuem Leben. Wie kann ich Dich aber halten? Nein, nur bitten kann ich Dich: Herr, bleibe bei mir, denn es will Abend werden! Bleibe bei mir, bis einst der Tod mich herausführt aus diesem finsteren Erdental! Ja, Jesus, bleibe bei mir für immer! Sinkt meine Natur entkräftet zusammen, dann lass Deine Gnaden umso reichlicher fließen. Du bist das Licht, das nie verlöscht, die Flamme, die immer lodert - bleibe, und vom Glanz dieses Lichtes beschienen, werde ich selbst Licht, anderen zu leuchten. Aber dieses Licht stammt ganz von Dir, kein Strahl kommt von mir. Ich bin nur wie das Glas, durch das Du den anderen scheinst. Erleuchte sie mit Deinem Licht, gleichwie Du mich erleuchten mögest! Lass mich zu Deinem Ruhm Deine Wahrheit und Deinen Willen verkünden, Herr! Nicht durch tönendes Wortgepränge, sondern durch die stille Kraft der tätigen Liebe auf meinem Lebensweg - gleich Deinen Heiligen, durch meines Herzens aufrichtige Liebe, die ich Dir schenke! Amen.

hl. Kardinal John Henry Newman

Herr, nichts kann mich zwingen, Dich zu lieben, nicht die Freuden des Himmels, die Du versprochen hast, noch zwingt mich die Angst vor dem Ort der Qualen, den Weg der Sünde zu meiden. Du selbst zwingst mich, Herr. Mich zwingt Dein bitteres Leiden am Kreuz, an dem Du zum Hohn der Welt gehangen. Mich zwingt Dein wunder Leib, die Dornenkrone Deines Hauptes, mich zwingen Deine Schmach und Dein Verscheiden. Deine Liebe ist es, die das Herz der Treuen zwingt; auch ohne Himmel steht es offen für Deine Liebe und auch ohne Hölle, Herr. Ja, es gibt nichts, nicht Lohn, nicht Strafe, was mich zur Liebe zwingt, als Deine Liebe allein. Denn, wenn ich auch nicht erhalte, was ich hoffe – meine Liebe zu Dir bleibt immer gleich. Amen.

hl. Theresia von Avila

Jesus Christus, Du unvergängliches Licht, durchstrahle mein Dunkel. Jesus Christus, Du göttliche Allmacht, stärke meine Schwachheit. Jesus Christus, Du grundlose Barmherzigkeit, komm mir zu Hilfe. Jesus Christus, Du unerschöpflicher Reichtum, erfülle meine Armut. Jesus Christus, Du wahres Leben, schenke Dich mir. Jesus Christus, Du lautere Wahrheit, erleuchte mein Herz. Jesus Christus, Du grenzenlose Liebe, durchglühe mein Sein. Jesus Christus, Du einziger Weg, lass mich finden zum Vater. Jesus Christus, Du sichere Heimat, lass mich wohnen in Deiner Umarmung. Jesus Christus, Du ewige Ruhe, lass mich ruhen in Dir. Jesus Christus, Du aller Seligkeiten Seligkeit, beglücke mich göttlich. Amen.

M. Avellina OSF

Ich glaube an Dich, Herr, aber festige meinen Glauben. Ich hoffe auf Dich, aber stärke meine Hoffnung. Ich liebe Dich, aber lass mich feuriger lieben. Ich bereue, aber lass mich tiefer bereuen.

Du bist mein Schöpfer, ich bete Dich an. Du bist mein Ziel, ich verlange nach Dir. Du bist mein Wohltäter, ich danke Dir. Du bist mein mächtiger Beschützer, ich rufe Dich an.

Ordne mich durch Deine Weisheit, zügle mich durch Deine Gerechtigkeit, tröste mich durch Deine milde Güte, beschütze mich durch Deine Macht!

Ich bitte Dich: Erleuchte meinen Verstand, stärke meinen Willen, mache rein meinen Leib und heilig meine Seele. Gib mir, guter Jesus, die Liebe zu Dir, Härte gegen mich, Eifer für den Nächsten, Geringschätzung der

Welt. Lass mich die Sinnlichkeit überwinden durch Strenge, den Geiz durch Freigebigkeit, den Zorn durch Sanftmut, die Lauheit durch Frömmigkeit. Gib mir die Gnade, lauter zu sein in meinem Innern, anständig in meinem Äußern, vorbildlich im Verkehr mit anderen, geordnet in meiner ganzen Lebensführung.

Möchte ich doch ohne Unterlass meine Natur bändigen, Dein Gesetz beobachten, mit Deiner Gnade mitwirken und mein Heil verdienen.

Lehre mich, wie nichtig das Irdische ist, wie erhaben das Himmlische, wie kurz die Zeit, wie lang die Ewigkeit. Gib, dass ich meinen Tod stets vor Augen habe und mit Ernst an Dein Gericht denke, damit ich einmal der Verwerfung entgehe und das Paradies erlange. Amen. Clemens XI.

Wachse, Jesus, wachse in mir, in meinem Geist, in meinem Herzen, in meiner Vorstellung, in meinen Sinnen. Wachse in mir in Deiner Milde, in Deiner Reinheit, in Deiner Demut, Deinem Eifer, Deiner Liebe. Wachse in mir mit Deiner Gnade, Deinem Licht und Frieden. Wachse in mir zur Verherrlichung Deines Vaters, zur größeren Ehre Gottes. Amen. Pierre Olivaint

Herr, stärke mich, dass ich es vermöge,
gib, was Du verlangst,
und verlange was Du willst! Amen. hl. Augustinus

Wenn Du einmal, Du Lebensfürst,
die Gräber mächtig öffnen wirst,
dann lass uns fröhlich aufersteh'n
und ewiglich Dein Antlitz seh'n. Amen.

Ein Danklied sei dem Herrn
für alle seine Gnade,
er waltet nah und fern,
kennt alle unsre Pfade,
ganz ohne Maß ist seine Huld
und allbarmherzige Geduld.

O sei zu seinem Lob
nicht träge, meine Seele,
und wie er dich erhob,
zu seinem Lob erzähle;
drum sei am Tag wie auch zur Nacht
sein Name von dir groß gemacht.

Gib dich in seine Hand
mit innigem Vertrauen,
sollst nicht auf eitel Sand,
auf echten Felsen bauen,
dich geben ganz in Gottes Hut
und sei gewiss, er meint es gut. Amen.

Zum heiligsten Antlitz Jesu

O Jesus, Du wurdest in Deinem grausamen Leiden der Leute Spott und der Mann der Schmerzen; ich verehre Dein göttliches Angesicht, auf dem die Schönheit und Milde der Gottheit erglänzen und das jetzt für mich das Angesicht eines Aussätzigen geworden ist. Unter diesen entstellten Zügen jedoch erkenne ich Deine unendliche Liebe, und ich brenne vor Verlangen, Dich zu lieben und dazu beizutragen, dass Du von allen Menschen geliebt werdest.

Die Tränen, die Deinen Augen so überreich entströmten, erscheinen mir wie kostbare Perlen, die ich sammeln will, um mit ihrem unendlichen Wert die Seelen der armen Sünder zu erkaufen.

Anbetungswürdiges Antlitz Jesu, einzige Schönheit, die mein Herz entzückt, präge mir Deine göttliche Ähnlichkeit ein, damit Du mich nicht ansehen kannst, ohne Dich selber zu sehen. Ich nehme es an, hier auf Erden die Zärtlichkeit Deines Blickes nicht zu sehen, aber ich flehe Dich an, mich mit Deiner Liebe zu umgeben, damit sie mich schnell aufzehre und bald vor Dir erscheinen lasse. Amen.

hl. Theresia vom Kinde Jesus

Zum göttlichen Jesuskind

Liebenswürdigster Herr Jesus Christus! Unseres Heiles wegen bist Du ein Kind geworden. In einer Höhle wolltest Du geboren werden, um uns der Finsternis der Sünde zu entreißen, um uns an Dich zu ziehen und Deine heilige Liebe in uns zu entzünden. Wir beten Dich an als unseren Schöpfer und Erlöser. Wir glauben an Dich. Wir erwählen Dich zu unserem König und Herrn. Als Zeichen unserer Huldigung schenken wir Dir die ganze Liebe unseres armen Herzens. Guter Jesus, unser Herr und Gott, nimm unser Opfer gnädig an! Damit es Dir gefallen kann, verzeihe uns unsere Sünden, schenke uns Dein Licht und entzünde in uns das heilige Feuer, das Du auf die Erde gebracht hast und in unseren Herzen entfachen willst. Unsere Seele soll so zu einem Altar werden, auf dem wir das Opfer unserer Abtötungen Dir darbringen. Gib, dass wir hier auf Erden stets Deine größere Ehre suchen, damit wir dereinst auch Deine unendliche Herrlichkeit schauen dürfen im Himmel. Amen.

Leo XIII.

Ich steh an Deiner Krippe hier,
o Jesu, Du mein Leben.
Ich komme, bring' und schenke Dir,
was Du mir hast gegeben.
Nimm hin, es ist mein Geist und Sinn,
Herz, Seel' und Mut, nimm alles hin,
und lass Dir's wohl gefallen.

Da ich noch nicht geboren war,
da bist Du mir geboren
und hast mich Dir zu Eigen gar,
eh ich Dich kannt', erkoren.
Eh ich durch Deine Hand gemacht,
da hast Du schon bei Dir bedacht,
wie Du mein wolltest werden.

Ich lag in tiefster Todesnacht,
Du wurdest meine Sonne,
die Sonne, die mir zugebracht
Licht, Leben, Freud' und Wonne.
O Sonne, die das werte Licht
des Glaubens in mir zugericht',
wie schön sind Deine Strahlen.

Ich sehe Dich mit Freuden an
und kann mich nicht satt sehen.
Und weil ich nun nichts weiter kann,
bleib ich anbetend stehen.

O dass mein Sinn ein Abgrund wär'
und meine Seel' ein weites Meer,
dass ich Dich möchte fassen.

Eins aber, hoff' ich, wirst Du mir,
mein Heiland, nicht versagen,
dass ich Dich möchte für und für
in meinem Herzen tragen.
So lass mich doch Dein Kripplein sein,
komm, komm und lege bei mir ein
Dich und all Deine Freuden!

Zwar sollt' ich denken, wie gering
ich Dich bewirten werde:
Du bist der Schöpfer aller Ding',
ich bin nur Staub und Erde.
Doch bist Du so ein lieber Gast,
dass Du noch nie verschmähet hast
den, der Dich gern anschauet.

Wann oft mein Herz vor Kummer weint
und keinen Trost kann finden,
rufst Du mir zu: „Ich bin dein Freund,
ein Tilger deiner Sünden.
Was trauerst du, o Seele mein?
Du sollst ja guter Dinge sein,
ich sühne deine Schulden."

Du fragest nicht nach Lust der Welt
noch nach des Leibes Freuden,
Du hast Dich bei uns eingestellt
an unsrer Statt zu leiden,
suchst meiner Seele Herrlichkeit
durch Elend und Armseligkeit,
das will ich Dir nicht wehren.

Paul Gerhardt

O Jesus, zu Dir flehe ich,
durch Deine Mutter bitt' ich Dich,
aus dieser Not woll'st retten mich;
denn wahrhaft glaube ich an Dich,
dass Du, o Gott, kannst schützen mich.

Vertrauend hoffe ich auf Dich,
dass Deine Gnad' werd' finden ich.
Aus ganzem Herzen lieb' ich Dich,
drum meine Sünden reuen mich,
von denen, flehend bitt' ich Dich,
Jesus, woll'st befreien mich.

Mein Vorsatz ist, zu bessern mich,
und nicht mehr zu betrüben Dich,
darum Dir ganz ergeb' ich mich,
zu leiden mit Geduld für Dich
und Dir zu dienen ewiglich.

Den Nächsten aber gleich wie mich,
will wegen Deiner lieben ich.
Jesulein, ich bitte Dich,
aus dieser Not woll'st retten mich;
dass einstens kann genießen ich
mit Joseph und Maria Dich
und allen Engeln ewiglich. Amen.

Pater F. Cyrill OCD

O göttliches Kind, wie die Hirten aus Bethlehem will ich vor Dir niederknien und Dich anbeten. Sei Du mein König! Lass mich Dir ähnlich werden in Deiner Milde und Güte, in Deiner Weisheit und Schönheit, in Deiner Kraft und Deiner Gnade. Wachse in mir, dass ich immer mehr Zeugnis gebe von Deiner Größe und Güte. O liebes Jesuskind, lass mich denen, die Dir fernstehen, zum Stern werden, der sie, wie der Morgenstern die heiligen drei Könige, zu Dir führen lässt. Amen.

Jesus, Du Sohn des lebendigen Gottes und der Jungfrau Maria, der Du aus Liebe zu uns alle Schwächen und Niedrigkeiten der menschlichen Natur annehmen wolltest, sieh, mit kindlichem Herzen verehren wir alle Geheimnisse Deiner heiligen Kindheit. Gib uns auch die Gnade, dass wir uns hienieden der kostbaren Früchte und Verdienste dieser heiligen Kindheit erfreuen. Gib uns Reinheit, Demut, Geduld, kindlichen Sinn, über alles aber eine unbesiegbare Liebe Gottes und lass uns dereinst dort oben mit allen Deinen treuen Dienern mit Dir leben und regieren von Ewigkeit zu Ewigkeit. Amen.

Moritz Meschler SJ

Gebet zum Prager Jesulein

Herr Jesus, wir sehen Dich als Kind und glauben, dass Du der Sohn Gottes bist, der Mensch geworden ist durch das Wirken des Heiligen Geistes im Schoß der Jungfrau Maria. Wie in Bethlehem beten auch wir Dich an mit Maria, Joseph, den Engeln und Hirten und erkennen in Dir unseren einzigen Erlöser. Du bist arm geworden, um uns mit Deiner Armut reich zu machen. Lass uns niemals die Armen vergessen und die Menschen, die leiden. Beschütze unsere Familien, segne alle Kinder dieser Welt und mach, dass unter uns immer die Liebe herrschen möge, die Du uns gebracht hast und die das Leben glücklicher werden lässt. Gib, dass alle, o Jesus, die

Wahrheit Deiner Geburt erkennen, damit alle wissen mögen, dass Du gekommen bist, um der ganzen Menschheitsfamilie das Licht, die Freude und den Frieden zu bringen.

Du bist Gott, und Du lebst und herrschst mit Gott, dem Vater, in der Einheit des Heiligen Geistes, jetzt und in Ewigkeit. Amen.

Benedikt XVI.

Zu Christus, dem Gekreuzigten

Jesus, darum lieb' ich Dich,
weil Du am Kreuze starbst für mich.
Da littest Du der Nägel Schmerz,
den Stich der Lanze in Dein Herz,
der Knechte Wut, der Feinde Spott,
die bitt're Angst, die Todesnot;
zuletzt gabst Du Dein Leben hin,
für mich, der ich ein Sünder bin.
Wie sollt' ich da nicht lieben Dich,
o Jesus, der so liebet mich?
Nein, nicht dass Du errettest mich,
noch dass Du nicht verdammest mich;
nicht Hoffnung zieht zu Dir mich hin:
es sei nur Liebe mein Gewinn!
Ach, so wie Du geliebet mich,
so lieb' und will ich lieben Dich.
Nur darum, weil Du, Jesus Christ,
mein König, Gott, mein Alles bist! hl. Franz Xaver

Jesus, in Deiner glühenden Liebe zu uns ließest Du Dich kreuzigen. Du wolltest Dein kostbares Blut vergießen für die Erlösung und Rettung unserer Seelen. Schau auf uns! Wir sind hier versammelt, um das Andenken an Dein bitteres Leiden und Deinen Tod zu begehen; doch wir vertrauen auf Deine Barmherzigkeit. Reinige uns in Deiner Gnade von der Sünde, heilige unsere Arbeit, gib uns und unseren Lieben das tägliche Brot, lindere unsere Leiden, segne unsere Familien und schenke den bedrängten Völkern Deinen Frieden, den einzig wahren Frieden, damit wir Deinen Geboten gehorchen und zur himmlischen Herrlichkeit gelangen. Amen. Pius XII.

Gekreuzigter Heiland, Du hast die menschliche Natur angenommen und sie vergöttlicht. Nachdem Du Gerechtigkeit, Güte und Liebe gepredigt, nachdem Du aus dem Reichen und Starken die Stütze des Armen und Schwachen gemacht hast, hast Du durch Dein Leiden und Deinen Tod dem Menschengeschlecht das Heil und die Rettung geschenkt. Schau voll Liebe herab auf dieses Volk, das - vereint mit den Gläubigen aller Welt - sich niederwirft zu Deinen Füßen in wahrer Bußgesinnung. Wir erflehen von Dir die Verzeihung auch für die vielen Unglücklichen, die Dich mit vollem Wissen entthronen wollen und Dir die Herrschaft absprechen in dem törichten Stolz ihres Geistes und dem nichtigen Wollen ihres Fleisches. Rette uns, o Herr, dass wir nicht untergehen! Beruhige die

Wellen auf dem aufgewühlten Meere unserer Seele! Stehe uns bei im Leben und im Tode und sei uns ein mildreicher Richter! Halt' ein die Blitze der verdienten Strafen und gieße erneut die Fülle Deiner Barmherzigkeit über die erlöste Menschheit aus. Lösche aus den Hass! Entzünde die Liebe! Vertreibe mit dem mächtigen Hauch Deines Geistes das Streben nach Herrschaft, Zerstörung und Krieg! Gib den Kleinen das Brot, den Obdachlosen die Heimat, den Arbeitslosen Arbeit! Gib den Völkern Eintracht, der Welt Frieden, allen endlich den Lohn der ewigen Seligkeit! Amen. Pius XII.

Siehe, o guter und lieber Jesus, vor Deinem Angesichte werfe ich mich nieder und bitte Dich aus tiefer Seele flehend: Präge meinem Herzen ein den lebendigen Geist des Glaubens, der Hoffnung und der Liebe, eine wahre Reue über meine Sünden und den festen Willen, mich zu bessern. Mit innigem Mitleid und tiefem Schmerz schaue ich auf Deine fünf Wunden und erwäge dabei, was der Prophet David von Dir, o guter Jesus, geweissagt hat: „Sie haben meine Hände und Füße durchbohrt; sie haben alle meine Gebeine gezählt."

Zu Jesus in seiner Todesangst

O Jesus, der Du im Übermaß Deiner Liebe und um unsere Hartherzigkeit zu überwinden, einen Gnadenstrom über diejenigen ergießest, welche Dein heiligstes Leiden im Garten Gethsemane betrachten und die Andacht zu demselben fördern, ich bitte Dich, hilf meiner Seele und meinem Herzen oft, doch wenigstens einmal am Tag, an Deine allerbitterste Todesangst im Ölgarten zu denken, um Dich zu bemitleiden und mich mit Dir, soviel als möglich, zu vereinigen.

O gebenedeiter Jesus, welcher Du in jener Nacht die ungeheure Last unserer Sünden auf Dich genommen und vollkommen gesühnt hast, gewähre mir das übergroße Geschenk einer vollkommenen Liebesreue über meine zahlreichen Sünden, für welche Du Blut geschwitzt hast.

O gebenedeiter Jesus, um Deines allerheftigsten Kampfes im Garten Gethsemane willen, gewähre mir endgültigen Sieg über die Versuchungen, besonders über jene, welcher ich am meisten unterworfen bin.

O leidender Jesus, um Deiner für uns unergründlichen und unaussprechlichen Todeskämpfe willen in jener Nacht des Verrates und der bittersten Seelenängste, erleuchte mich, damit ich Deinen Willen erkenne und erfülle. Gib, dass ich immer wieder an Deinen erschütternden Kampf denke und betrachte, wie Du ihn siegreich bestandest, um nicht Deinen, sondern den Willen des Vaters zu erfüllen.

Sei gebenedeit, o Jesus, für alle Seufzer jener heiligen Nacht und für die Tränen, welche Du vergossen hast.

Sei gebenedeit, o Jesus, für den Blutschweiß und den furchtbaren Todeskampf, welchen Du in der eisigsten Einsamkeit liebevoll erduldet hast.

Sei gebenedeit, o süßester, aber von unermesslicher Bitterkeit erfüllter Jesus, für Dein Gebet, welches, so tief menschlich und göttlich, Deinem in Todesangst zitternden Herzen entquoll.

Ewiger Vater, ich opfere Dir auf alle vergangenen, gegenwärtigen und zukünftigen Messen, vereint mit den blutigen Todesängsten Christi im Leidensgarten Gethsemane. Amen.

O heiliges Kreuz, sei uns gegrüßt,
Du unsere einzige Hoffnung bist.

Göttlicher Heiland Jesus, der Du für mich am heiligen Kreuz gestorben, erbarme Dich meiner durch Deine bittere Todesangst in der schweren Stunde meines Todes. Ich opfere mich Dir deshalb lebend und sterbend auf und empfehle mich in Deine heiligen fünf Wunden. Durch Deinen Tod, o Jesus, schenke mir das Leben. Amen.

Das Kreuz, das ist mein sich'res Heil.
Das Kreuz zu ehren, sei mein Teil.
Das Kreuz des Herrn soll mit mir sein.
Das Kreuz soll meine Zuflucht sein.

hl. Thomas von Aquin

Herr, lass beim heiligen Kreuzeszeichen
unsere Feinde von uns weichen!

O Haupt voll Blut und Wunden,
voll Schmerz, bedeckt mit Hohn,
o Haupt, zum Spott umwunden
mit einer Dornenkron'.
O Haupt, sonst schön gekrönet
mit höchster Ehr' und Zier,
jetzt aber frech verhöhnet,
gegrüßet seist Du mir!

Du edles Angesichte,
davor sonst schrickt und scheut
das große Weltgerichte,
wie bist Du so bespeit!
Wie bist Du so erbleichet,
wer hat Dein Angesicht,
dem sonst kein Licht mehr gleichet,
so schändlich zugericht'?

Die Farbe Deiner Wangen,
der roten Lippen Pracht
ist hin und ganz vergangen,
des blassen Todes Macht
hat alles hingenommen,
hat alles hingerafft,
und so bist Du gekommen
von Deines Leibes Kraft.

Ach, Herr, was Du erduldet,
ist alles meine Last,
denn ich hab das verschuldet,
was Du getragen hast.
Schau her, hier steh ich Armer,
der Zorn verdienet hat;
gib mir, o mein Erbarmer,
den Anblick Deiner Gnad'!

Ich danke Dir von Herzen,
o Jesu, liebster Freund,
für Deine Todesschmerzen,
da Du's so gut gemeint.
Ach gib, dass ich mich halte
zu Dir und Deiner Treu',
und wenn ich einst erkalte,
in Dir mein Ende sei!

Wenn ich einmal soll scheiden,
so scheide nicht von mir,
wenn ich den Tod soll leiden,
so tritt Du dann herfür!
Wenn mir am allerbängsten
wird um das Herze sein,
so reiß' mich aus den Ängsten
kraft Deiner Angst und Pein.

Erscheine mir zum Schilde,
zum Trost in meinem Tod
und lass mich schau'n Dein Bilde
in Deiner Kreuzesnot.
Da will ich nach Dir blicken,
da will ich glaubensvoll
fest an mein Herz Dich drücken;
wer so stirbt, der stirbt wohl.

Arnulph von Löwen, Salve caput. Übersetzung von Paul Gerhardt

Zu Ehren des kostbaren Blutes

Kostbares Blut Jesu, Du bist der unendlich teure Lösepreis für die sündige Menschheit. Du bist ein Trank des Heils, ein Bad der Reinigung für unsere Seelen. Ohne Unterlass trittst Du für die Menschen ein am Throne der höchsten Erbarmung. In Demut bete ich Dich an. So gut ich kann, will ich das Unrecht und die Beleidigungen wiedergutmachen, die immer wieder von den Menschen Dir angetan werden, vor allem von denen, die in ihrem Übermut so weit gehen, dass sie lästern wider Dich. Wer wollte dieses Blut nicht preisen? Es ist unendlich kostbar. Wer wollte Jesus, der es vergoss, nicht innig lieben? Was wäre aus mir geworden, wäre ich nicht erlöst worden durch dieses göttliche Blut? Wer ließ es fließen aus den Adern meines Herrn bis zum letzten Tropfen? Gewiss die Liebe. Ja, grenzenlos ist diese Liebe, die uns diesen Balsam des Heiles schenkt. Er ist kostbar. Er ist geflossen aus einem nie versiegenden Quell der Liebe. Gib, dass alle Herzen, alle Zungen Dich loben, Dich preisen, Dir Dank sagen jetzt und in alle Ewigkeit. Amen.

Pius VII.

Ewiger Vater, ich opfere Dir auf das kostbarste Blut Jesu Christi zur Sühne für meine Sünden, zum Trost der Armen Seelen im Fegfeuer und für die Anliegen der heiligen Kirche. Amen. Pius VII.

Gott, Du hast in Deiner Huld durch das kostbare Blut Deines eingeborenen Sohnes das lebensspendende Siegeszeichen des Kreuzes geheiligt. Voll Freude gedenken wir des glorreichen heiligen Kreuzes und bitten Dich: Gib, dass wir überall uns Deines Schutzes erfreuen dürfen. Durch ihn, Christus, unseren Herrn. Amen. aus dem Missale

Herr Jesus Christus, Du Sohn des lebendigen Gottes, um die sechste Stunde hast Du zur Erlösung der Welt den Kreuzespfahl bestiegen und hast zur Vergebung unserer Sünden Dein kostbares Blut vergossen. In Demut bitten wir Dich: Lass uns nach unserem Hinscheiden voll Freuden eingehen in die Pforten des Paradieses, der Du lebst und herrschest als König in Ewigkeit. Amen. aus dem Missale

Zum heiligsten Herzen Jesu

Lass mich, Gottesherz, Dir singen,
frohen Herzensgruß Dir bringen.
Dich voll Jubel zu umfangen,
sehnt mein Herz sich voll Verlangen.
Lass Zwiesprach' halten mich mit Dir!

Wache, heile und erhelle,
und befrucht' mich mit der Quelle,
die, der Seite einst entquollen,
ward zum Strom, zum gnadenvollen,
als Dich die Lanze hart bedrängt.

Zieh' mein Herz zu Deinem Herzen,
dass, geheilt in Reueschmerzen,
es nicht bleib' in ferner Weite;
schließ' es ein in Deine Seite,
dass es in Dir sich finde neu!

Lass es ruhen da und weilen.
Sieh! Es möcht' Dein Leben teilen;
glühend will es Dich empfinden,
will zu Dir den Eingang finden,
dass liebevoll ich denke Dein.

Du, die Seligkeit der Deinen,
lass auch mich Dir ganz vereinen,
lass mich eingeh'n in Dein Leben,
wolle nicht mir widerstreben.
O schließe in Dein Herz mich ein! Amen.

sel. Hermann Joseph

Heiligstes Herz Jesu, Quelle alles Guten, ich bete Dich an, ich glaube an Dich, ich hoffe auf Dich, ich liebe Dich und bereue alle meine Sünden. Dir schenke ich dieses mein armes Herz, mache es demütig, geduldig, rein und allen Deinen Wünschen entsprechend.

Gib, o guter Jesus, dass ich in Dir und Du in mir lebst. Beschütze mich in Gefahren, tröste mich in Trübsal und Betrübnissen. Gewähre mir die Gesundheit meines Leibes und meiner Seele, Deinen Segen für alle meine Werke und die Gnade eines heiligen Todes. Amen.

Benedikt XV.

Heiligstes Herz Jesu, wir bitten Dich, gieße Deinen reichsten Segen aus über die heilige Kirche, über den Papst, die Bischöfe und die Priester; gewähre den Gerechten Beharrlichkeit; bekehre die Sünder; erleuchte die Ungläubigen; segne unsere Verwandten, unsere Feinde und unsere Wohltäter; stehe bei den Sterbenden; befreie die Seelen aus dem Fegefeuer und errichte in allen Herzen die süße Herrschaft Deiner Liebe. Amen.

Pius X.

Dem Herzen Jesu singe in heil'ger Freud' mein Herz, der Liebe Jubel dringe frohlockend himmelwärts.

Gelobt, gebenedeiet soll sein zu jeder Zeit, das heiligste Herz Jesu in alle Ewigkeit.

Hör, Jesus, meine Bitte, nur eins verlang' ich hier: In Deines Herzens Mitte gib eine Zuflucht mir. Gelobt ...

Zwar bin ich voller Sünden, ein Lamm, das sich verirrt; doch sieh, ich lass mich finden, von Dir, Du guter Hirt. Gelobt ...

O Herz des Königs aller Welt, des Herrschers in dem Himmelszelt, Dich grüßt mein Herz in Freuden. Du Träger aller Bürd' und Last, Du aller Müden Ruh' und Rast, Du Trost in allen Leiden!

Ach, wie bezwang und drang Dich doch Dein edle Lieb', ins bittre Joch der Schmerzen Dich zu geben, da Du Dich neigtest in den Tod, zu retten aus der Todesnot mich und mein armes Leben.

Lass Deine Flamm' und starke Glut durch all mein Herze, Geist und Mut mit allen Kräften dringen. Lass Deine Lieb' und Freundlichkeit zur Gegenlieb' und Dankbarkeit mich armen Sünder bringen. Amen.

Sühnegebet zu beten am Herz-Jesu-Fest

℣. Gütigster Jesus, Deine übergroße Liebe zu uns Menschen wird mit so viel Verachtung, Nachlässigkeit, Gleichgültigkeit und mit schmachvollem Undank vergolten. Siehe, wir werfen uns vor Deinem Altare nieder, um die sündhafte Lauheit der Menschen und das Unrecht, das sie Deinem liebevollen Herzen überall zufügen, durch eine besondere Huldigung zu sühnen.

℟. Eingedenk jedoch, dass auch wir einst zur Zahl dieser Unwürdigen gehörten, und durchdrungen von heißem Reueschmerz, erflehen wir Deine Barmherzigkeit vor allem für uns selber. Wir sind bereit, nicht nur unsere eigenen Sünden durch freiwillige Buße zu sühnen, sondern auch die Sünden jener, die weit vom Wege des Heiles abirren, die, in Unglauben verstockt, Dir als ihrem Hirten und Führer nicht folgen wollen oder ihre Taufgelübde treulos missachten und das süße Joch Deines Gesetzes zu tragen sich weigern.

℣. Wir nehmen uns fest vor, all diese beklagenswerten Vergehen zu sühnen. Insbesondere wollen wir wiedergutmachen alle Unehrbarkeit und Schamlosigkeit in Lebensweise und

Kleidung, die freche Verführung unschuldiger Seelen, die Entheiligung der Sonn- und Feiertage, die schrecklichen Fluchworte gegen Dich und Deine Heiligen, die Schmähungen Deines Stellvertreters und des Priesterstandes, die Verachtung des Sakramentes Deiner Liebe und seine Entweihung durch schändlichen Gottesraub sowie die öffentlichen Verbrechen der Völker, die sich den Rechten und Lehren der von Dir gegründeten Kirche widersetzen.

℟. Könnten wir doch diese Frevel mit unserm eigenen Blute tilgen. Um aber Deiner verletzten göttlichen Ehre Sühne zu leisten, opfern wir Dir jene Genugtuung auf, die Du einst am Kreuze Deinem Vater dargebracht hast und noch täglich auf unsern Altären erneuerst. Wir vereinigen sie mit der Sühne, die Deine jungfräuliche Mutter, alle Heiligen und frommen Christgläubigen Dir jemals geleistet haben. Von Herzen geloben wir, die eigenen und fremden Sünden und Deine verachtete und verschmähte, unfassbare Liebe, so viel an uns liegt, mit Deiner Gnade wiedergutzumachen durch Treue im Glauben, Reinheit der Sitten und vollkommene Befolgung der Lehren des Evangeliums, besonders des Gebotes der Liebe. Auch wollen wir uns nach Kräften bemühen, weitere Beleidigungen gegen Dich zu verhindern und möglichst viele Menschen zu Deiner Nachfolge zu bewegen.

℣. Wir bitten Dich, gütigster Jesus: Du wollest durch die Fürsprache der allerseligsten Jungfrau Maria dieses freie Angebot unseres Ehrenersatzes wohlgefällig aufnehmen und uns durch die große Gnade der Beharrlichkeit in der treuen Hingabe an Deinen Dienst bewahren, bis wir endlich alle zu jenem Vaterland gelangen, wo Du mit dem Vater und dem Heiligen Geist lebst und herrschest, Gott, von Ewigkeit zu Ewigkeit. ℟. Amen. Pius XI.

Weihegebet zu beten am Christkönigssonntag

℣. O liebster Jesus, Erlöser des Menschengeschlechts, blicke auf uns herab, die wir uns in Demut vor Deinem Altar niedergeworfen haben.

℟. Dein sind wir, und Dein wollen wir sein.

℣. Damit wir aber immer inniger mit Dir verbunden sein mögen, siehe, darum weiht sich heute jeder von uns freudig Deinem heiligsten Herzen. Viele haben Dich leider niemals erkannt, viele haben Deine Gebote verachtet und Dich von sich gestoßen.

℟. Erbarme Dich ihrer aller, o gütigster Jesus, und ziehe alle an Dein heiligstes Herz.

℣. Sei Du, o Herr, König nicht bloß über die Gläubigen, die nie von Dir gewichen sind, sondern auch über die verlorenen Söhne, die Dich verlassen haben.

℟. Gib, dass diese bald ins Vaterhaus zurückkehren, damit sie nicht vor Elend und Hunger zugrunde gehen.

℣. Sei Du König auch über die, welche durch Irrtum getäuscht oder durch Spaltung von Dir getrennt sind; rufe sie zur sicheren Stätte der Wahrheit und zur Einheit des Glaubens zurück,

℟. auf dass bald eine Herde und ein Hirt werde.

℣. Verleihe, o Herr, Deiner Kirche Wohlfahrt, Sicherheit und Freiheit. Schenke allen Völkern Ruhe und Ordnung. Gib, dass von einem Ende der Erde bis zum anderen der gleiche Ruf erschalle:

℟. Lob sei dem göttlichen Herzen, durch das uns Heil gekommen ist. Ihm sei Ruhm und Ehre in Ewigkeit. Amen.

O Jesus, ich weihe Dir mein Herz. Schließe es in das Deinige ein. In Deinem Herzen will ich wohnen, durch Dein Herz will ich lieben, in Deinem Herzen will ich leben, der Welt unbekannt und nur Dir allein bekannt. In Deinem Herzen will ich die Liebe schöpfen, die mein Herz verzehren soll. In ihm werde ich Kraft, Licht, Mut und wahren Trost finden. O heiligstes Herz Jesu, Dein Herz sei der Altar, auf dem ich mich opfere. Amen. hl. Pfarrer von Ars

Familienweihe

Erbarmungsreicher Erlöser! Demütig zu Deinen Füßen kniend erneuern wir die Weihe unserer Familie an Dein göttliches Herz. Sei immer unser König, wir setzen auf Dich unser volles, unumschränktes Vertrauen. Dein Geist durchdringe unsere Gedanken, unsere Wünsche, unsere Worte und Werke. Segne unsere Unternehmungen, nimm teil an unseren Freuden, an unseren Prüfungen, an unseren Arbeiten. Gib, dass wir Dich immer besser erkennen, immer mehr lieben und Dir in allem treu dienen. Von einem Ende der Welt bis zum anderen erschalle der eine Ruf: Geliebt, gelobt und verherrlicht sei immer und überall das heiligste Herz Jesu. Amen.

O mein Jesus, ich weihe mich Deinem allerheiligsten Herzen. Nimm mein ganzes Sein und wandle mich um in Dich. Lass meine Hände Deine Hände sein, meine Füße Deine Füße, mein Herz Dein Herz. Lass mich sehen mit Deinen Augen, hören mit Deinen Ohren, sprechen mit Deinem Mund, lieben mit Deinem Herzen, begreifen mit Deinem Verstand, dienen mit Deinem Willen, und lass mein ganzes Wesen Dir geweiht sein. Mache aus mir Dein zweites Ich. Jesus, sende mir Deinen Heiligen Geist, damit er mich lehre, Dich zu lieben und durch Dich zu leben, mit Dir, in Dir und für Dich. Amen. Pius XII.

Weihegebet

Ich, N. N., weihe und übergebe mich dem heiligsten Herzen unseres Herrn Jesus Christus. Ich weihe ihm mein Sein und Leben, mein Tun, mein Leiden und Dulden. Alles, was ich bin, soll mir von heute an nur dazu dienen, sein Herz zu ehren, zu lieben und zu verherrlichen.

Heute ist mein unwiderruflicher Vorsatz: Ich will ihm ganz angehören und alles tun aus Liebe zu ihm; ich will von ganzem Herzen allem entsagen, was ihm missfallen könnte.

Heiligstes Herz, ich erwähle Dich also zum einzigen Gegenstand meiner Liebe, zum Beschützer meines Lebens, zum Unterpfand meines Heiles, zur Stütze meiner Schwachheit und Unbeständigkeit, zum Sühnopfer für alle Sünden meines Lebens, zu meiner sicheren Zuflucht in der Stunde des Todes.

Herz der Güte, sei also mein Anwalt bei Gott, dem Vater, und wende die Strafen seines gerechten Zornes von mir ab! Herz der Liebe, auf Dich setze ich mein ganzes Vertrauen; ich fürchte alles von meiner Bosheit und Schwäche, doch ich erhoffe alles von Deiner Güte.

So tilge denn in mir alles, was Dir missfallen oder entgegen sein könnte! Präge Deine reine Liebe meinem Herzen so tief ein, dass ich Dich nie mehr vergessen oder mich von Dir trennen kann! Bei all Deiner Güte bitte ich Dich, mein Name möge Deinem Herzen tief eingegraben sein. All mein Glück und mein Ruhm soll es sein, zu leben und zu sterben in Deinem Dienst. Amen. hl. Margareta Maria Alacoque

Bitten an das heiligste Herz Jesu

Mein Jesus, in Dein Herz hinein,
da leg' ich alle meine Bitten.
Du hast dafür so viele Pein
und gar den bitt'ren Tod erlitten,
dass Du in Liebe und im Leide
nun würdest meine größte Freude;
drum leg' ich in Dein Heilandsherz
all meine Bitten, meinen Schmerz.

Mein Jesus, in Dein Herz hinein,
da leg' ich alle meine Sünden,
auf dass ich könne ruhig sein
und Gnade und Vergebung finden.
Denn als Dein Blut vom Kreuz geflossen,
das Du so inniglich vergossen,
und als Du riefst: „Es ist vollbracht!“,
da hast Du auch an mich gedacht!

Mein Jesus, in Dein Herz hinein,
da leg' ich alle meine Sorgen,
und kann Dein fröhlich' Kind nun sein,
weil ich in Dir so wohl geborgen.
Dir sei's alleine übergeben
für dieses und für jenes Leben.
O Jesu Herz, o sorge Du,
so bleibt das Menschenherz in Ruh'!

Mein Jesus, in Dein Herz hinein,
da leg' ich alle meine Lieben,
sind doch die Meinen alle Dein,
sind Dir in's Herz hineingeschrieben.
Und kann ich ihnen nicht mehr dienen,
so bist Du ja dazu erschienen.
Drum gib Du jedem, was ihm frommt,
dass er zu Deinem Herzen kommt!

Mein Jesus, in Dein Herz hinein,
da leg' ich alle meine Leiden,
dass Du hier lehrest stille sein,
bis Du sie wandelst dort in Freuden!
Denn was ich in den Erdentagen
zu meines Gottes Ehr' getragen,
das wandelt er zu seiner Zeit
in Himmelsglanz und Herrlichkeit.

Mein Jesus, in Dein Herz hinein,
da leg' ich alle meine Freuden,
dass mich kein Glück, kein Sonnenschein,
von Deiner Liebe dürfe scheiden.
Dass niemals mich das Eitle blende
und meinen Blick vom Kreuze wende;
das soll mein höchstes Bitten sein,
Dir auch in Freuden treu zu sein!

Mein Jesus, in Dein Herz hinein,
da leg' ich alle meine Pflichten,
dass Du mir helfest treu zu sein,
und sie zu Gottes Ehr' verrichten.
Verheißt er doch die Himmelskrone
dem, der ihm dient in seinem Sohne.
So lenk' Du selber, was ich tu,
bis ich von aller Arbeit ruh'!

Mein Jesus, in Dein Herz hinein,
da leg' ich alle neuen Tage,
dass sie von Dir erfüllet sei'n,
dass jeder näher zu Dir trage!
Hilf fromm beginnen, froh vollenden,
nimm an das Werk aus meinen Händen,
und was ich säe in der Zeit,
das trage Frucht in Ewigkeit.

Mein Jesus, in Dein Herz hinein,
da leg' ich alle meine Fragen,
dass sie von Dir entschieden sei'n,
dass Du die Antwort mögest sagen!
Dir sei es alles übergeben,
gib selbst die Richtung meinem Leben.
Herr, was Du sagst, das will ich tun
und still in Deinem Willen ruh'n!

Mein Jesus, in Dein Herz hinein,
da wollst Du meinen Namen schreiben,
dass ich Dein Eigen möge sein,
Dir bis zum Tod getreu zu bleiben.
Mein Herz soll ruh'n in Deinen Händen,
Du sollst an mir Dein Werk vollenden,
denn wer hier fand Dein Heilandsherz,
den ziehst Du mit Dir himmelwärts.

Mein Jesus, in Dein Herz hinein,
nimm alles, was mein Herz bewegt:
mein Bitten, Lieben, Sorgen, Freu'n
sei alles Dir ins Herz gelegt.
D'rauf lass mich friedlich, fröhlich enden
und ruh'n in Deinen treuen Händen,
bis dass der ew'ge Morgen tagt,
und mich vollkommen selig macht!

Heiligstes Herz Jesu, Du Inbegriff der Liebe, sei Du uns Schutz im Leben und Unterpfand des ewigen Heils. Sei Du uns Stärke in Schwachheit und Unbeständigkeit. Sei Du die Sühne für alle Sünden unseres Lebens. Du Herz der Milde und Güte, sei unsere Zuflucht in der Stunde unseres Todes. Sei unsere Rechtfertigung vor Gott. Wende ab von uns die Strafe seines gerechten Zornes. Herz der Liebe, auf Dich setzen wir unser ganzes Vertrauen. Von unserer Bosheit fürchten wir alles, aber von Deiner Liebe hoffen wir alles. Tilge in uns, was Dir missfallen oder entgegen sein könnte. Deine Liebe präge sich so tief in unseren Herzen ein, dass wir Dich niemals vergessen, dass wir niemals von Dir getrennt werden können. Herr und Heiland, bei Deiner ganzen Liebe bitten wir Dich: Lass unsere Namen tief eingeschrieben sein in Deinem heiligsten Herzen. Unser Glück und unsere Ehre soll es sein, in Deinem Dienst zu leben und zu sterben. Amen. hl. Margareta Maria Alacoque

Zu Christus, dem König

Wir haben einen König,
der über alle groß.
Es ist sein Thron der Himmel,
des ew'gen Vaters Schoß.
Er war, noch eh' die Sterne,
der Engel schöne Schar,
noch eh' die Nacht, die dunkle,
vom Licht geschieden war.

Er schuf das Haus der Welten,
er schuf das Menschenherz.
Er thront in seinem Glanze
und neigt sich jedem Schmerz.
Aus seinen Schöpferarmen
ließ er uns Menschen aus.
Mit seinen Kreuzesarmen
holt er uns heim nach Haus'.

Sein Haus beginnt am Kreuze,
dahinter schimmert weit,
das unermesslich große
Reich der Barmherzigkeit.
Reißt nieder, ihr Nationen,
ihr Menschen ohne Zahl,
reißt nieder eure Grenzen
- sein Reich kommt überall!

Gelobt seist du, Herr Jesu Christ,
ein König aller Ehren;
Dein Reich ohn' alle Grenzen ist,
ohn' Ende muss es währen.
Christkönig, alleluja, alleluja!

Auf Deinem Haupt voll Majestät
trägst Du der Gottheit Krone,
hell' Licht aus Deinem Auge geht
und Glanz von Deinem Throne.
Christkönig, alleluja, alleluja!

Das All durchtönt ein mächt'ger Ruf:
„Christ A und O der Welten!"
Das Wort, das sie zu Anfang schuf,
wird bis ans Ende gelten.
Christkönig, alleluja, alleluja!

Auch jeder Menschenseele Los
fällt, Herr, von Deinen Händen,
und was da birgt der Zeiten Schoß,
Du lenkst es aller Enden.
Christkönig, alleluja, alleluja!

O sei uns nah mit Deinem Licht,
mit Deiner reichen Gnade,
und wenn Du kommst zu dem Gericht,
Christ, in Dein Reich uns lade!
Christkönig, alleluja, alleluja!

Christus, König aller Zeiten, Christus, Herr auch unsrer Zeit. Christus, König aller Völker, Christus, Herr in Ewigkeit. Deinem Königtum wir dienen, Deinem Reich sind wir geweiht. Christus Sieger, Christus Herrscher, Christus, König aller Zeit.

Herr, Dein Reich ist Reich der Wahrheit, Gnade und Gerechtigkeit. Reich des Friedens und der Liebe, Gottes Reich in Ewigkeit. Deinem Königtum wir dienen, Deinem Reich sind wir geweiht. Christus Sieger, Christus Herrscher, Christus König aller Zeit.

Christus König, Dir zu dienen, mach in Gnaden uns bereit, denn Dir dienen heißet herrschen mit Dir, Herr der Herrlichkeit. Deinem Königtum wir dienen, Deinem Reich sind wir geweiht. Christus Sieger, Christus Herrscher, Christus König aller Zeit.

Herr Jesus Christus, ich huldige Dir als dem König der Welt. Alles, was geschaffen ist, wurde für Dich geschaffen. Verfüge über mich, ganz wie es Dir gefällt! Ich erneuere meine Taufgelübde, ich widersage dem Teufel, seiner Pracht und seinen Werken und verspreche, als guter Christ zu leben. Ganz besonders verpflichte ich mich, nach Kräften mitzuarbeiten, dass die Rechte Gottes und Deiner Kirche zum Siege gelangen. Göttliches Herz Jesu, Dir weihe ich das Wenige, das ich tun kann, damit alle Herzen Dein heiliges Königtum anerkennen und so Dein Friedensreich auf der ganzen Welt fest begründet werde. Amen. Pius XI.

O Du mein Heiland hoch und hehr, dem sich der Himmel beuget, von dessen Liebe, dessen Macht die ganze Schöpfung zeuget: Christus, mein König, Dir allein schenk ich die Liebe stark und rein, bis in den Tod die Treue!

Nicht alle Welt und ihre Pracht, Engel und Menschen nimmer, o Herr, mich scheide nichts von Dir, Dein Eigen bleib ich immer: Christus, mein König, Dir allein schenk ich die Liebe stark und rein, bis in den Tod die Treue!

Du nur allein lebst nun in mir, brennst mir in Herz und Händen; lass mich entflammen alle Welt mit Deinen Feuerbränden: Christus, mein König, Dir allein schenk ich die Liebe stark und rein, bis in den Tod die Treue!

Erich Przywara

Zu Ehren des heiligsten Namens Jesu

Der heiligste Name Jesus sei in meinem Herzen, er sei in meinem Munde, er sei auf meiner Zunge. Der heiligste Name Jesus erleuchte meinen Verstand, reinige meine Phantasie, stärke meinen Willen! Der heiligste Name Jesus sei in mir, er sei über mir, er sei vor mir, er sei neben mir. Er sei in allen meinen Gedanken, Worten und Werken. Der heiligste Name Jesus sei mein Schutz wider alle bösen Anfälle und Versuchungen. Der heiligste Name Jesus bewahre mich vor allen schweren Gedanken, vor aller Mutlosigkeit und Verzagtheit. Der heiligste Name Jesus sei mein unerschütterliches Vertrauen, meine Kraft und Stärke, meine Hoffnung und Zuversicht im Leben und im Sterben! Amen.

O heiligster der Namen all,
den Menschenzungen nennen;
o Du, der Himmel Widerhall,
dem tausend Herzen brennen:
Dir neigen unsre Herzen sich;
vor Dir, o Name, ewiglich
der Engel Schar sich beuget.

O Name, der die Hölle schreckt,
vor dem die Himmel schweigen,
durch den die Toten auferweckt
aus ihren Gräbern steigen;
der von dem Himmel ward gebracht
und durch den Engel kundgemacht:
O Name, sei gepriesen!

Ein andrer Name ist uns nicht
im Erdental gegeben,
der uns gewährte Trost und Licht
und Heil in unserm Leben.
Er nimmt dem Tode seine Qual
und streuet seines Lichtes Strahl
ins dunkle Reich der Gräber.

O Name, flöße Kraft mir ein,
aus Liebe gern zu leiden;
dann wird mich keine Plag' und Pein
von meinem Heiland scheiden;
ich trage dann mein Kreuz mit Mut,
bereit, zu Opfer, Gut und Blut
für den, der mich erlöste. Amen.

Herr, gib, dass wir Deinen heiligen Namen allzeit ebenso fürchten wie lieben; Du entziehst ja niemals Deine Leitung denen, die Du in der Liebe zu Dir fest begründest. Der Du lebst und herrschest als König in Ewigkeit. Amen.

aus dem Missale

VOR DEM ALLERHEILIGSTEN

„Da sagte der Jünger, den Jesus liebhatte, zu Petrus: ‚Es ist der Herr!'" (Joh 21, 7)

Hochgelobt und angebetet sei Jesus Christus im allerheiligsten Sakrament des Altares von nun an bis in Ewigkeit. Amen.

Mein Gott, ich glaube an Dich, ich bete Dich an, ich hoffe auf Dich, ich liebe Dich. Ich bitte Dich um Verzeihung für jene, die nicht an Dich glauben, Dich nicht anbeten, nicht auf Dich hoffen und Dich nicht lieben. Amen.

Gebet des Engels in Fatima

Heiligste Dreifaltigkeit, Vater, Sohn und Heiliger Geist, ich bete Dich in tiefster Ehrfurcht an und opfere Dir auf den kostbaren Leib, das Blut, die Seele und die Gottheit unseres Herrn Jesus Christus, der in allen Tabernakeln der Welt gegenwärtig ist, zur Genugtuung für die Schmähungen, Entweihungen und Gleichgültigkeiten, durch die er selbst beleidigt wird. Durch die unendlichen Verdienste des heiligsten Herzens Jesu und die Fürsprache des Unbefleckten Herzens Mariens bitte ich Dich um die Bekehrung der armen Sünder. Amen.

Gebet des Engels in Fatima

Gottheit, tief verborgen,
betend nah' ich Dir.
Unter diesen Zeichen
bist Du wahrhaft hier.
Sieh, mit ganzem Herzen
schenk ich Dir mich hin,
weil vor solchem Wunder
ich nur Armut bin.

2. Augen, Mund und Hände
täuschen sich in Dir,
doch des Wortes Botschaft
offenbart Dich mir.
Was Gott Sohn gesprochen,
nehm' ich glaubend an:
Er ist selbst die Wahrheit,
die nicht trügen kann.

3. Einst am Kreuz verhüllte
sich der Gottheit Glanz,
hier ist auch verborgen
Deine Menschheit ganz.
Beide sieht mein Glaube
in dem Brote hier;
wie der Schächer ruf' ich,
Herr, um Gnad' zu Dir.

4. Kann ich nicht wie Thomas
schau'n die Wunden rot,
bet' ich dennoch gläubig:
„Du, mein Herr und Gott."

Tief und tiefer werde
dieser Glaube mein,
fester lass die Hoffnung,
treu die Liebe sein.

5. Denkmal, das uns mahnet
an des Herren Tod;
Du gibst uns das Leben,
o lebendig' Brot.
Werde gnädig Nahrung
meinem Geiste Du,
dass er Deine Wonnen
koste immerzu.

6. Gleich dem Pelikane
starbst Du, Jesu mein,
wasch' in Deinem Blute
mich von Sünden rein.
Schon ein kleiner Tropfen
sühnet alle Schuld,
bringt der ganzen Erde
Heil und Gottes Huld.

7. Jesus, den verborgen
jetzt mein Auge sieht,
stille mein Verlangen,
das mich heiß durchglüht:
Lass die Schleier fallen
einst in Deinem Licht,
dass ich selig schaue,
Herr, Dein Angesicht. Amen. hl. Thomas von Aquin

Kommt her, ihr Kreaturen all,
kommt, was erschaffen ist.
Kommt her und sehet allzumal,
was da zugegen ist!
Das ist das heil'ge Sakrament,
das sollt ihr loben ohne End'.
O, dass es lob' mein Mund,
jetzt und zu jeder Stund'!

2. Stimmt an, stimmt an, ihr Seraphim,
die ihr von Liebe brennt.
Ihr Thronen, Fürsten, Cherubim,
singt, was ihr singen könnt!
Herrschaften, Mächt' und Kräfte all,
Erzengel, Engel ohne Zahl,
lobsinget ohne End'
dem höchsten Sakrament!

3. Ihr Patriarchen allgemein
und ihr Propheten all,
auch ihr Jungfrauen keusch und rein
mit der Apostel Zahl.
Bekenner all und Martyrer
und du gesamtes Himmelsheer,
lobsinget ohne End'
dem heil'gen Sakrament!

4. O Sonn' und Mond und all ihr Stern',
die ihr am Himmel brennt,
lobt unsern und auch euern Herrn
im höchsten Sakrament!

All Berg' und Tal, all Bäum' und Frücht',
all Laub und Gras, vergesst es nicht:
Lobpreiset ohne End'
das heil'ge Sakrament!

5. Ihr Fisch' im Meer, ihr Tier' im Feld
und was in Lüften schwebt,
lobsinget dem in aller Welt,
durch den ihr alle lebt.
Hier ist er selbst, dies ist kein Brot,
es ist der Herr, der wahre Gott,
den lobet ohne End'
in diesem Sakrament!

6. Und du, Maria, Jungfrau rein,
schau deinen lieben Sohn
bei uns in den Gestalten klein,
bei dir im Himmelsthron!
Hilf, Mutter, uns lobpreisen ihn,
hilf, dass wir all empfangen ihn
an unsrem letzten End'
im heil'gen Sakrament!

7. Das sei nun unser Losungswort,
daran man uns erkennt;
solang' das Herz schlägt, immerfort
die Zunge es bekennt.
Und wenn sich naht die letzte Stund',
auch dann soll sprechen unser Mund:
Gelobt sei ohne End'
das heil'ge Sakrament!

Preise, Zunge, das Geheimnis
dieses Leib's voll Herrlichkeit
und des unschätzbaren Blutes,
das, zum Heil der Welt geweiht,
Jesus Christus hat vergossen,
Herr der Völker aller Zeit.

Uns gegeben, uns geboren
von der Jungfrau keusch und rein,
ist auf Erden er gewandelt,
Saat der Wahrheit auszustreu'n,
und am Ende seines Lebens
setzt' er dies Geheimnis ein.

In der Nacht beim letzten Mahle
saß er in der Jünger Schar.
Als nach Vorschrift des Gesetzes
nun das Lamm genossen war,
gab mit eigner Hand den Seinen
er sich selbst zur Speise dar.

Und das Wort, das Fleisch geworden,
schafft durch Wort aus Brot und Wein
Fleisch und Blut zur Opferspeise,
sieht es auch der Sinn nicht ein.
Es genügt dem reinen Herzen,
was ihm sagt der Glaub' allein.

Darum lasst uns tief verehren
ein so großes Sakrament,
dieser Bund wird ewig währen,
und der alte hat ein End'.
Unser Glaube soll uns lehren,
was das Auge nicht erkennt.

Gott dem Vater und dem Sohne
sei Lob, Preis und Herrlichkeit
mit dem Geist im höchsten Throne,
eine Macht und Wesenheit!
Singt in lautem Jubeltone:
Ehre der Dreieinigkeit! Amen. Pange lingua

Lasst uns preisen den dreifaltigen Gott, den Vater und den Sohn und den Heiligen Geist! *Ihn wollen wir loben und rühmen in Ewigkeit!* Gott, himmlischer Vater, im ewigen Heute göttlichen Lebens zeugst Du den Sohn, von Dir und dem Sohne zugleich geht der Heilige Geist aus. *Anbetung und Ehre sei Dir in Ewigkeit!*

Allmächtiger Vater, Schöpfer des Himmels und der Erde, aller sichtbaren und unsichtbaren Dinge. *Anbetung und Ehre sei Dir in Ewigkeit!* Lasst uns preisen den dreifaltigen Gott, den Vater und den Sohn und den Heiligen Geist! *Ihn wollen wir loben und rühmen in Ewigkeit!*

Gott Sohn, aus dem Vater geboren vor aller Zeit, Gott von Gott, Licht vom Licht, wahrer Gott vom wahren Gott, gezeugt, nicht geschaffen, eines Wesens mit dem Vater. *Dir sei Lobpreis und Herrlichkeit!* Gott Sohn, Erlöser der Welt. *Dir sei Lobpreis und Herrlichkeit!* Lasst uns preisen den dreifaltigen Gott, den Vater und den Sohn und den Heiligen Geist. *Ihn wollen wir loben und rühmen in Ewigkeit!*

Gott Heiliger Geist, Du Herr und Lebensspender, Du gehst vom Vater und vom Sohne aus, Du wirst mit dem Vater und dem Sohne zugleich angebetet und verherrlicht. *Anbetung und Ehre sei Dir in Ewigkeit!* Du hast uns geheiligt, Du wirst das Werk der Erlösung vollenden. *Anbetung und Ehre sei Dir in Ewigkeit!*

Lasset uns beten: Allmächtiger, ewiger Gott, Du hast uns die Gnade geschenkt, im Lichte des wahren Glaubens die Herrlichkeit der ewigen Dreifaltigkeit zu erkennen und ihre Einheit anzubeten. Festige uns im Glauben an dieses erhabene Geheimnis und bewahre uns so vor allem Übel, damit wir einmal in der Ewigkeit Dich schauen dürfen, nicht mehr wie hier im dunklen Licht des Glaubens, sondern von Angesicht zu Angesicht. Durch Christus, unseren Herrn. *Amen.*

Werner Bulst SJ

Herr Jesus Christus, wir grüßen Dich im heiligsten Sakrament! Nicht nur in Deiner göttlichen Allgegenwart bist Du hier bei uns, sondern auch mit Deiner menschlichen Natur, die Du einst angenommen hast aus Maria der Jungfrau. *Lob und Dank sei Dir, Herr, im allerheiligsten Sakrament!* Aus ihrem jungfräulichen Schoße ist ja durch das Wirken des Heiligen Geistes Dein heiliger Leib gebildet worden, den wir hier anbeten dürfen, den Du Tag für Tag aufs Neue dem Vater darbietest zur Sühne für unsere Sünden, den Du uns im Opfer des Altares zur Speise reichst für unsere Seelen.

Sei gegrüßt, Du hochheiliger Leib, gebildet im Schoße der jungfräulichen Mutter, wesenhaft vereint mit dem Worte Gottes! *Lob und Dank sei Dir, Herr, im allerheiligsten Sakrament!*

Lasset uns beten: Himmlischer Vater, nach Deinem Willen ist Dein eingeborener Sohn auf die Botschaft des Engels hin im Schoße der seligen Jungfrau Mensch geworden. Höre unser Beten und lass uns auf ihre Fürbitte hin bei Dir Hilfe finden, da wir sie gläubig als wahre Gottesmutter verehren. Durch ihn, Christus, unseren Herrn. *Amen.*

Werner Bulst SJ

Sei gegrüßt, Du allerheiligstes Sakrament des Altares, Du bist das größte Wunder der Liebe, das der dreifaltige Gott durch Jesus Christus, unseren Herrn, gewirkt hat! *Du bist die köstliche Gabe, die der himmlische Vater uns Menschen auf Erden gegeben hat.*

Du bist das Sakrament der Liebe und Hingabe des ewigen Sohnes, durch das wir der Frucht seiner Erlösung teilhaftig werden. *Du bist der lebendige Brunnen aller Gnaden, die uns der Heilige Geist geschenkt hat.*

Sei gegrüßt, Du heiliges Opfersakrament, das Himmel und Erde versöhnt! Du bist das lebendige Gedächtnis des Leidens, der Auferstehung und der Himmelfahrt unseres Herrn. *Durch Dich fließen die Ströme der Gnade vom heiligen Kreuz über die ganze Welt und alle Generationen, bis er wiederkommen wird in Herrlichkeit.*

Sei gegrüßt, Du heiliges Himmelsbrot, Du Speise der Engel, Du wahre Arche des Neuen Bundes, darin das himmlische Manna gewahrt wird! *Sei gegrüßt Du Kelch aller Gnaden, Du Labung der Schwachen, Du Arznei gegen jede Krankheit der Seele, Du Stärke im Kampfe, Du Wegzehrung der Sterbenden!*

Sei gegrüßt, Du edler Leib Jesu Christi, unseres Erlösers, hier wahrhaftig unter der Gestalt des Brotes gegenwärtig, Du wahre, lebendige Hostie, die am Stamm des Kreuzes geopfert ward, Du goldener Gnadenthron, darauf die Gottheit ruht! Wir fallen vor Dir nieder und beten Dich mit allen Engeln und allen Heiligen des Himmels in tiefster Ehrfurcht an: Gelobt und gebenedeit sei das allerheiligste Sakrament des Altares, *von nun an bis in Ewigkeit! Amen.* nach einem Gebet von Martin von Cochem

Herr Jesus Christus! Mehr als Deine gnadenvolle Nähe, mehr noch als die Erneuerung Deines Kreuzesopfers wolltest Du uns schenken in diesem heiligen Sakrament. Zu einem jeden von uns willst Du selbst kommen, um ihm ganz persönlich die Gnaden Deines Erlösungsopfers mitzuteilen. Darum hast Du hier die Gestalt unserer täglichen Nahrung angenommen, um Dich so innig, wie es nur denkbar ist, mit uns zu vereinigen. Als Brot des Lebens willst Du zu uns kommen. *Du bist das lebendige Brot, das vom Himmel herabgekommen ist und der Welt das Leben spendet.* Du hast gesagt: „Das Brot, das ich euch geben werde, ist mein Fleisch für das Leben der Welt. Wer mein Fleisch isst und mein Blut trinkt, der hat das ewige Leben, und ich werde ihn auferwecken am Jüngsten Tage. Denn mein Fleisch ist eine wahre Speise und mein Blut ist ein wahrer Trank." (Joh 6) *Herr, dies Geheimnis ist groß, wer kann es fassen? Aber wir glauben Dir, denn Du hast Worte des ewigen Lebens.* Brot vom Himmel hast du uns gegeben. *Das alle Erquickung in sich birgt.*

Lasset uns beten: Herr Jesus Christus, in unbegreiflicher Liebe bist Du hier in diesem Sakrament unsere Speise geworden. Gewähre uns, dass wir Dich immer würdig empfangen, damit Du uns einmal auferweckst am Jüngsten Tage, wie Du uns verheißen hast. Der Du lebst und herrschest von Ewigkeit zu Ewigkeit. *Amen.* Werner Bulst SJ

Wir danken Dir, Vater, allmächtiger, ewiger Gott, für die Gabe der Liebe, die Du uns im Sakrament Deines Sohnes geschenkt hast. Obgleich Du, Gott, allmächtig bist, konntest Du uns nichts Besseres geben; obgleich Du der Weiseste bist, wusstest Du uns nichts Besseres zu geben; obgleich Du der Reichste bist, hattest Du uns nichts Besseres zu geben als dieses heilige Sakrament. Wir danken Dir, ewiger Vater, für Deine große Liebe! Amen. hl. Augustinus

Wahrer Gott, wir glauben Dir,
Du bist mit Gottheit und Menschheit hier.
Du, der den Satan und Tod überwand,
der im Triumph aus dem Grabe erstand.
Preis Dir, Du Sieger auf Golgotha,
Sieger auf ewig! Alleluja!

Jesus, Dir jauchzt alles zu,
Herr über Leben und Tod bist Du.
In Deinem Blute gereinigt von Schuld,
freu'n wir uns wieder der göttlichen Huld.
Gib, dass wir stets Deine Wege geh'n,
glorreich wie Du aus dem Grabe ersteh'n!

Mein Gott, ich glaube fest, dass Du wahrhaft und wirklich gegenwärtig bist im heiligsten Sakrament des Altares. Ich bete Dich an aus dem tiefsten Grund meines Herzens. In aller Demut, die mir möglich ist, verehre ich Deine heilige Gegenwart. Meine Seele, was für ein Trost ist es, dass wir Jesus Christus stets bei uns haben, dass wir von Herz zu Herz vertrauensvoll Zwiesprache mit ihm halten können! Nun bete ich hier auf Erden in diesem wunderbaren Sakramente Deine heilige Majestät an. Gib, Herr, dass ich sie auch einmal ewig anbeten kann im Himmel! Amen. Benedikt XV.

Herz meines Gottes im heiligsten Sakrament, Du atmest und schlägst hier unter der Hülle der heiligen Gestalten. Ich bete Dich an. Die Liebe erwacht aufs Neue in mir, wenn ich das heilige Sakrament, dies große Gnadengeschenk, betrachte. Reue erfasst mich über meinen Undank. In Demut knie ich nieder im Abgrund meines Elends und versenke mich in den noch größeren Abgrund Deiner Erbarmungen. Du hast mich erwählt von Jugend auf, hast mich in meiner Schwachheit nicht verschmäht. Du bist in mein armes Herz eingekehrt, bist gekommen, es zu gegenseitiger Liebe einzuladen. Du hast mir Glück und Frieden gebracht. Doch ich habe alles verloren; ich bin treulos gewesen, Herr Jesus. Mein Geist ist abgeschweift, mein Herz ist kalt und lau geworden, und ich habe es zugelassen. Ich habe nur an mich gedacht und habe Dich vergessen. Du wolltest mein Führer, mein Berater, mein Beschützer sein im Leben. Doch ich habe es geduldet, dass die Leidenschaften Deinen stillen Lockruf übertönten, ich habe nicht auf ihn geachtet und habe Dich vergessen. Bei heilsamen Prüfungen und Leiden, bei Freuden und Tröstungen, in meinen Schwierigkeiten und Sorgen habe ich, statt zu Dir zu kommen, das Geschöpf gesucht und Dich dabei vergessen. Lieber Jesus, ich habe Dich vergessen in den einsamen Tabernakeln, wo Du in Liebe Dich verzehrst, in den Kirchen der Städte, wo man Dich schmäht, in den gleichgültigen, gottesschänderischen Herzen, auch in meinem eigenen, sündhaften Herzen, selbst als ich hinging, Dich in der heiligen Kommunion zu empfangen. Herz meines Heilands im heiligsten Sakrament, Du warst meine Freude bei meiner ersten heiligen Kommunion, in den Tagen der Treue; ich schenke mich Dir aufs Neue. Komm auch Du wieder zu mir, ja, komm zu mir! Zieh' mich von Neuem hin zu Dir! Verzeihe mir noch dies eine Mal! Durch meine Liebe will ich alles wieder gutmachen. Heiliger Erzengel Michael und du, heiliger Johannes, du Lieblingsjünger des Herrn, tragt meine Abbitte hin zu Gottes Thron und tretet ein für mich! Amen. Leo XIII.

Mein guter, heiliger Engel, erflehe mir die große Gnade, dass, wenn ich vom Tabernakel fortgehe an meine Tagesarbeit, der Gedanke an Jesus im hochheiligen Sakrament nie verlösche, sondern zu immerwährender Anbetung mich entflamme. Amen.

Gott, wir weihen Dir unsere Herzen. Sie sind verbunden durch die stärkste, aufrichtige Bruderliebe. Wir bitten Dich, Jesus im heiligen Sakrament möge die tägliche Nahrung für unseren Leib und unsere Seele sein, Jesus möge der Mittelpunkt unserer Liebe sein, so wie er es bei Maria und Joseph war. Herr, gib, dass die Sünde niemals unsere Einheit störe hier auf Erden, dass wir ewig vereint bleiben mit Dir, mit Maria, dem heiligen Joseph und allen Heiligen im Himmel. Amen. Benedikt XV.

Du wartest, Herr, Tag und Nacht in allen Tabernakeln der Welt auf die Liebe der Menschen, auf ihren Willen, sich retten zu lassen. Erinnere uns immer wieder an die Kälte und Gleichgültigkeit, an die Lauheit und Ehrfurchtslosigkeit, die Du, verborgener Gott, auf Deinen Erdenthronen erdulden musst und lass uns stellvertretend anbeten und lieben jeden Tag! Ihr heiligen Engel der Anbetung, lehrt uns die Ehrfurcht vor jedem Haus Gottes! Amen.

Tantum ergo Sacraméntum venerémur cérnui: Et antíquum documéntum novo cedat rítui: Præstet fides suppleméntum sénsuum deféctui.

Lasst uns tiefgebeugt verehren ein so großes Sakrament. Dieser Bund wird ewig währen und der alte hat ein End. Unser Glaube soll uns lehren, was das Auge nicht erkennt.

Genitóri, Genitóque laus et iubilátio, salus, honor, virtus quoque, sit et benedíctio: Procedénti ab utróque compar sit laudátio. Amen.

Gott dem Vater und dem Sohne sei Lob, Preis und Herrlichkeit, mit dem Geist auf höchstem Throne eine Macht und Wesenheit. Singt in lautem Jubeltone göttlicher Dreieinigkeit.

℣. Panem de cælo præstitísti eis (T. p. allelúia).
℟. Omne delectaméntum in se habéntem (T. p. allelúia).

℣. Brot vom Himmel hast Du ihnen gegeben (T. p. alleluja).
℟. Das alle Erquickung in sich birgt (T. p. alleluja).

Orémus.

Deus, qui nobis sub sacraménto mirábili passiónis tuæ memóriam reliquísti: tríbue, quǽsumus; ita nos Córporis et Sánguinis tui sacra mystéria venerári, ut redemptiónis tuæ fructum in nobis iúgiter sentiámus. Qui vivis et regnas in sǽcula sæculórum.
℟. Amen.

Lasset uns beten.

Gott, der Du uns in diesem wunderbaren Sakrament das Gedächtnis Deines Leidens hinterlassen hast, lass uns, so bitten wir, die hochheiligen Geheimnisse Deines Leibes und Blutes so verehren, dass wir die Frucht Deiner Erlösung immerdar in uns erfahren. Der Du lebst und herrschst in alle Ewigkeit. ℟. Amen.

Lobgebet nach dem eucharistischen Segen

Gott sei gepriesen!
Gepriesen sei sein heiliger Name!

Gepriesen sei Jesus Christus, wahrer Gott und wahrer Mensch!

Gepriesen sei der Name Jesu!

Gepriesen sei sein heiligstes Herz!

Gepriesen sei sein kostbares Blut!

Gepriesen sei Jesus im allerheiligsten Sakrament des Altares!

Gepriesen sei der Heilige Geist, der Tröster!

Gepriesen sei die erhabene Gottesmutter, die allerseligste Jungfrau Maria!

Gepriesen sei ihre heilige und unbefleckte Empfängnis!

Gepriesen sei ihre glorreiche Aufnahme in den Himmel!

Gepriesen sei der Name der Jungfrau und Mutter Maria!

Gepriesen sei der heilige Joseph, ihr keuschester Bräutigam!

Gepriesen sei Gott in seinen Engeln und in seinen Heiligen!

Eine Viertelstunde vor dem Allerheiligsten

Es ist nicht nötig, viel zu wissen, um mir zu gefallen. Es genügt, dass du mich sehr liebst. Sprich hier also einfach mit mir, wie du mit deinem engsten Freund sprechen würdest.

Musst du mich für jemanden um etwas bitten?

Nenne mir seinen Namen und sage mir dann, was du möchtest, das ich jetzt für ihn tun soll. Erbitte viel! Zögere nicht, zu bitten. Sprich zu mir auch einfach und aufrichtig von den Armen, die du trösten willst, von den Kranken, die du leiden siehst, von den Verirrten, die du sehnlichst auf den rechten Weg zurückwünschest. Sage mir für alle wenigstens ein Wort.

Und für dich, brauchst du für dich nicht irgendeine Gnade?

Sage mir offen, dass du vielleicht stolz, selbstsüchtig, unbeständig und nachlässig bist. Bitte mich dann, dir zu Hilfe zu kommen bei den wenigen oder vielen Anstrengungen, die du machst, um davon loszukommen. Schäme dich nicht! Es gibt viele Gerechte, viele Heilige im Himmel, die genau die gleichen Fehler hatten.

Aber sie baten demütig, und nach und nach sahen sie sich frei davon. Und zögere auch nicht, um Gesundheit sowie einen glücklichen Ausgang deiner Arbeiten, Geschäfte oder Studien zu bitten. All das kann ich dir geben und gebe ich dir. Und ich wünsche, dass du mich darum bittest, soweit es sich nicht gegen deine Heiligung richtet, sondern sie begünstigt und unterstützt. Und was brauchst du gerade heute? Was kann ich für dich tun? Wenn du wüsstest, wie sehr ich wünsche, dir zu helfen.

Trägst du gerade einen Plan mit dir?

Erzähle ihn mir. Was beschäftigt dich? Was denkst du? Was wünschst du? Was kann ich für deinen Bruder tun, was für deine Schwester, deine Freunde, deine Familie, deine Vorgesetzten? Was möchtest du für sie tun? Und was mich angeht: Hast du nicht den Wunsch, dass ich verherrlicht werde? Möchtest du nicht deinen Freunden etwas Gutes tun können, die du vielleicht sehr liebst, die aber vielleicht leben, ohne an mich zu denken? Sage mir: Was erweckt heute besonders deine Aufmerksamkeit? Was wünschst du ganz sehnlich? Über welches Mittel verfügst du, um es zu erreichen? Sage es mir, wenn dir ein Vorhaben schlecht gelingt, und ich werde dir die Gründe für den Misserfolg nennen. Möchtest du mich nicht für dich gewinnen?

Fühlst du dich vielleicht traurig oder schlecht gestimmt?

Erzähle mir in allen Einzelheiten, was dich traurig macht. Wer hat dich verletzt? Wer hat deine Selbstliebe beleidigt? Wer hat dich verachtet? Teile mir alles mit, und bald wirst du soweit kommen, dass du mir sagst, dass du nach meinem Beispiel alles verzeihst, alles vergisst. Als Lohn wirst du meinen tröstenden Segen empfangen. Hast du vielleicht Angst? Spürst du in deiner Seele jene unbestimmte Schwermut, die zwar unberechtigt ist, aber trotzdem nicht aufhört, dir das Herz zu zerreißen? Wirf dich meiner Vorsehung in die Arme! Ich bin bei dir, an deiner Seite. Ich sehe alles, höre alles, und nicht einen Augenblick lasse ich dich im Stich. Spürst du Abneigung bei Menschen, die dich vorher gern mochten und sich von dir entfernen, ohne dass du ihnen dazu den geringsten Anlass gegeben hast? Bitte für sie, und ich werde sie an deine Seite zurückbringen, wenn sie nicht zum Hindernis für deine Heiligung werden.

Und hast du mir nicht vielleicht irgendeine Freude mitzuteilen?

Warum lässt du mich nicht daran teilnehmen, da ich doch dein Freund bin? Erzähle mir, was seit dem letzten Besuch bei mir dein Herz getröstet und dich zum Lächeln gebracht hat. Vielleicht hast du angenehme Überraschungen erlebt, vielleicht hast du glückliche Nachrichten erhalten, einen Brief, ein Zeichen der Zuneigung, vielleicht hast du eine Schwierigkeit überwunden, bist aus einer ausweglosen Lage herausgekommen. Das alles ist mein Werk. Du sollst mir einfach sagen: Danke, mein Vater!

Willst du mir nichts versprechen?

Ich lese in der Tiefe deines Herzens. Menschen kann man leicht täuschen, Gott aber nicht. Sprich also ganz aufrichtig zu mir. Bist du fest entschlossen, dich jener Gelegenheit zur Sünde nicht mehr auszusetzen, auf jenen Gegenstand zu verzichten, der dir schadet, jenes Buch nicht mehr zu lesen, das deine Vorstellungskraft gereizt hat, mit jenem Menschen nicht mehr zu verkehren, der den Frieden deiner Seele verwirrt? Wirst du zu jenem anderen Menschen wieder sanft, liebenswürdig und gefällig sein, den du bis heute als Feind betrachtet hast, weil er sich gegen dich verfehlte?

Nun gut, gehe jetzt wieder an deine gewohnte Beschäftigung zurück. Zu deiner Arbeit, deiner Familie, deinem Studium. Aber vergiss die Viertelstunde nicht, die wir beide hier verbracht haben. Bewahre, soweit du kannst, Schweigen, Bescheidenheit, innere Sammlung, Liebe zum Nächsten.

Liebe meine Mutter, die auch die deine ist.

Und komme wieder mit einem Herzen, das noch mehr von Liebe erfüllt, noch mehr meinem Geist hingegeben ist. Dann wirst du in meinem Herzen jeden Tag neue Liebe, neue Wohltaten, neue Tröstungen finden.

hl. Antonius Maria Claret

Kommuniongebete

Vor dem Empfang der heiligen Kommunion

Allmächtiger ewiger Gott, siehe ich komme zum Sakrament Deines eingeborenen Sohnes, unseres Herrn Jesus Christus. Ich komme wie ein Kranker zum Arzt des Lebens, wie ein Unreiner zum Quell der Barmherzigkeit, wie ein Blinder zum Licht der ewigen Klarheit, wie ein Armer und Bedürftiger zum Herrn des Himmels und der Erde. Ich bitte Dich also im Vertrauen auf Deine überreiche Güte: heile gnädig meine Krankheit, wasche ab meine Unreinheit, erleuchte meine Blindheit, bereichere meine Armut und bekleide meine Nacktheit, damit ich das Brot der Engel, den König der Könige und den Herrn der Herrscher mit so großer Ehrfurcht und Demut, mit so tiefer Zerknirschung und Andacht, mit so reinem und gläubigem Herzen, mit solcher Gesinnung und Meinung genieße, wie es dem Heil meiner Seele nützlich ist. Ich bitte Dich, verleihe mir, dass ich nicht nur äußerlich das Sakrament des Leibes und Blutes des Herrn empfange, sondern auch innerlich dessen Wesen und Kraft. O mildreichster Gott, lass mich den Leib Deines eingeborenen Sohnes, unseres Herrn Jesus Christus, den er aus Maria der Jungfrau angenommen hat, so empfangen, dass ich verdiene, seinem mystischen Leibe einverleibt und dessen Gliedern beigezählt zu werden. O liebreichster Vater, lass mich Deinen geliebten Sohn, den ich jetzt auf diesem Lebensweg verhüllt empfangen will, dereinst mit unverhülltem Angesicht ewig schauen, der als Gott mit Dir in der Einheit des Heiligen Geistes lebt und herrscht von Ewigkeit zu Ewigkeit. Amen. hl. Thomas von Aquin

Jesus, Jesus komm zu mir,
o, wie sehn' ich mich nach Dir.
Meiner Seele bester Freund,
wann werd' ich mit Dir vereint?
Keine Freud' ist in der Welt,
die mein Herz zufrieden stellt,
Deine Liebe, Herr, allein
kann mein ganzes Herz erfreu'n.
Zwar bin ich, o Herr, nicht rein,
dass Du kehrest bei mir ein,
doch ein Wort aus Deinem Mund,
und meine Seele wird gesund.
Darum sehn' ich mich nach Dir,
eile, Jesus, komm zu mir!
Nimm mein ganzes Herz für Dich
und besitz' es ewiglich. Amen.

O Jesus! Was kann ich Deinem und meinem Vater in diesen wonnevollen Augenblicken sagen? Ich will ihm sagen, dass er auf seinen geliebten Sohn in mir schaue und um seinetwillen mir verzeihen möge; dass er mich durch ihn heilige, in ihm mich lieben möge! Amen.

Contardo Ferrini

Herr Jesus Christus, Sohn des lebendigen Gottes, der Du nach dem Willen des Vaters, unter Mitwirkung des Heiligen Geistes, durch Deinen Tod der Welt das Leben geschenkt hast, erlöse mich durch diesen Deinen hochheiligen Leib und Dein Blut von all meinen Sünden und von jeglichem Übel. Gib, dass ich Deinen Geboten immer treu bleibe, und lass nicht zu, dass ich jemals von Dir getrennt werde, der Du mit Gott, dem Vater, und dem Heiligen Geist lebst und herrschest in alle Ewigkeit. Amen.

Der Genuss Deines Leibes, Herr Jesus Christus, den ich Unwürdiger zu empfangen wage, gereiche mir nicht zum Gericht und zur Verdammnis, sondern um Deiner Güte willen sei er mir Schutz und Heilmittel für Seele und

Leib, der Du lebst und herrschest mit Gott, dem Vater, in der Einheit des Heiligen Geistes, Gott, von Ewigkeit zu Ewigkeit. Amen.

Jesus, ewiger Sohn Gottes, ich glaube an Dich. Du bist im heiligen Sakrament gegenwärtig mit Gottheit und Menschheit, mit Leib und Seele, so wie Du im Himmel wohnst. Ich bete Dich in tiefster Ehrfurcht an. Du willst jetzt in mein Herz einkehren. Ich danke Dir für Dein herablassendes Erbarmen und Deine überaus große Güte. Du kommst zu mir und willst mir helfen. Ich vertraue auf Dich. Mein Herz ist bereit Dich aufzunehmen. Ich will nur Dich, nichts anderes. Komm, lieber Jesus! Amen.

O Jesus, der Du das Leben bist in der Seele Mariä, komm nun und lebe auch in meiner und in den Seelen aller Deiner Diener durch den Geist Deiner Heiligkeit, durch die Fülle Deiner Kraft, durch die Vollkommenheit Deiner Wege, durch die Echtheit Deiner Tugenden, durch die Vereinigung mit Deinen Geheimnissen. Siege über alle feindlichen Mächte durch Deinen Geist zur Ehre des Vaters. Amen.

Jean-Jacques Olier

Nach dem Empfang der heiligen Kommunion

O wie milde ist Dein Geist, o Herr! Zum Erweis Deiner innigen Liebe gegen Deine Kinder schenkst Du das Himmelsbrot und erfüllst die Hungernden mit Gütern, die stolzen Satten aber lässt Du leer ausgehen.

O heiliges Gastmahl, in welchem Christus genossen, das Andenken seines Leidens erneuert, das Herz mit Gnaden erfüllt und uns das Unterpfand der künftigen Herrlichkeit gegeben wird.

Ich danke Dir, heiliger Herr, allmächtiger Vater, ewiger Gott, dass Du mich Sünder, Deinen unwürdigen Diener, ohne all mein Verdienst, bloß durch Dein herablassendes Erbarmen, mit dem kostbaren Leib und Blut Deines Sohnes, unseres Herrn Jesus Christus, gesättigt hast. Ich bitte Dich, lass diese heilige Kommunion mir nicht eine Schuld sein zur Bestrafung, sondern heilsame Fürbitte zur Verzeihung. Sie sei mir die Rüstung des Glaubens und der Schild des guten Willens. Sie sei mir Reinigung von meinen Fehlern, Ertötung der bösen Lust und Leidenschaft, Mehrung der Liebe und Geduld, der Demut und des Gehorsams und aller Tugenden. Sie sei mir ein fester Schutz gegen die

Nachstellungen aller Feinde, der sichtbaren und unsichtbaren, sie sei mir vollkommene Beruhigung jeglicher sinnlichen und geistigen Erregung, innige Vereinigung mit Dir, dem einen und wahren Gott, und glückselige Vollendung meiner letzten Stunde. Ich bitte Dich auch: Führe mich Sünder in Deiner Huld zu jenem unaussprechlichen Gastmahl, wo Du mit Deinem Sohn und dem Heiligen Geist Deinen Heiligen das wahre Licht bist, sowie volles Genügen, ewige Freude, vollendetes Glück und vollkommene Seligkeit. Durch ihn, Christus, unsern Herrn. Amen.

hl. Thomas von Aquin

Jesus, Du bist in mein Herz eingekehrt. Ich bete Dich an. Du bist der Sohn Gottes, der Herr über Himmel und Erde. Ich bin nur ein kleiner, schwacher Mensch, ein armes, krankes Geschöpf. Ich danke Dir, dass Du zu mir gekommen bist. Du willst mir helfen, ich vertraue auf Dich. Ich bin ruhig und zufrieden, weil Du bei mir bist. Bleibe immer bei mir! Gib mir die Kraft, die Beschwerden der Krankheit geduldig zu ertragen! Hilf mir, in allem Deinen Willen zu tun! Lass mich einmal unverhüllt Dich schauen im Himmel! Amen.

O mein Heiland, großer König,
Du bist bei mir eingekehrt,
freudig trag' ich Dich im Herzen,
dem die ganze Welt gehört.

Sieh, nun sollst Du alles haben,
was in meinem Herzen ist,
alles leg' ich Dir zu Füßen,
weil Du ja mein König bist.

Schenke mir nun Deine Gnade,
hilf mir durch Dein Fleisch und Blut,
dass ich Deiner würdig werde,
lebe heilig, fromm und gut.

Lehr' mich glauben, lehr' mich lieben,
lehr' mich kämpfen für Dein Reich,
dass mein ganzes Erdenleben
Deinem Leben werde gleich. Amen.

An Dich glaub' ich, auf Dich hoff' ich,
Gott, von Herzen lieb' ich Dich.
Niemand soll mir diesen Glauben,
weder Tod noch Hölle, rauben.
Und wenn einst mein Herz wird brechen,
will ich noch im Sterben sprechen:
An Dich glaub' ich, auf Dich hoff' ich,
Gott, von Herzen lieb' ich Dich. Amen.

Jesus, bleib in meiner Seele,
halte mich von Sünden frei.
Gib, dass ich nur Gutes wähle
und einst ewig bei Dir sei.
Schütz' mich gnädig in Gefahren,
lass die Unschuld mich bewahren. Amen.

O süßer Gott meiner Seele, innigstgeliebter Jesus, die wonnereiche Vereinigung mit Deinem Leibe gereiche mir heute zur Vergebung all meiner Sünden, zum Ersatz für all meine Nachlässigkeiten und zur Wiedergutmachung meines ganzen verlorenen Lebens. Sie sei mir ewiges Heil, Wiederherstellung der Seele und des Leibes, Entflammung der Liebe, Erneuerung der Tugend und ewiges Einsinken meines Lebens in Dich. Amen. hl. Gertrud die Große

O Heiland, das also ist Dein Leib, derselbe Leib, der von Wunden durchbohrt wurde. Ich vereinige mich mit all Deinen Wunden; durch sie entfloss all Dein Blut für mich. Du ermattest, Du stirbst, Du gehst hinüber. Auch ich will mit Dir hinübergehen, will mit Dir sterben. Was ist mir die Welt? Nichts, gar nichts! Ich bin der Welt gekreuzigt und die Welt mir. Amen. Kardinal Jacques Bénigne Bossuet

Seele Christi, heilige mich.
Leib Christi, erlöse mich.
Blut Christi, tränke mich.
Wasser der Seite Christi, wasche mich.
Leiden Christi, stärke mich.
O gütiger Jesus, erhöre mich.
Verbirg in Deine Wunden mich.
Von Dir lass nimmer scheiden mich.
Vor dem bösen Feind beschütze mich.
In meiner Todesstunde rufe mich.
Zu Dir zu kommen heiße mich,
mit Deinen Heiligen zu loben Dich,
in Deinem Reiche ewiglich. Amen.

hl. Ignatius von Loyola

Sei uns gegrüßt, Du wahrer Leib,
den uns Maria hat geboren.
Erfüllt mit Leid, warst Du zum Opfer auserkoren
am Kreuz, für uns.
Es strömt von Wasser und von Blut
ein Quell aus Deines Herzens Wunde.
Sei Du uns Brot in Todesnot.
Mariens Sohn, Du milder Jesus, sei uns gut!

Gedanken zur heiligen Kommunion

Die folgenden Gedanken wollen zur Betrachtung über das allerheiligste Altarsakrament anregen. Es empfiehlt sich, nach der Lektüre des jeweiligen Abschnitts kurz in stillem Gebet zu verweilen.

Ich bin das lebendige Brot, das vom Himmel herabgekommen ist. Wer von diesem Brot isst, wird leben in Ewigkeit. Das Brot aber, das ich geben werde, ist mein Fleisch für das Leben der Welt. (Joh 6, 51)

Wer mein Fleisch isst und mein Blut trinkt, hat das ewige Leben, und ich werde ihn auferwecken am Jüngsten Tag. (Joh 6, 54)

Wer mein Fleisch isst und mein Blut trinkt, der bleibt in mir und ich in ihm. Wie ich, vom lebendigen Vater gesandt, durch den Vater lebe, so wird auch der, welcher mich isst, durch mich leben. (Joh 6, 56-57)

Bleibt in mir, dann bleibe ich in euch. Wie die Rebe nicht aus sich selbst Frucht bringen kann, wenn sie nicht am Weinstock bleibt, so auch ihr nicht, wenn ihr nicht in mir bleibt. Ich bin der Weinstock, ihr seid die Reben.

Wer in mir bleibt, und in wem ich bleibe, der bringt viele Frucht, denn ohne mich könnt ihr nichts tun. (Joh 15, 4-5)

Seht, ich bin bei euch alle Tage bis ans Ende der Welt! (Mt 28, 10)

Schön ist es, von der Welt hinweg in Gott unterzugehen, um in ihm neu aufzugehen. Ich habe keine Freude an vergänglicher Speise noch an den Genüssen dieser Welt. Jenes Gottesbrot begehre ich, welches das Fleisch Jesu Christi ist, und als Trank begehre ich sein Blut, welches unvergängliche Liebe ist. hl. Ignatius von Antiochien

Wir sprechen: Unser tägliches Brot gib uns heute, weil Christus unser Brot ist, da wir seinen Leib empfangen. Wir verlangen aber, dass dieses Brot uns täglich gegeben werde, damit wir, die wir in Christus sind und die Eucharistie täglich als Speise des Heiles empfangen, nicht durch irgend eine schwere Schuld, die von der Kommunion uns zurückhalten würde, von Christus getrennt werden. Wir bitten also täglich um unser Brot - das ist Christus - damit wir in ihm bleiben und leben und uns nicht von seinem heiligen Leibe scheiden. hl. Cyprian

Ruhiger, reiner, schöner als alles sei jene Seele, die Gottes Wohnung werden soll. Ihn erfreuen ja nicht so sehr Tempel, die von Gold widerstrahlen, und Altäre, die mit Edelsteinen verziert sind, als vielmehr eine Seele, die mit Tugenden geschmückt ist.

hl. Hieronymus

Hange Christus an, meine Seele; hange Christus ungestüm an! Du aber, o guter, guter Herr, weise sie nicht zurück; sie ist krank vor Hunger nach Deiner Liebe. O erquicke sie! Deine Liebe möge sie sättigen, Deine Zärtlichkeit mache sie stark, Deine Minne erfülle sie. Ja, möge Deine Liebe mich ganz erfassen, mich ganz in Besitz nehmen; denn Du bist ja der eine Gott mit dem Vater und dem Heiligen Geiste, gepriesen bis in die Ewigkeiten der Ewigkeit. Amen.

hl. Anselm von Canterbury

Wie groß ist die Liebe Christi, die alle zu sich beruft: Kommet alle zu mir, die ihr mühselig und beladen seid, ich will euch erquicken! So bietet er sich dar und wünscht aus Liebe zu uns, die Lasten aller und jedes Einzelnen zu tragen. Daher wirf mit großem Vertrauen deine Sünden in den Abgrund seiner Liebe, und alsbald wirst du dich erleichtert fühlen.

hl. Petrus Canisius

Es gibt nichts, was der Eucharistie an Größe gleichkäme! Stellt alle guten Werke der Welt einer guten Kommunion gegenüber – das ist wie ein Staubkörnchen neben einem Gebirge.

hl. Pfarrer von Ars

Ein Jahrhundert gewinnt oder verliert an Größe nach dem Maß der Verehrung, die es der göttlichen Eucharistie zollt. Das bezeugt die Geschichte. – Durch die Sünde zersprengt, findet die Menschheit im Blut des Lammes ihre verlorene Einheit wieder. – Heilige Kirche, du unsere Mutter! Braut Christi! Wir werden dir folgen, denn du trägst den Schatz der Welt mit dir. Kühner werden die Angriffe der Häresie, schmählicher werden die Lästerungen der undankbaren Söhne, aber leuchtender soll auch das Bekenntnis unseres Glaubens werden, inniger unsere Anbetung, glühender und lebendiger die Beweise unserer Liebe zur heiligen Hostie.

Dom Prosper Guéranger

Bedenke wohl: Auch der Heiland in der heiligen Kommunion ist ein Talent, das jetzt in dich gelegt worden, das kostbarste Talent im Himmel und auf Erden. Und darum ist auch die Rechenschaft sehr groß, ob du dieses

Talent in dir nutzlos vergräbst oder ob du damit reichen Gewinn an Gottseligkeit, Tugend und guten Werken machst. Alban Stolz

Wenn man das hochheilige Sakrament aus des geweihten Priesters Hand empfängt, so ist es, als ob man in einen Abgrund von Gnade, Liebe, Barmherzigkeit, Glück und Seligkeit schaut. Ist doch der ganze Himmel nur eine einzige Kommunion! Und dieser Abgrund der Gottestiefe schützt gegen den Abgrund, der vor der Seele des Sünders gähnt. - Endlich habe ich, wie Christophorus, einen Herrn gefunden, dem ich dienen kann: Christus! Christi Sache ist meine Sache. Zu Christus möchte ich sein wie ein Morgenwölkchen zur aufgehenden Sonne. Nur in Jesus will ich leben. Für Jesus leiden ist meine Luft. Jesus folge ich durch dick und dünn. Julius Langbehn

Wir sollen durch den Eifer unseres ganzen Lebens, den wir aus dem Genuss des allerheiligsten Sakramentes schöpfen, lebendige Beweise für die Göttlichkeit der Eucharistie darstellen. Wir sollen durch dieselbe umgewandelt werden.

Geistige Kommunion

Jesus, ich glaube, dass Du gegenwärtig bist im allerheiligsten Sakrament des Altares. Ich liebe Dich über alles, ich sehne mich nach Dir von ganzem Herzen. Da ich Dich jetzt nicht in der sakramentalen Gestalt empfangen kann, bitte ich Dich, geistigerweise in mein Herz zu kommen. Ich bin sicher, dass Du schon gekommen bist. Daher umarme ich Dich und vereinige mich ganz mit Dir; halte mich fest und lass mich niemals von Dir scheiden. Mein Jesus, ich liebe Dich aus ganzem Herzen, ich bereue es, dass ich soviel Mal das Vergängliche Deiner unendlichen Güte vorgezogen habe. Mit Deiner Hilfe nehme ich mir fest vor, in Zukunft Dich nie mehr zu beleidigen. Und jetzt weihe ich mich Armseliger ganz Dir. Ich verzichte ohne Vorbehalt auf meinen eigenen Willen, mein Begehren, auf alles, was ich habe. Ich übergebe mich ganz Dir. Von heute an darfst Du mit mir und mit allem, was ich besitze, machen was Du willst. Ich suche ganz allein Dich, ich verlange nach nichts anderem, als nach Deiner heiligen Liebe, nach der Beharrlichkeit bis ans Ende und nach der vollkommenen Erfüllung Deines Willens. Amen.

hl. Pater Pio

Mein Jesus, ich glaube, dass Du im allerheiligsten Sakrament des Altares zugegen bist. Ich liebe Dich über alles, und meine Seele sehnt sich nach Dir. Da ich Dich aber jetzt im Sakrament des Altares nicht empfangen kann, so komme wenigstens geistigerweise zu mir. Ich umfange Dich, als wärest Du schon bei mir und vereinige mich mit Dir! Ich bete Dich in tiefster Ehrfurcht an. Lass nicht zu, dass ich mich je von Dir trenne. Amen.

hl. Pater Pio

Zu Deinen Füßen, o mein Jesus, werfe ich mich nieder und bringe Dir die Reue meines zerknirschten Herzens dar, das sich mit seinem Nichts in Deiner heiligen Gegenwart verdemütigt. Ich bete Dich an im Sakrament Deiner Liebe, der unfassbaren Eucharistie. Ich sehne mich danach, Dich in der armen Wohnstatt meines Herzens zu empfangen. Während ich das Glück der sakramentalen Kommunion erwarte, möchte ich Dich im Geist besitzen. Komm zu mir, o mein Jesus, da ich zu Dir komme! Die Liebe umfange mein ganzes Sein im Leben und im Tod. Ich glaube an Dich, ich hoffe auf Dich, ich liebe Dich. Amen.

Kardinal Rafael Merry del Val

Ich möchte Dich empfangen, Herr, mit jener Reinheit, Demut und Andacht, mit der Deine heiligste Mutter Dich empfing, mit dem Geist und der Inbrunst der Heiligen. Amen.

Herr, allmächtiger Vater, ich danke Dir für alle Deine Wohltaten und ganz besonders dafür, dass Du mich mit dem kostbaren Leib und Blut Deines Sohnes, unseres Herrn Jesus Christus, geistig speisen möchtest. Ich bitte Dich, lass dieses heilige Sakrament mir zur Quelle des Erbarmens und zum ewigen Heil gereichen. Die heilige Eucharistie sei für mich Rüstung des Glaubens und Schild des guten Willens. Sie möge mich von meinen Fehlern reinigen und alle Tugenden vermehren, mich gegen alle Nachstellungen meiner sichtbaren und unsichtbaren Feinde schützen, mich innig und unzertrennlich mit Dir, dem einen und wahren Gott, verbinden und mir so helfen, mein letztes Ziel zu erreichen. Schenke mir armem Sünder, zu jenem unaussprechlichen Gastmahl zu gelangen, wo Du mit Deinem Sohn und dem Heiligen Geist Deinen Heiligen das wahre Licht bist, die ewige Freude, der vollendete Friede und die vollkommene Seligkeit. Amen.

Jesus, ich glaube an Dich, ich hoffe auf Dich, ich liebe Dich, ich bereue meine Sünden. Jesus, komme in mein Herz, ich sehne mich nach Dir. Jesus, Du bist bei mir, ich bete Dich an. Ich danke Dir, ich weihe mich Dir, hilf mir in allen Anliegen, segne mich und alle Menschen, besonders die Sterbenden, bekehre die Sünder, heile die Kranken, erlöse die Armen Seelen im Fegfeuer. Jesus, ich glaube an Dich, komm in mein Herz. Bleibe bei mir, ich bete Dich an, segne mich. Amen.

hl. Alphons von Liguori

O Jesus, unsere Erlösung, unsere Liebe und unsere Sehnsucht, Gott von Gott, steh mir bei! Zu Dir rufe ich aus der Tiefe meines Herzens. Ich rufe Dich hinein in meine Seele! Komm zu ihr und bereite sie nach Deinem Wohlgefallen! Reinige sie von allen Flecken und Makeln, gebührt doch dem allerreinsten Bewohner eine tadellose Wohnung. Heilige mich, Deinen Tempel, den Du erbaut hast. Reinige ihn von aller Sünde. Erfülle ihn mit Deiner Gnade und erhalte sie in ihm, damit ich immer und ewig ein würdiger Tempel für Dich bin. Kehre ein, gütiger Hirt, in meine Seele! Lass mich die Süße Deines Mahles verkosten! Amen.

hl. Augustinus

IN DER KRAFT DES HEILIGEN GEISTES

„Ich will den Vater bitten, und er wird euch einen anderen Beistand geben. Es ist der Geist der Wahrheit, der in Ewigkeit bei euch bleiben wird. Die Welt kann ihn nicht empfangen, weil sie ihn nicht sieht und nicht kennt. Ihr jedoch kennt ihn; denn er wird dauernd in euch sein.“ (Joh 14, 17)

Pfingsthymnus

Komm, Schöpfer Geist, kehr' bei uns ein,
besuch' das Herz der Kinder Dein,
erfüll' uns all mit Deiner Gnad',
die Deine Macht erschaffen hat.

Der Du der Tröster wirst genannt,
vom höchsten Gott ein Gnadenpfand,
Du Lebensbrunn, Licht, Lieb' und Glut,
der Seele Salbung, höchstes Gut.

O Schatz, der siebenfältig ziert,
o Finger Gottes, der uns führt,
Geschenk, vom Vater zugesagt,
Du, der die Zungen reden macht.

Zünd' an in uns Dein Gnadenlicht,
gieß' Lieb' ins Herz, die ihm gebricht,
stärk' unsres Leib's Gebrechlichkeit
mit Deiner Kraft zu jeder Zeit.

Treib' weit von uns des Feinds Gewalt,
in Deinem Frieden uns erhalt',
dass wir, geführt von Deinem Licht,
in Sünd' und Leid verfallen nicht.

Gib, dass durch Dich den Vater wir
und auch den Sohn erkennen hier,
und dass als Geist von beiden Dich
wir allzeit glauben festiglich.

Gott Vater Lob auf höchstem Thron
und seinem auferstand'nen Sohn;
dem Tröster auch sei Lob geweiht
jetzt und in alle Ewigkeit. Amen.

℣. Sende aus Deinen Geist und alles wird neu geschaffen (Osterzeit: alleluja).

℟. Und Du wirst das Angesicht der Erde erneuern (Osterzeit: alleluja).

Lasset uns beten.

Gott, der Du die Herzen Deiner Gläubigen durch die Erleuchtung des Heiligen Geistes belehrst, gib, dass auch wir in demselben Geiste das, was recht ist, erkennen und seines Trostes uns allezeit erfreuen. Durch Christus, unseren Herrn. ℟. Amen.

Pfingstsequenz

Komm, o Geist der Heiligkeit,
aus des Himmels Herrlichkeit
sende Deines Lichtes Strahl!

Vater aller Armen Du,
aller Herzen Licht und Ruh',
komm mit Deiner Gaben Zahl!

Tröster in Verlassenheit,
Labsal voll der Lieblichkeit,
komm, o süßer Seelenfreund!

In Ermüdung schenke Ruh',
in der Glut hauch' Kühlung zu,
tröste den, der trostlos weint!

O Du Licht der Seligkeit,
mach Dir unser Herz bereit,
dring' in unsre Seelen ein!

Ohne Deinen Gnadenschein
steht der arme Mensch allein,
kann nicht gut und sicher sein!

Wasche, was beflecket ist,
heile, was verwundet ist,
tränke, was da dürre steht!

Beuge, was verhärtet ist,
wärme, was erkaltet ist,
lenke, was da irre geht!

Heil'ger Geist, wir bitten Dich,
gib uns allen gnädiglich
Deiner sieben Gaben Kraft!
Gib Verdienst in dieser Zeit
und dereinst die Seligkeit
nach vollbrachter Wanderschaft! Amen.

Anrufung des Heiligen Geistes

℣. Komm, Heiliger Geist, erfülle die Herzen Deiner Gläubigen.

℟. Und entzünde in ihnen das Feuer Deiner Liebe.

℣. Sende aus Deinen Geist und alles wird neu geschaffen (Osterzeit: alleluja).

℟. Und Du wirst das Angesicht der Erde erneuern (Osterzeit: alleluja).

Lasset uns beten.

Gott, der Du die Herzen Deiner Gläubigen durch die Erleuchtung des Heiligen Geistes belehrst, gib, dass auch wir in demselben Geiste das, was recht ist, erkennen und seines Trostes uns allezeit erfreuen. Durch Christus, unseren Herrn. ℟. Amen.

Um die Gaben des Heiligen Geistes

Komm Heiliger Geist,
Deine Weisheit hauch' mir ein,
dass ich suche Gott allein!

Um Verstand ich innig fleh',
dass ich Gottes Wort versteh'!

Steh mir bei mit Deinem Rat,
dass ich geh den rechten Pfad!

Starkmut gib zu jeder Zeit,
fest zu steh'n in Freud' und Leid!

Gib mir heil'ge Wissenschaft,
zeig' der Wahrheit Siegeskraft!

Schenk' mir wahre Frömmigkeit,
die nur Gott mein Leben weiht!

Stärk' mich in der Furcht des Herrn,
halt' von mir die Sünde fern! Amen.

O Heiliger Geist, Du Seele meiner Seele, ich bete Dich an! Erleuchte mich, führe mich, stärke mich, tröste mich! Lass mich wissen, was ich tun soll. Gib mir Deine Weisungen. Ich verspreche Dir, mich ganz Deinen Anordnungen zu fügen und alles anzunehmen, was mir nach Deinen Zulassungen geschehen kann. Lass mich nur Deinen Willen erkennen. Amen.

Kardinal Désiré-Joseph Mercier

O Heiliger Geist, beseele mich;
o Gottes Lieb', verzehre mich;
den Weg der Wahrheit führe mich;
Maria, Mutter, schau auf mich;
mit deinem Jesus segne mich;
vor aller Täuschung und Gefahr;
vor allem Übel mich bewahr'. Amen.

hl. Mirjam von Abellin

Vor wichtigen Entscheidungen

O Heiliger Geist, Du Liebe des Vaters und des Sohnes, gib mir stets ein, was ich denken und sagen soll, wie ich es sagen soll, wann ich schweigen soll, was ich schreiben und wie ich handeln soll, um Deine Ehre und das Heil der Seelen zu fördern und an meiner eigenen Heiligung mitzuwirken. Amen. Kardinal Jean Verdier

Komm, Heiliger Geist, erfülle mich!
O Geist des Vaters belebe mich!
O Geist des Sohnes erlöse mich!
O ewige Liebe durchdringe mich!
Mit Deinem Feuer entzünde mich!
Mit Deinem Licht erleuchte mich!
Lebendige Quelle tränke mich!
Von meinen Sünden reinige mich!
Vom verkehrten Zeitgeist entferne mich!

Durch Deinen Trost erquicke mich!
Durch Deine Gnade führe mich!
Durch Deinen Engel schütze mich!
Von Dir lass nimmer scheiden mich!
Gott, Heiliger Geist, erhöre mich!
Dein Gnadenfinger berühre mich!
Der Tugend Strom ergieß' in mich!
Mit Deinen Gnaden kräftige mich!
Mit Deinen Früchten labe mich!
Vor dem bösen Feind bewahre mich!
Zum letzen Kampfe salbe mich!
In der Todesstunde schütze mich!
Zur Dir alsdann lass kommen mich,
auf dass mit allen Heiligen ich,
lobpreis' den Vater, Sohn und Dich,
O milder Tröster, ewiglich. Amen.

Atme in mir, Du Heiliger Geist,
dass ich Heiliges denke.
Treibe mich, Du Heiliger Geist,
dass ich Heiliges tue.
Locke mich, Du Heiliger Geist,
dass ich Heiliges liebe.
Stärke mich, Du Heiliger Geist,
dass ich Heiliges hüte.
Hüte mich, Du Heiliger Geist,
dass ich das Heilige nimmer verliere. Amen.

hl. Augustinus

Komm, Heiliger Geist, erwähle meinen Leib zu Deinem Tempel! Komm und bleibe bei mir immerdar! Gib mir eine innige Liebe zum heiligsten Herzen Jesu, auf dass ich ihm diene mit ganzem Herzen, mit ganzer Seele, mit ganzem Gemüte und aus allen meinen Kräften. Dir schenke ich alle Fähigkeiten meines Leibes und meiner Seele. Beherrsche alle meine Leidenschaften, Gefühle und Regungen. Nimm hin meinen Verstand und meinen Willen, mein Gedächtnis und meine Phantasie. O Heiliger Geist der Liebe, gib mir ein reiches Maß Deiner wirksamen Gnade. Gib mir die Fülle aller Tugenden; vermehre meinen Glauben, stärke meine Hoffnung, vermehre mein Vertrauen und entzünde meine Liebe. Verleihe mir die Fülle Deiner sieben Gaben, Deiner Früchte und Seligkeiten. Allerheiligste Dreifaltigkeit, möge meine Seele Dein Heiligtum sein. Amen. Pius XII.

Komm, o Geist der Weisheit, und unterrichte mein Herz, auf dass ich lernen möge, die himmlischen Güter zu schätzen und zu lieben und sie allen irdischen Gütern vorzuziehen. Zeige mir auch den Weg, auf welchem ich sie erlangen und ewig besitzen kann. Amen.

Heiliger Geist, nimm mich auf in die Zahl Deiner Schüler. Leite, erleuchte und heilige mich, fessle meine Hände, auf dass sie nichts Böses tun, bedecke meine Augen, dass sie das Böse nicht mehr sehen, heilige mein Herz, dass das Böse nicht mehr in mir wohne. Sei Du mein Gott, sei Du mein Führer. Wohin immer Du mich führen willst, will ich gehen. Was Du mir verbietest, dem will ich entsagen und was immer Du befiehlst, das will ich, von Dir gestärkt, vollbringen. Amen. Kardinal Henry Edward Manning

Weihe an den Heiligen Geist

Heiliger Geist, Du Geist Gottes, Geist des Lichtes und der Liebe, ich weihe Dir meinen Verstand, mein Herz und meinen Willen, mein ganzes Sein für Zeit und Ewigkeit. Mein Verstand soll stets willig auf Deine himmlischen Einsprechungen hören und auf die Lehren der heiligen katholischen Kirche, deren unfehlbarer Lenker Du bist. Mein Herz sei stets entflammt von Liebe zu Gott und zum Nächsten. Mein Wille sei stets dem Willen Gottes gleichförmig. Mein ganzes Leben sei ein getreues Abbild des Lebens und der Tugenden unseres Herrn und Heilandes Jesus

Christus. Ihm, sowie dem Vater und Dir, dem Heiligen Geiste, sei Ehre und Ruhm in Ewigkeit. Amen. hl. Pius X.

O Heiliger Geist, ich bitte Dich demütig und inständig, gewähre mir eine ganz besondere Gnade, die ich von Deiner unendlichen Barmherzigkeit erflehe: Gib, dass ich vor meinem Tode alle Verluste an Gnaden gutmache, die zu erleiden ich das Unglück hatte. Gib, dass ich die höchste Stufe von Verdienst erreiche, wohin Du mich führen wolltest nach Deiner ersten Absicht, was ich aber bisher durch meine beständigen Treulosigkeiten vereitelt habe. Endlich verzeihe die Sünden meiner Mitbrüder, die ich verschuldet habe, und setze Deiner Barmherzigkeit gegen mich dadurch die Krone auf, dass Du selbst in den Seelen die Verluste an Gnaden gutmachst, die sie durch meine Fehler erlitten haben. Amen.

O Quelle des Lichtes und des Friedens, komm und erleuchte mich. Mich hungert, komm und ernähre mich. Mich dürstet, komm und tränke mich. Ich bin blind, komm und erleuchte mich. Ich bin arm, komm und bereichere mich. Amen. hl. Mirjam von Abellin

König der Glorie, Herr der Heerscharen, als Sieger bist Du über alle Himmel emporgestiegen. Lass uns nicht als Waisen zurück, sondern sende uns den Geist der Wahrheit, den der Vater verheißen hat.
Heiliger Geist, Geist der Wahrheit, kehre ein in unsere Herzen, gib den Völkern die Klarheit Deines Lichtes, auf dass sie Dir wohlgefallen in der Einheit des Glaubens. Amen.

O Gott, Heiliger Geist, den ich verachtet, betrübt und zurückgewiesen habe von meiner Kindheit bis zum heutigen Tag, offenbare mir Deine Persönlichkeit, Deine Gegenwart, Deine Macht! Lass mich erkennen Deine siebenfachen Gaben - den Geist der Weisheit und des Verstandes, des Rates und der Stärke, der Wissenschaft, der Frömmigkeit und der Furcht Gottes. O Du, der Du bist der Geist des Vaters und des Sohnes, der Du taufst mit Feuer und gießest aus die Liebe in mein Herz! Eines, o Herr, habe ich verlangt von Dir, das will ich suchen; nicht Reichtum, Rang, Macht, irdisches Heim und irdisches Glück, aber einen Strahl dieses heiligen Lichtes, einen Funken dieses heiligen Feuers, das mich entzünde und mich ganz in das Feuer der Liebe versenke! Lass dieses heilige Feuer in mir aufleuchten, dass es in mir jeden Rest der Sünde an Leib und Seele austilge. Reinige mich siebenfach mit Deinen Gaben! Mache aus mir ein heiliges und ganz angenehmes Opfer! Entzünde mich mit Eifer und lass mich zerfließen in Buße, dass ich möge leben das Leben und sterben den Tod eines wahrhaft bußfertigen Sünders. Amen. Kardinal Henry Edward Manning

Göttlicher Paraklet, ich erkenne in Dir den Urheber der übernatürlichen Liebe, durch den wir allein gerettet werden. Der Mensch ist von Natur aus blind und harten Herzens gegenüber allen geistigen Dingen. Wie könnte er sich den Himmel erwerben? Nur durch das Feuer Deiner Gnade, die ihn völlig erneuert, wird er fähig zur Freude an dem, woran er ohne Dich kein Gefallen hätte. Du, der allmächtige Paraklet, die Schöpferkraft selbst, bist die Stärke und Ausdauer der Martyrer in ihren Schmerzen. Du bist die Stütze Deiner Bekenner in den langen, eintönigen und niedrigen Werken eines verborgenen Lebens. Du bist das Feuer, mit dem die Prediger die Seelen gewinnen und Missionare in ihren Arbeiten sich selbst vergessen. Durch Dich wachen wir auf vom Tod der Sünde, um den Knechtsdienst der Schöpfung mit der reinen

Liebe des Schöpfers zu vertauschen. Durch Dich erwecken wir die Akte des Glaubens, der Hoffnung, der Liebe und der Reue. Durch Dich leben wir in der giftschwangeren Luft dieser Erde und werden doch vor Ansteckung bewahrt. Durch Dich können wir uns dem heiligen Dienst widmen und unsere erhabenen Verrichtungen erfüllen. Durch das Feuer, das Du in unserer Seele entzündet hast, beten, betrachten und büßen wir. Wenn Du uns verlässt, können wir ebenso wenig leben, wie die Leiber, wenn das Licht der Sonne ausgelöscht ist. Bleibe bei uns, Gott Heiliger Geist, und mache uns heilig. Amen. hl. Kardinal John Henry Newman

O Heiliger Geist, komm in mein Herz! Durch Deine Macht ziehe es zu Dir, o wahrer Gott, und gewähre mir sowohl die Liebe als auch die heilige Furcht.
O Christus, bewahre mich vor jedem schlechten Gedanken, entzünde und entflamme mich mit Deiner süßesten Liebe, und alle Mühsal wird mir leicht erscheinen.
O himmlischer Vater, mein trauter Herr, hilf mir jetzt bei all meinem Tun.
O Christus - Liebe! O Christus - Liebe! Amen.

hl. Caterina von Siena

Gebet vor dem Studium

Schöpfer des Alls, wahrer Quell des Lichtes und der Weisheit, erhabener Ursprung allen Seins, lass gnädig einen Strahl Deiner Klarheit in das Dunkel meines Verstandes dringen und nimm von mir die zweifache Finsternis, in der ich geboren bin: die Sünde und die Unwissenheit.

Gib mir Scharfsinn zum Begreifen, gutes Gedächtnis zum Behalten, Fähigkeit zum rechten und gründlichen Erfassen, Feinheit und Genauigkeit im Erklären, Fülle und Anmut im Ausdruck.

Lehre den Anfang, lenke den Fortgang, hilf zur Vollendung, durch Christus, unseren Herrn. Amen.

hl. Thomas von Aquin

AN DER HAND DER MUTTER

„Als Jesus seine Mutter und den Jünger, den er liebte, dastehen sah, sprach er zu seiner Mutter: ‚Frau, siehe da, dein Sohn!' Dann sprach er zu dem Jünger: ‚Siehe da, deine Mutter!' Von jener Stunde an nahm der Jünger sie in sein Haus." (Joh 19, 26-27)

Magnificat

Meine Seele preist die Größe des Herrn, * und mein Geist jubelt über Gott, meinen Retter.

Denn auf die Niedrigkeit seiner Magd hat er geschaut. * Siehe, von nun an preisen mich selig alle Geschlechter!

Denn der Mächtige hat Großes an mir getan, * und sein Name ist heilig.

Er erbarmt sich von Geschlecht zu Geschlecht * über alle, die ihn fürchten.

Er vollbringt mit seinem Arm machtvolle Taten; * er zerstreut, die im Herzen voll Hochmut sind;

er stürzt die Mächtigen vom Thron * und erhöht die Niedrigen.

Die Hungernden beschenkt er mit seinen Gaben * und lässt die Reichen leer ausgeh'n.

Er nimmt sich seines Knechtes Israel an *

und denkt an sein Erbarmen,

das er unsern Vätern verheißen hat, * Abraham und seinen Nachkommen auf ewig.

Ehre sei dem Vater und dem Sohn * und dem Heiligen Geist,

wie es war im Anfang, so auch jetzt und alle Zeit * und in Ewigkeit. Amen.

Unter deinen Schutz und Schirm fliehen wir, o heilige Gottesgebärerin. Verschmähe nicht unser Gebet in unseren Nöten, sondern erlöse uns jederzeit von allen Gefahren. O du glorwürdige und gebenedeite Jungfrau, unsere Frau, unsere Mittlerin, unsere Fürsprecherin, versöhne uns mit deinem Sohne, empfiehl uns deinem Sohne, stelle uns vor deinem Sohne. Amen.

ältestes uns bekanntes Mariengebet

O Vater der Barmherzigkeit und Gott allen Trostes, der Du Maria, Deines Eingeborenen Mutter dem Fleische nach, auch zu unserer Mutter der Liebe nach hast machen wollen, verleihe gnädig, dass wir, die wir durch ihren Schirm beschützt werden, auch ihres Trostes uns erfreuen mögen. Durch ihn, Christus, unsern Herrn. Amen.

Memorare

Gedenke, o gütigste Jungfrau Maria, es ist noch nie gehört worden, dass jemand, der zu dir seine Zuflucht nahm, deine Hilfe anrief und um deine Fürbitte flehte, von dir verlassen worden ist. Von diesem Vertrauen beseelt, nehme ich meine Zuflucht zu dir, o Jungfrau der Jungfrauen, meine Mutter. Zu dir komme ich, vor dir stehe ich als ein sündiger Mensch. O Mutter des Ewigen Wortes, verschmähe nicht meine Worte, sondern höre sie gnädig an und erhöre mich. Amen. hl. Bernhard von Clairvaux

Mutter mit dem Jesuskinde,
Mutter du vom guten Rat.
Wenn ich keinen Ausweg finde,
zeig' du mir den rechten Pfad!

In den Nöten und Gefahren
meines Lebens steh mir bei,
dann vermag ich stets zu sagen,
dass ich gut beraten sei.

Doch vernimm jetzt meinen Willen,
den ich zeige durch den Tag:
Immer möchte ich erfüllen,
Mutter, deinen guten Rat. Amen.

Alles möcht' ich dir erzählen,
alle Sorgen, die mich quälen,
alle Zweifel, alle Fragen
möcht' ich, Mutter, zu dir tragen.

Wege, die ich selbst nicht kenne,
liebe Namen, die ich nenne,
Schuld, die ich mir aufgeladen,
andern zugefügten Schaden.

Ärgernis, so ich gegeben,
all mein Wollen, all mein Streben,
mein Beraten, mein Verwalten,
mein Vergessen, mein Behalten,
mein Begehren, mein Verzichten,
und mein Schweigen und mein Richten.

Alle kleinen Kleinigkeiten,
die so oft mir Müh' bereiten,
jedes Lassen, jede Tat,
Mutter, dir, vom guten Rat,
leg' ich alles in die Hände,
du führst es zum rechten Ende. Amen.

Gebet zur Gnadenmutter vom Lindenberg

Hilf, Maria, es ist Zeit,
hilf, Mutter der Barmherzigkeit.
Du bist mächtig, uns aus Nöten
und Gefahren zu erretten,
denn wo Menschenhilf' gebricht,
mangelt doch die deine nicht.
Nein, du kannst das heiße Flehen
deiner Kinder nicht verschmähen.
Zeige, dass du Mutter bist,
wo die Not am größten ist.
Hilf, Maria, es ist Zeit,
hilf, Mutter der Barmherzigkeit.

Keiner fleht zu dir vergebens
in den Nöten dieses Lebens,
denn du bist zu aller Zeit,
uns zu helfen gern bereit.
Was uns mangelt, willst du geben,
was uns drückt, willst gern du heben,
was uns kränkt, soll bald verschwinden,
was verwundet, willst verbinden,
Mutter, du mit eigner Hand,
die das Leiden auch empfand.
Allen, die sich recht bestreben,
fromm und tugendhaft zu leben
und sich Gott von Herzen weih'n,
willst du Trost und Hilfe sein.
Hilf, Maria, es ist Zeit,
hilf, Mutter der Barmherzigkeit. Amen.

Zur Mutter von der immerwährenden Hilfe

Jungfrau, Mutter Gottes mein,
lass mich ganz dein Eigen sein!
Dein im Leben, dein im Tod,
dein in Unglück, Angst und Not;
dein in Kreuz und bittrem Leid,
dein für Zeit und Ewigkeit.
Jungfrau, Mutter Gottes mein,
lass mich ganz dein Eigen sein!

Mutter, auf dich hoff' und baue ich!
Mutter, zu dir ruf' und seufze ich!
Mutter, du Gütigste, steh mir bei!
Mutter, du Mächtigste, Schutz mir verleih!

O Mutter, so komm, hilf beten mir!
O Mutter, so komm, hilf streiten mir!
O Mutter, so komm, hilf leiden mir!
O Mutter, so komm und bleib bei mir!

Du kannst mir ja helfen, o Mächtigste!
Du willst mir ja helfen, o Gütigste!
Du musst mir nun helfen, o Treueste!
Du wirst mir auch helfen, Barmherzigste!

O Mutter der Gnade, der Christen Hort,
du Zuflucht der Sünder, des Heiles Pfort',
du Hoffnung der Erde, des Himmels Zier,
du Trost der Betrübten, ihr Schutzpanier.

Wer hat je umsonst deine Hilf' angefleht?
Wann hast du vergessen ein kindlich' Gebet?
Drum ruf' ich beharrlich in Kreuz und in Leid:
„Maria hilft immer! Sie hilft jederzeit!"

Ich ruf' voll Vertrauen in Leiden und Tod:
„Maria hilft immer, in jeglicher Not!"
So glaub' ich und lebe und sterbe darauf:
„Maria hilft mir in den Himmel hinauf."

Jungfrau, Mutter Gottes mein,
lass mich ganz dein Eigen sein!
Dein im Leben, dein im Tod,
dein in Unglück, Angst und Not;
dein in Kreuz und bittrem Leid,
dein für Zeit und Ewigkeit.
Jungfrau, Mutter Gottes mein,
lass mich ganz dein Eigen sein! Amen.

Liebe Mutter Gottes, du bist auch meine Mutter. Ich bete zu dir: Breite weit aus den Mantel deines mächtigen Schutzes und decke damit, du Gnadenvolle, alle die hier zu dir ihre Zuflucht nehmen. Sei du den Betrübten Trost, den Kranken Heil, den Sündern Zuflucht und Hilfe allen Christen. Segne du, Maria, segne mich, dein Kind, und führe mich zu Jesus, deinem Sohne, hin. Amen.

Da knie ich, Maria, vor deinem Bild;
mein Herz ist von Freude und Jubel erfüllt;
drin flüstert's und klingt es so leise und lind:
Du meine Mutter und ich dein Kind.

Und wenn man mich fragte, was ich gedacht,
warum mir das Auge so fröhlich gelacht,
da säng' ich zum Himmel die Worte geschwind:
Du meine Mutter und ich dein Kind.

Und kniete ich Stunde um Stunde hier,
nichts andres, o Jungfrau, sagte ich dir,
als die Worte, die mir am liebsten sind:
Du meine Mutter und ich dein Kind. Amen.

Gnadenmutter sei gegrüßt,
Freudenquell, der ständig fließt!
Trost der Christen, o Maria,
Jungfrau Mutter, sei gegrüßt!

Sei gegrüßt zu jeder Stund',
mit dem Herzen, mit dem Mund!
Alles soll dich loben, preisen,
dich, Maria, jede Stund'!

Liebste Mutter, wir sind dein,
du wolltest stets uns Mutter sein!
Schreib' uns alle deinem Herzen
ewig, unauslöschlich ein!

Du warst noch zu jeder Zeit
Ursach' unsrer Fröhlichkeit!
Sei es bis zum Lebensende
und in alle Ewigkeit!

Mutter, es ist unerhört,
dass dein Sohn dir nicht gewährt,
was du deinen treuen Dienern
in Liebe hast erfleht!

Wenn Gefahr der Seele droht
in des Lebens großer Not,
schütze uns durch deinen Namen,
führ' uns hin zum lieben Gott!

Wer dich in Betrübnis bat,
fand bei dir, Maria, Rat,
Trost, wer immer dir als Mutter
sich ganz empfohlen hat!

Und wenn Seel' und Leib sich trennen,
nur noch schwach das Herz dich nennt,
o dann bitte, Mutter, bitte
für uns um ein sel'ges End! Amen.

Ich bau' auf deine Macht und deine Güte,
vertrau' auf sie mit kindlichem Gemüte.
Ich glaub', vertrau' in allen Lagen blind,
auf dich, du Wunderbare, und dein Kind. Amen.

P. Josef Kentenich

Ich gehe, wenn ich traurig bin,
zur lieben Mutter Gottes hin,
und alles Leid und allen Schmerz
vertrau' ich ihrem Mutterherz.

Der Sohn in seiner Leidensnacht
hat sie als Mutter uns vermacht.
Uns helfen ist ihr Mutterpflicht,
Maria, sie vergisst das nicht.

Manch' Herz ist an Erbarmen reich;
doch ihrem Herz ist keines gleich!
Des Kindes Leid, des Kindes Schmerz
fühlt nur so recht ihr Mutterherz.

Drum geh', hast du betrübten Sinn,
nur gleich zur Mutter Gottes hin,
und alles Leid und allen Schmerz
erzähle ihrem Mutterherz.

Und sie, die Mutter Königin,
verschafft dir wieder frohen Sinn.
Drum felsenfest dich ihr vertrau',
sie ist ja Unsre Liebe Frau! Amen.

Christi Mutter stand mit Schmerzen
bei dem Kreuz und weint' von Herzen,
als ihr lieber Sohn da hing.
Durch die Seele voller Trauer,
schneidend unter Todesschauer,
jetzt das Schwert des Leidens ging.

Welch ein Schmerz der Auserkor'nen,
da sie sah den Eingebor'nen,
wie er mit dem Tode rang!
Angst und Jammer, Qual und Bangen,
alles Leid hielt sie umfangen,
das nur je ein Herz durchdrang.

Ist ein Mensch auf aller Erden,
der nicht muss erschüttert werden,
wenn er Christi Mutter denkt,
wie sie, ganz von Weh zerschlagen,
bleich da steht ohn' alles Klagen,
nur ins Leid des Sohns versenkt?

Ach, für seiner Brüder Schulden
sah sie ihn die Marter dulden,
Geißeln, Dornen, Spott und Hohn;
sah ihn trostlos und verlassen
an dem blut'gen Kreuz erblassen,
ihren lieben, einz'gen Sohn.

O du Mutter, Brunn' der Liebe,
mich erfüll' mit gleichem Triebe,
dass ich fühl' die Schmerzen dein,
dass mein Herz von Lieb' entbrenne,
dass ich nur noch Jesus kenne,
dass ich liebe Gott allein.

Drücke deines Sohnes Wunden,
so wie du sie selbst empfunden,
heil'ge Mutter, in mein Herz!

Dass ich weiß, was ich verschuldet,
was dein Sohn für mich erduldet,
gib mir teil an seinem Schmerz!

Lass mich wahrhaft mit dir weinen,
mich mit Christi Leid vereinen,
so lang mir das Leben währt!
Unterm Kreuz mit dir zu stehen,
dort zu teilen deine Wehen,
ist's, wonach mein Herz begehrt.

O du Jungfrau der Jungfrauen,
woll' auf mich in Liebe schauen,
dass ich teile deinen Schmerz.
Lass mich Christi Tod und Leiden,
Marter, Angst und bittres Scheiden
fühlen wie dein Mutterherz!

Alle Wunden, ihm geschlagen,
Schmach und Kreuz mit ihm zu tragen,
das sei fortan mein Gewinn!
Dass mein Herz, von Lieb' entzündet,
Gnade im Gerichte findet,
sei du meine Schützerin!

Christus, um der Mutter Leiden
gib mir einst des Sieges Freuden
nach des Erdenlebens Streit.
Jesus, wann mein Leib wird sterben,
lass dann meine Seele erben
Deines Himmels Seligkeit! Amen.

‚Stabat Mater' nach einer Übertragung von Heinrich Bone

Zur Trösterin der Betrübten

Maria, du makellose Jungfrau, du bist die Mutter Gottes und unsere liebevolle Mutter. In Demut kommen wir zu dir und bitten voll Vertrauen um deinen mütterlichen Schutz. Von der heiligen Kirche wirst du verehrt als Trösterin der Betrübten. Zu dir rufen ohne Unterlass die Bedrängten in ihrer Trübsal, die Kranken in ihrem Leid, die Sterbenden in ihrer Todesnot, die Armen, wenn sie Mangel leiden. Hilfsbedürftige jeder Art, wenn das Land, wenn die Familien vom Unglück heimgesucht werden, und alle finden bei dir Trost und Stärkung. Teure Mutter, schau in Liebe auch auf uns arme Sünder und nimm unser demütiges, vertrauensvolles Gebet gnädig auf! Hilf uns in jeder Not, sei es geistige, sei es leibliche Not! Bewahre uns vor jedem Übel, vor der Sünde und vor jeder Gefahr zu fallen. Erbitte uns von Jesus, deinem Sohn, alles, was uns für Leib und Seele nötig ist, insbesondere das höchste aller Güter, die Gnade Gottes. Tröste unser Herz! Es ist so geängstigt und verzagt ob der vielen Gefahren, die uns drohen, ob des vielen Leids und Elends, das von allen Seiten auf uns einstürmt. Wir bitten dich darum ob der übergroßen Freude, die dein reinstes

Herz empfand bei der glorreichen Auferstehung deines göttlichen Sohnes. Liebevolle Mutter, nimm uns alle unter deinen gütigen, mächtigen Schutz, damit wir in der Tugend leben, selig sterben und das ewige Glück im Himmel erlangen. Amen. hl. Pius X.

Zu Maria, der Zuflucht der Sünder

Allmächtiger, barmherziger Gott! In der seligen, allzeit reinen Jungfrau Maria hast Du für die Sünder eine Zuflucht und eine Helferin bestellt. Gib, dass wir durch ihren Schutz frei werden von jeder Schuld und die beseligende Wirkung Deiner Barmherzigkeit erfahren dürfen. Durch Christus, unseren Herrn. Amen.

Zur Mutter der Gnaden

Heilige Maria, hohe Himmelskönigin, du bist in Wahrheit die Spenderin des Lebens, ein nie versiegender Quell göttlicher Gnaden. Wegen deiner hohen Tugend hast du solches Wohlgefallen gefunden in den Augen Gottes, dass du in deinen jungfräulichen Schoß den Urheber des Lebens und der Gnade selbst, Jesus Christus, aufnehmen durftest. Du wurdest die Mutter des Gottmenschen und damit die Mutter der erlösten Menschheit. Du bist eine Mutter der Gnade und des Lebens, des Erbarmens und der Verzeihung. In mütterlicher Liebe blicke herab auf mich! Sieh an meine mannigfache geistige und leibliche Not! Hebe mich empor zur echten Freundschaft mit Gott! Erbitte mir die Gnade der Beharrlichkeit! Maria, durch dein Gebet vermagst du alles beim Herrn. So gestatte denn, dass ich Armer dich zu meiner besonderen Beschützerin erwähle. Durch deine mächtige Fürbitte werde ich gewiss von deinem göttlichen Sohn alle Gnaden erhalten, die mir notwendig sind, um mit Seele und Leib ihm treu zu dienen. So wirst du auch mir gegenüber zeigen, was du bist, die Mutter der göttlichen Gnade, und ich werde mit Hilfe der Gnaden, die du mir erwirkst, heilig leben hier auf Erden und werde dich dann ewig preisen dürfen im Himmel! Amen. Pius XI.

Zur Mutter vom guten Rat

Glorreiche Jungfrau, von Ewigkeit her warst du im Ratschluss Gottes auserwählt zur Mutter des menschgewordenen ewigen Wortes. Du bist die Ausspenderin der Gnaden Gottes, die Zuflucht der Sünder. Ich bin dein unwürdiger Diener. Ich bitte dich, sei du meine Führerin und Beraterin in diesem Tal der Tränen. Durch das kostbare Blut deines göttlichen Sohnes erwirke mir die Verzeihung meiner Sünden, das Heil meiner Seele und alles, was mir dazu notwendig ist. Der heiligen Kirche erflehe den Sieg über ihre Feinde und die Ausbreitung des Reiches Jesu Christi über die ganze Erde! Amen. Leo XIII.

Zur Hoffnung der Verzweifelnden

Reine, makellose, hochgebenedeite Jungfrau! Du bist die Mutter eines hohen Sohnes, des Herrn der ganzen Welt. Du bist ohne Sünde, ohne Schuld, ganz heilig. Du bist die Hoffnung der Verzweifelnden und der Sünder. Wir grüßen dich. Wir preisen dich als die Gnadenvolle, die Christus, den Gottmenschen, geboren. Vor dir knien wir alle nieder, rufen zu dir und bitten dich um Hilfe. Heilige, unversehrte Jungfrau, bewahre uns vor jedem Unglück und vor allen Versuchungen des Teufels! Sei unsere Mittlerin und Fürsprecherin in der Stunde des Todes und des Gerichtes! Rette uns vor dem drohenden unauslöschlichen Feuer und vor der äußersten Finsternis! Liebenswürdige, gütige Jungfrau und Mutter, lass uns würdig werden, die Herrlichkeit deines Sohnes zu schauen. Du bist unsere einzige, sichere, untrügliche Hoffnung bei Gott. Ihm gebührt Ruhm und Ehre, Herrlichkeit und Macht in alle Ewigkeit. Amen. hl. Ephräm

Maria, Mutter, reine Magd,
all unsre Not sei dir geklagt,
denn du bist voll der Gnaden;
Fürbitterin bei deinem Sohn,
sieh her, wir knien an seinem Thron
mühselig und beladen.
Beladen mit ererbter Schuld,
mit eigner Schuld und Ungeduld,
wir schwachen Erdenwaller!
Wie unwert wir der Hilfe sind,
du hilfst uns doch, du bist so lind,
und du erbarmst dich aller.
Sprich du für uns zu unserm Herrn,
dich liebt er ja, dir lauscht er gern,
dir kommt er gern entgegen!
Nach seinem Rat ward dir zuteil
ein reicher Hort von Huld und Heil,
ein volles Maß von Segen.

Du kennst des Lebens Bitterkeit,
den harten Drang, den schweren Streit,
auf diesen Erdenpfaden:
Maria, Mutter, reine Magd,
all unsre Not sei dir geklagt,
denn du bist voll der Gnade. Amen.

Heilige Maria, Mutter Gottes, bewahre mir ein kindliches Herz, klar und hell wie eine Quelle. Schenke mir ein schlichtes Herz, das sich nicht der Trübsal hingibt; ein großmütiges Herz, das sich verschenkt; ein liebevoll mitfühlendes Herz, ein treues und edles Herz, das keine Wohltat vergisst und keine Bosheit nachträgt. Gib mir ein freundliches und bescheidenes Herz, das liebt, ohne Gegenliebe zu fordern, das freudig in einem anderen Herzen aufgeht im Angesicht deines göttlichen Sohnes; ein großes und unbezwingbares Herz, das durch keine Undankbarkeit verschlossen wird, das keine Gleichgültigkeit ermatten lässt; ein Herz, das sich für die Ehre Jesu Christi verzehrt und von seiner Liebe eine Wunde trägt, die erst im Himmel heilt. Amen.

Wahrhaft würdig ist es, dich selig zu preisen, heilige Gottesgebärerin, allzeit Selige und Makellose und Mutter unseres Gottes. Du bist ehrwürdiger als die Cherubim und unvergleichlich herrlicher als die Seraphim; unversehrt hast du das Wort Gottes geboren. Heilige Gottesgebärerin, sei hochgepriesen. Amen.

Dich, strahlend Reine, Heilige,
dich preist kein Lob genug,
die einst auf ihren Händen
den Herrn des Lebens trug.
Des freu'n sich alle Wesen,
bewundernd deine Zier;
freu dich, du Gnadenvolle,
freu dich, Gott ist mit dir!

Wir preisen dich, du hehre
Jungfrau voll Herrlichkeit.
Wir grüßen mit dem Engel,
mit Gabriel dich heut'.
Durch deines Schoßes Segen
erlangten Rettung wir,
trat Gott uns wieder nahe;
freu dich, Gott ist mit dir!

Zur Braut hat dich erkor'n
der Geist, der alles schafft;
es hat dich überschattet
des Allerhöchsten Kraft.
Der ew'ge Sohn des Vaters
erschien auf Erden hier
und nahm von uns die Sünde;
freu dich, Gott ist mit dir!

Ein Reis aus Davids Stamme,
die uns den Herrn gebar,
das Wort, das eingebor'ne,
das stets beim Vater war.
Von ewig her Verborgene,
der Welt verhüllt auch hier,
in der Gestalt des Knechtes;
freu dich, Gott ist mit dir!

Wie ein reiner, sternenklarer Himmel
ragest du empor,
die Sonne der Gerechtigkeit
geht aus dir hervor.
Du reinste Gottesmutter,
in unverletzter Zier
gebarst du den Verheißenen;
freu dich, Gott ist mit dir! Amen.

äthiopisches Marienlied aus dem 15. Jh.

Ave, Stern der Meere,
Gottesmutter hehre,
allzeit Jungfrau, süße
Tür zum Paradiese!

Aus des Engels Munde
ward die frohe Kunde;
uns den Frieden spende,
Evas Namen wende.

Lös' das Band der Sünden,
bringe Licht den Blinden,
unsern Übeln wehre,
jeglich Gut beschere!

Dich als Mutter zeige;
und erhörend neige
dir sich, der auf Erden
kam, Dein Sohn zu werden.

Jungfrau, allzeit reine,
sanft und mild wie keine,
schuldlos lass auf Erden
sanft und keusch uns werden.

Woll' ein reines Leben,
sicher'n Pfad uns geben,
dass in Himmelshöhen
froh wir Jesus sehen.

Lob sei Gott dem Vater,
Preis dem höchsten Sohne
und dem Heil'gen Geiste,
jedem gleiche Ehre. Amen.

Alle Tage sing und sage
Lob der Himmelskönigin!
Ihre Gnaden, ihre Taten:
Ehre sie mit Demutssinn!

Auserlesen ist ihr Wesen,
Jungfrau sie und Mutter war:
Sprich sie selig, überselig,
groß ist sie und wunderbar!

Ihr vertraue, auf sie baue,
dass sie dich von Schuld befrei'
und im Streite dir zur Seite
wider alle Feinde sei!

Ihre Ehren zu vermehren,
sei, o Seele, stets bereit;
benedeie sie und freue
dich ob ihrer Herrlichkeit!

Ach, sie gebe, dass ich lebe,
wie es will ihr lieber Sohn.
Dass ich droben ihn kann loben,
ewig schau'n im Himmelsthron. Amen.

Bernhard von Morlas

Lasst uns mit Zuversicht nahen
dem Throne der Gnade,
damit wir Barmherzigkeit finden
und Gnade erlangen,
wenn wir der Hilfe bedürfen!

In dir, Maria, ist alle Gnade
des Weges und der Wahrheit!
In dir ist die Hoffnung des Lebens
und jeglicher Tugend,
der Gnaden voll ist dein Antlitz!

Denke an uns, Jungfrau, Gottesmutter,
wenn du stehst vor dem Antlitz Gottes!
Erflehe Gnaden für uns, Mutter des Lebens!
Denn siehe: Alles hat der Herr dir übergeben:
Es gibt nichts, was nicht in deiner Gewalt wäre
oder was er dir nicht übergeben hätte.

Du allein vor allen Frauen
hast ja Gnade gefunden und Huld
vor ihm, unserem König!
Großes hat an dir getan,
der mächtig ist
und dessen Name voll Herrlichkeit.

In deine Hand ist gelegt unser Heil:
Wende deinen Blick uns nur zu,
und wir werden voll Freude
unserem König dienen! Amen.

Hohe Frau, du bist Mutter und Jungfrau, du bist an Leib und Seele Mutter unseres Hauptes und Erlösers. Du bist auch Mutter aller Glieder Christi, denn du hast mitgewirkt durch deine Liebe an der Zeugung der Gläubigen in der Kirche.Einzige unter den Frauen bist du, Mutter und Jungfrau: Mutter Christi und Jungfrau Christi. Die Schönheit und der Glanz der Erde bist du, o Jungfrau, und bist für immer das Bild der heiligen Kirche. Durch eine Frau kam der Tod, durch eine Frau das Leben: durch dich, o Mutter Gottes! Amen.

hl. Augustinus

Heilige Maria, Gnadenvolle, Gebenedeite unter den Frauen! Du weißt um unsere Anliegen und schaust mit mildem Blick herab auf unsere heilige Kirche und ihre treuen Kinder, deine Kinder, die dich selig preisen. Wahrlich, Großes hat an dir getan, der mächtig ist. Deine Hände fließen über von Gnade. Strecke sie über uns aus und lass ihren Segen auf uns herabströmen.

Gedenke, heiligste Jungfrau, wie es nie gehört worden, dass jemals sei verloren gegangen, wer deine Hilfe angerufen und unter deinen Schutz sich gestellt. Darum flehen wir zu dir, unsere liebe Frau und gütige Mutter, sei du uns eine schützende Fürbitterin. Halte ab den strafenden Arm des gerechten Richters, deines Sohnes. Mildere die Heimsuchungen, die er über uns verhängt. Bitte für uns, dass wir in ihnen bestehen.

Breite weit aus den Mantel deines mächtigen Schutzes. Decke damit immerdar die heilige Kirche und die ganze Christenheit und ihre Hirten, auf dass wir alle unter deiner gnadenreichen Obhut wachen und beten, leiden und streiten und bereit gefunden werden, wenn der Herr kommt. Leuchte uns, du Stern des Meeres, dass wir, durch dieses Lebens Wogen und Stürme von dir geleitet, sicher und glücklich zum Land der ewigen Heimat gelangen. Gütige, milde, liebreiche Jungfrau Maria, bitte für uns jetzt und in der Stunde unseres Todes. Amen.

Allerseligste Jungfrau Maria. Du bist unsere Hoffnung. Lass unsere Bitten zu deinem Herzen dringen. Möge Gott auf deine Fürsprache huldvoll gewähren, was wir mit festem Vertrauen erbitten: Deine Reinheit bedecke unsere Schuld, deine Demut erlange uns Vergebung unseres stolzen Sinnes. Die

Glut deiner Liebe ersetze unsere Lauheit, der Reichtum deiner Verdienste tilge unsere Armut. Deine mächtige Hand beschirme uns in allen Gefahren und beschütze uns in der Stunde des Todes. Dein mildreiches Herz habe Mitleid mit den Armen Seelen und flehe für sie am Throne des Vaters.

Bitte für das Volk Gottes und stehe der Kirche in allen Bedrängnissen bei. Zeige dich als Helferin der Christenheit, erbarme dich der Verlassenen, richte die Verzagten auf, tröste die Betrübten, bitte für das christliche Volk. Lass alle deine Hilfe erfahren, die deinen heiligen Namen verehren.

Du bist die Königin des Friedens. Erbitte uns von deinem Sohn den Frieden mit Gott und einen wahren Frieden der Menschen untereinander. Lass die Völker der Welt, die sich entzweit haben, wieder zueinander finden. In aller Trübsal, Angst und Not komm uns zu Hilfe, allerseligste Jungfrau Maria.

Königin des Himmels und der Erde, mit Gnade geziert über alle Engel und Menschen. Du bist die Hoffnung der Sünder, die Trösterin der Betrübten und die Helferin der Christen. Sei für uns alle eine milde Fürsprecherin am

Thron deines göttlichen Sohnes, damit wir ihm hier auf Erden treu dienen und zur Herrlichkeit der himmlischen Heimat gelangen. Amen.

Heilige Jungfrau, in deiner himmlischen Glorie vergiss nicht das Elend dieser Erde. Blicke erbarmungsvoll hernieder auf alle, die leiden, die sich abmühen im Kampfe mit den Widerwärtigkeiten und Bitternissen des Lebens.
Habe Mitleid mit all denen, die sich lieben aber getrennt sind.
Habe Mitleid mit all denen, die einsam und verlassen sind.
Habe Mitleid mit unserem schwachen Glauben.
Erbarme dich derer, die wir lieben!
Erbarme dich derer, die weinen, beten, zagen!
Gib allen Hoffnung und Frieden. Amen.

Liebste Mutter, wollest schauen
auf dein Volk, das mit Vertrauen,
dich als seine Mutter ehrt,
von dir Hilf' und Trost begehrt.
Segne uns in deinem Herzen,
tröste uns in unsern Schmerzen,
steh uns bei in aller Not,
zeig' uns Jesus nach dem Tod. Amen. hl. Hildegard

Marienweihe

Mutter unseres Herrn und Erlösers Jesus Christus, Mutter aller Erlösten, Königin im Reich Deines göttlichen Sohnes, Beschützerin der Kirche, unbefleckte Gottesbraut, Hoffnung derer, die keinen Ausweg wissen und schuldbeladen sind. Zu dir nehmen wir unsere Zuflucht und erwählen dich zu unserer Fürsprecherin bei Jesus, deinem Sohn.

In deine mütterliche Hut übergeben wir unseren Bischof, unsere Pfarrei, die Priester unseres Bistums, alle Priester und das ganze Volk Gottes, besonders die Jugend, die Kinder, die Kranken, die Sterbenden, die Versuchten und alle, die in Gefahr stehen, vom Weg des Heiles abzuirren und ewig verloren zu gehen. Erflehe ihnen die Gnade, dass sie sehend werden und voll des Heiligen Geistes. Lass nicht zu, dass Christi Licht in den Getauften Finsternis werde und wir am Ende unseres Lebens dastehen wie Bäume, die keine Frucht getragen.

Rufe auf uns den Segen deines göttlichen Sohnes herab, lass unsere Hingabe an dein heiliges, unbeflecktes Herz nicht ohne Antwort bleiben. Vereinige deine mächtige Fürsprache mit unseren schwachen Gebeten. Kämpfe du für die Freiheit unserer heiligen Kirche, halte deine Hand über unseren Heiligen Vater und hilf uns, deinen Kindern, den Glauben treu zu bewahren, aus seinem Geist zu leben und ihn vor aller Welt demütig und freudig zu bekennen.

Ihm aber, der uns bewahren kann, dass wir nicht zu Fall kommen, und der uns ohne Sünde und mit Frohlocken vor sein herrliches Antlitz zu stellen vermag, dem alleinigen Gott, unserem Retter, soll sein durch unsern Herrn Jesus Christus Ehre, Majestät und Macht, jetzt und in Ewigkeit. Amen.

nach einer Vorlage von Bischof J. B. Sproll

O meine Gebieterin, heilige Maria, in deinen bewährten Schutz und deine besondere Obhut und deinem mütterlichen Herzen empfehle ich heute und täglich und für die Todesstunde meine Seele und meinen Leib. Alle Hoffnung und alle Freuden, alle Besorgnisse und alle Armseligkeiten, mein Leben und das Ende meines Lebens vertraue ich dir an, damit durch deine Fürsprache und deine Verdienste all meine Gedanken, Worte und Werke nach deinem und deines göttlichen Sohnes Willen geleitet werden. Amen.

hl. Aloisius von Gonzaga

Ergriffen vom Glanz deiner himmlischen Schönheit und getrieben von den Nöten der Gegenwart, suchen wir Zuflucht in deinen Armen, unbefleckte Mutter Christi und auch unsere Mutter, o Maria. Voll Vertrauen hoffen wir, in deinem liebenden Herzen die Erhörung unseres innigen Flehens zu finden und den sicheren Port inmitten der Stürme, die von überallher uns umtoben. Wiewohl entmutigt durch Schuld und niedergedrückt von unendlichem Leid bewundern und preisen wir den unvergleichlichen Reichtum der hohen Vorzüge, mit denen Gott dich vor allen anderen Geschöpfen überreich ausgestattet hat vom ersten Augenblick deiner Empfängnis an bis zu dem Tag, an dem er dich in den Himmel aufnahm und dich krönte als Königin des Weltalls.

O du Auserwählte Gottes, höre auf das flehentliche Rufen, das aus jedem treuen Herzen zu dir empordringt. Neige dich über unsere schmerzenden Wunden, ändere den Sinn aller, die Böses tun, trockne die Tränen der Bedrängten und Unterdrückten, stärke die Armen und Demütigen, lösche aus den Hass, mildere die harten Sitten und bewahre unserer Jugend die Blüte der Reinheit, beschirme die heilige Kirche. Bewirke, dass alle Menschen die Schönheit der christlichen Tugend erfassen. Mögen die Menschen hier auf Erden inne werden, dass sie Brüder sind und die Völker Glieder einer einzigen Familie, über der die Sonne eines allumfassenden und wirklichen Friedens leuchten möge. Nimm auf, liebste Mutter, unser demütiges Gebet und erflehe uns vor allem, dass wir dereinst vereint in der Seligkeit mit dir vor deinem Thron jenen Lobgesang wiederholen können, der heute auf Erden um deine Altäre erklingt: Ganz schön bist du, Maria, du bist der Ruhm, die Freude und die Ehre unseres Volkes. Amen. Pius XII.

O meine Gebieterin, o meine Mutter, dir bringe ich mich ganz dar; und um dir meine Hingabe zu bezeigen, weihe ich dir heute meine Augen, meine Ohren, meinen Mund, mein Herz, mich selber ganz und gar. Weil ich also dir gehöre, o gute Mutter, so bewahre mich, beschütze mich als dein Gut und dein Eigentum. Amen.

O Immaculata, Königin des Himmels und der Erde, Zuflucht der Sünder, Mutter der Barmherzigkeit und unsere geliebteste Mutter! Ich unwürdiger Sünder N. werfe mich zu deinen Füßen nieder und bitte dich flehentlich: Nimm mich ganz und gar als dein Gut und dein Eigentum an. Mach mit mir, was dir am meisten gefällt: mit allen Fähigkeiten meiner Seele und meines Leibes, mit meinem ganzen Leben, mit meinem Tod und meiner Ewigkeit. Wenn du es willst, so gebrauche mich auch, um das auszuführen, was von dir geschrieben steht: „*Sie wird das Haupt der Schlange zertreten.*" und: „*Du allein hast alle Irrlehren auf der ganzen Welt zunichte gemacht.*" Lass mich in deiner unbefleckten und barmherzigen Hand ein geeignetes Werkzeug sein, um so viele abgeirrte und laue Seelen zu deiner Verehrung zu führen und auf diese Weise das milde Königtum des heiligsten Herzens Jesu so weit wie möglich zu verbreiten. Wo du eintrittst, da erflehst du die Gnade der Bekehrung und der Heiligung, denn durch deine Hände gelangen alle Gnaden vom heiligsten Herzen Jesu zu uns.

℣. Würdige mich, zu loben dich, heilige Jungfrau!
℟. Gib Kraft mir wider deine Feinde!

hl. Maximilian Kolbe

Im Angesichte des ganzen himmlischen Hofes und der heiligen römischen Kirche auf Erden weihen, übergeben und schenken wir heute deinem unbefleckten, schmerzhaften und gnadenvollen Herzen unser deutsches Vaterland mit all seinen Bewohnern und Einrichtungen. Nimm du sein Geschick in deine mütterlichen Hände, sei du wahre Königin der Regierenden und Regierten. Bekehre die Abständigen, erleuchte die Irrenden, führe die Ungläubigen gütig zum einen Schafstall deines göttlichen Sohnes. Präge allen Geistern und Herzen Christi mildes Gesetz ein, damit das Königtum deines Sohnes in der ganzen Gesellschaft erstrahle und der Friede im Reiche Christi anbreche. Wir wollen, dass ER uneingeschränkt über uns herrsche! Nimm darum Land und Volk unter deinen mächtigen Schutz. Sei und bleibe eine Schutzwehr unseres heiligen katholischen Glaubens und unserer Treue zum Stuhl Petri. Schenke uns heiligmäßige Priester, einen tüchtigen Ordensnachwuchs und viele kinderreiche christliche Familien. Sammle das ganze Volk um die Opferaltäre deines göttlichen Sohnes. Erflehe für unsere Kinder wahrhaft katholische Schulen. Sei die Verteidigerin der Unschuld, die Zuflucht der Sünder, das Heil der Kranken. Dir empfehlen wir unser ganzes Leben, unser Arbeiten und

Leiden, insbesondere aber die Stunde unseres Todes. O Mutter der Barmherzigkeit, nimm diese unsere Weihe gnädig an; lass uns derselben würdig leben und zeige uns, wenn unser Auge bricht, Jesus, die gebenedeite Frucht deines Leibes. Im Namen des Vaters und des Sohnes und des Heiligen Geistes. Amen.

Weihegebet der deutschen Bischöfe zur Weihe des deutschen Vaterlandes an die Muttergottes in Fulda, 1956

Gebet der Skapulierträger

O allerseligste, unbefleckte Jungfrau Maria, Zierde und Glanz des Karmels, du blickst mit besonders gütigem Auge auf jene, die mit deinem gesegneten Skapulier bekleidet sind. Blicke gnädig auch auf mich und umhülle mich mit dem Mantel deines mütterlichen Schutzes. Stärke meine Schwäche mit deiner Macht, erleuchte die Finsternisse meines Geistes mit deiner Weisheit, vermehre in mir den Glauben, die Hoffnung und die Liebe. Schmücke meine Seele mit solchen Gnaden und Tugenden, dass sie deinem göttlichen Sohne und dir stets lieb und teuer sei. Stehe mir bei im Leben, tröste mich im Tode mit deiner liebevollen Gegenwart und stelle mich dann als dein Kind der heiligsten Dreifaltigkeit vor, um sie mit dir im Himmel ewig zu loben und zu preisen. Amen.

Heilige Maria, Mutter Gottes und Jungfrau, ich erwähle dich heute zu meiner Gebieterin, Beschützerin und Fürsprecherin und nehme mir fest vor, dich nie zu verlassen, nie etwas gegen dich zu sagen oder zu tun noch zuzulassen, dass von anderen je etwas wider deine Ehre geschieht. Ich bitte dich daher, nimm mich an zu deinem ewigen Diener, stehe mir bei in allen meinen Handlungen und verlasse mich nicht in der Stunde meines Todes. Amen. hl. Johannes Berchmans

Weihe an das unbefleckte Herz Mariens

vorgesehen für das Fest Maria Königin (31. Mai)

Königin des heiligen Rosenkranzes, Hilfe der Christen, Zuflucht des menschlichen Geschlechtes, Siegerin in allen Schlachten Gottes!

Flehend werfen wir uns vor deinem Throne nieder. Wir kommen voll Vertrauen, dass wir Barmherzigkeit, Gnade und rechte Hilfe in unseren Bedrängnissen erlangen. Wir vertrauen nicht auf unsere Verdienste, sondern einzig auf die unendliche Güte deines mütterlichen Herzens. Dir und deinem unbefleckten Herzen vertrauen wir uns an und weihen wir uns in dieser entscheidenden Stunde der menschlichen Geschichte. Dabei vereinigen wir uns mit der heiligen Kirche, dem geheimnisvollen Leib deines göttlichen Sohnes, der allenthalben leidet und blutet und so vielfach heimgesucht ist. Wir vereinigen uns mit der ganzen Welt. Sie ist ein Opfer der eigenen Sünde, von furchtbarer Zwietracht zerrissen, brennend in Feuerflammen des Hasses.

Dich, o Mutter, rühren so viele Ruinen der Welt und der Seelen, so viele Schmerzen, so viele Ängste von Vätern und Müttern, von Ehegatten, Brüdern und unschuldigen Kindern; dich rühren so viele in der Blüte der Jahre dahingeraffte Menschenleben, so viele gemarterte und sterbende Menschen, so viele Seelen, die in Gefahr sind, ewig verlorenzugehen. Du, o Mutter der Barmherzigkeit, erbitte uns von Gott den Frieden! Erbitte uns vor allem jene Gnaden, die in einem Augenblick die Seelen umwandeln können! Erbitte uns jene Gnaden, die den Frieden vorbereiten, herbeiführen und sichern! Königin des Friedens, bitte für uns und gib der Welt den Frieden, nach dem die Völker seufzen, den Frieden in der Wahrheit, in der Gerechtigkeit, in der Liebe Christi! Gib der Welt den Frieden der Waffen und den Frieden der Seelen, damit in der Ruhe der Ordnung das Reich Gottes sich ausbreite!

Gewähre deinen Schutz den Ungläubigen und denen, die noch im Todesschatten liegen; schenke ihnen den Frieden! Lass für sie die Sonne der Wahrheit aufsteigen! Lass sie mit uns vor dem einen Erlöser der Welt die Worte wiederholen: „Ehre sei Gott in der Höhe und Friede den Menschen auf Erden, die eines guten Willens sind."

Wir bitten für die durch Irrtum und Zwietracht getrennten Völker, vornehmlich für diejenigen, die dir eine besondere Andacht bezeugen. Gib ihnen den Frieden! Führe sie zurück zum einen Schafstall Christi unter dem einen und wahren Hirten!

Erflehe Frieden und volle Freiheit der heiligen Kirche Gottes! Halte die wachsende Flut des Neuheidentums auf!

Vermehre in den Gläubigen die Liebe zur Reinheit, die tätige Übung des christlichen Lebens und den apostolischen Eifer! Lass die Gemeinschaft derer, die Gott dienen, zunehmen an Verdienst und Zahl! Dem Herzen deines göttlichen Sohnes Jesus Christus wurde die Kirche und das ganze menschliche Geschlecht geweiht. Auf ihn sollten alle ihre ganze Hoffnung setzen! Er sollte für sie Zeichen und Unterpfand des Sieges und der Rettung sein! So weihen wir uns auf ewig auch dir, deinem unbefleckten Herzen, o Mutter und Königin der Welt! Deine Liebe und dein Schutz sollen den Sieg des Reiches Gottes beschleunigen! Alle Völker, im Frieden mit sich und mit Gott, sollen dich selig preisen! Mit dir sollen sie von einem Ende der Welt bis zum anderen das ewige Magnificat der Glorie, der Liebe und Dankbarkeit zum Herzen Jesu anstimmen: In ihm allein können sie die Wahrheit, das Leben und den Frieden finden. Amen. Pius XII.

O unbefleckte Jungfrau, wir wissen, dass dein Auge, das mütterlich auf die arme, leidende Menschheit des irdischen Herrn herniederschaute, sich jetzt im Himmel an der verklärten Menschheit deines Sohnes sättigt und dass deine Seele jetzt überströmt von der Wonne der Seligkeit bei Gott. Und wir arme Sünder, wir, deren Körper den Aufschwung der Seele hemmt, wir flehen zu dir: Reinige unsere Sinne, auf dass wir lernen, Gott zu kosten, Gott allein, wo die Geschöpfe uns mit Macht an sich ziehen wollen. Amen. Pius XII.

O Maria, ohne Sünde empfangen, bitte für uns, die wir zu dir unsere Zuflucht nehmen.

Ave Maria, die du ohne Makel in die Welt eingetreten bist, erlange mir von Gott, dass ich einst ohne Schuld aus ihr scheide. Amen.

Maria, liebste Mutter mein,
bewahre mich von Sünden rein.

Dir, o jungfäuliche Mutter, die du niemals mit der Makel der Schuld, weder mit persönlicher noch mit der Erbsünde, befleckt warst, empfehle und vertraue ich die Reinheit meines Herzens an. Amen.

Gepriesen sei die heilige und unbefleckte Empfängnis der seligsten Jungfrau Maria, der Mutter Gottes.

Zum Herzen Mariens

Dich grüße ich in meinen Sorgen,
Maria, liebste Mutter mein.
O lass mich ganz in dir geborgen
und eins mit deinem Herzen sein.
Du bist mir Zuversicht und Hoffnung,
du gibst mir Frieden, gibst mir Ruh' –
o unbeflecktes Herz Mariä,
sei immer meine Rettung du!

Zu dir komm ich in allen Stunden,
in allen Kämpfen, jeder Not,
sei Schutz und Heil für alle Wunden,
wenn Sünde mich und List bedroht.
Dir kann ich alles anvertrauen,
was mir begegnet immerzu –
o unbeflecktes Herz Mariä,
sei immer meine Rettung du!

Mit dir nur will ich weitergehen
und durch die Mutterliebe dein
die Liebe Christi mehr verstehen,
Maria, lass mich nicht allein!
Ich bitte dich von ganzem Herzen,
ich flehe innig ohne Ruh –
o unbeflecktes Herz Mariä,
sei immer meine Rettung du!

Ob helle Freude füllt die Seele,
ob mich bedrückt ein tiefer Schmerz,
nur dir ich alles anempfehle,
nur dir schenk ich mein ganzes Herz.
Wohl nichts kann zeigen mir hienieden
den Weg zum Herrn so klar wie du –
o unbeflecktes Herz Mariä,
sei immer meine Rettung du!

Du bist mein Stern, wenn's dunkelt,
du bist des Tages Sonne mir,
du bist der Turm, der weithin funkelt,
du bist mein Hort, mein Schutzpanier.
Ich bin dein Kind – du meine Mutter.
Ich schau in allem dir nur zu –
o unbeflecktes Herz Mariä,
sei immer meine Rettung du!

O lehre mich das ‚Fiat' sagen,
und zu den Menschen – treu und still –
des Heilands Liebe weitertragen,
mit dir stets so, wie Gott es will!
In allem, was ich denke, rede,
in allem, was ich fortan tu –
o unbeflecktes Herz Mariä,
sei immer meine Rettung du!

Dir schenk ich alles, was ich habe,
dir weihe ich mein ganzes Sein.
O nimm die kindlich kleine Gabe,
mach sie von jedem Makel rein!
Und trage sie zum Throne Gottes,
leg' auch dein Mutterwort hinzu –
o unbeflecktes Herz Mariä,
sei immer meine Rettung du!

Nimm hin auch alle meine Lieben,
bewahre sie in deiner Hut,
lass allezeit sie eingeschrieben
in deinem Herzen mild und gut!
Und wenn ich um die Seelen bange,
bring' du die Hilfe, Trost und Ruh –
o unbeflecktes Herz Mariä,
sei immer meine Rettung du!

Lass sühnend mich mit dir verweilen,
anbetend vor dem höchsten Gut,
dass kranke Seelen wieder heilen,
umsonst nicht floss des Heilands Blut.
Vermittlerin von allen Gnaden,
gib meiner Schwachheit Kraft hinzu –
o unbeflecktes Herz Mariä,
sei immer meine Rettung du!

So nimm denn all mein Streben, Ringen,
und lasse mich mit dir allein
das Böse in der Welt bezwingen
und Mittler deiner Güte sein,
bis mein Herz in deinem jubelt
dereinst dem Herzen Jesu zu:
Dir, Herr und Gott, sei Ruhm und Ehre,
mein höchstes Glück bist ewig Du! Amen.

Heilige Maria, Mutter Gottes, Königin des Himmels und Pforte des Paradieses, Herrscherin der Welt und allerreinste der Jungfrauen, sei uns gegrüßt!
Du bist ohne Erbschuld empfangen und jeglicher Sünde bar. Ohne Sündenmakel hast du empfangen Jesus, den Heiland der Welt.
Du bist die unbefleckte Jungfrau vor, in und nach der Geburt. Lass mich durch deine mächtige Fürsprache gottselig, rein und heilig leben, und bitte für uns alle bei Jesus, deinem Sohn.
Nach meinem Tode nimm mich auf. Halte fern von mir alle Übel des Leibes und der Seele. Lass mich anderen helfen, die Werke der Barmherzigkeit zu vollbringen und verleihe, dass ich in des Paradieses Herrlichkeit mich ewig mit dir freuen möge. Amen.

Wallfahrtsgebet von Neviges

Sühnegebet zum unbefleckten Herzen Mariens

O unbeflecktes Herz Mariens, vielfach verkannt und gekränkt von unwissenden, gleichgültigen und böswilligen Menschen!

℟. Wir wollen dir nach Kräften Sühne und Genugtuung leisten für all die Beleidigungen, die dein mütterliches Herz wie spitze Dornen verletzen und mit Bitterkeit erfüllen.

℣. Mit dem aufrichtigen Verlangen, dich zu trösten, beteuern und versprechen wir: Je mehr die Gottlosen sich anstrengen, den schönsten Edelstein aus deiner Krone zu brechen, indem sie deine unbefleckte Empfängnis leugnen,

℟. desto fester glauben wir, desto lauter und feierlicher bekennen wir, dass du, o allerseligste Jungfrau, vom ersten Augenblick deiner Empfängnis an durch eine ganz besondere Gnade und Bevorzugung des Allmächtigen von jedem Makel der Erbsünde frei geblieben und eben dadurch die starke Kämpferin, die unüberwindliche Siegerin und die Frau geworden bist, die der höllischen Schlange den Kopf zertreten hat.

℣. Je mehr deine Feinde dich den gebrechlichen und sündhaften Menschen gleichstellen,

℟. desto freudiger begrüßen wir dich als die Gnadenvolle und die Gebenedeite unter den Frauen und glauben, dass du dein ganzes Leben lang auch nicht die geringste Sünde begangen hast und darum das vollkommenste Vorbild des christlichen Lebens bist.

℣. Je mehr die Ungläubigen sich erfrechen, deine immerwährende Jungfräulichkeit anzutasten,

℟. desto mehr preisen wir dich als die ganz makellose Jungfrau und bekennen mit der heiligen katholischen Kirche: „Du bist vor, in und nach der Geburt deines göttlichen Sohnes Jungfrau geblieben, Jungfrau dem Leibe nach, Jungfrau der Seele nach, Jungfrau an Leib und Seele heilig."

℣. Je mehr die ungläubige Welt deine erhabene Gottesmutterwürde leugnet,

℟. desto rückhaltloser glauben und bekennen wir, dass du, o seligste, allezeit reine Jungfrau Maria, durch Überschattung des Heiligen Geistes den eingeborenen Sohn Gottes empfangen und, ohne den Glanz deiner Jungfräulichkeit zu verlieren, Jesus Christus, den Herrn der Welt, geboren hast und darum in aller Wahrheit Mutter Gottes und Gottesgebärerin bist und genannt wirst.

℣. Je mehr die Sünder deinen Ruhm schmälern und sich deiner Herrschaft entziehen wollen,

℟. desto begeisterter stimmen wir ein in die Seligpreisung, die dir dargebracht wird von Geschlecht zu Geschlecht, desto bereitwilliger wollen wir dir dienen, mildeste Herrin, überzeugt von der untrüglichen Wahrheit, dass du mit Leib und Seele in den Himmel aufgenommen und als Königin über alle Menschen und Engel gesetzt und gekrönt worden bist.

℣. Je mehr die höllische Schlange dir und deinen Verehrern nachstellt,

℟. desto siegesbewusster stellen wir uns unter deine Fahne, desto mutiger kämpfen wir für deine Ehrenvorzüge, desto treuer halten wir zu dir, du mächtige und starke Überwinderin aller teuflischen Bosheit und Verkehrtheit.

℣. Je mehr Un- und Irrgläubige das Vertrauen, die Liebe und Verehrung deiner Kinder verspotten und verlachen,

℟. desto vertrauensvoller werden wir uns an dich wenden in all unseren Nöten und Anliegen, bist du doch unsere beste Mutter, unsere allzeit bereite Helferin, unsere sicherste Zuflucht im Leben und im Sterben.

℣. Unbefleckt empfangene Jungfrau, heiligste Gottesgebärerin, Königin des Himmels und der Erde, wende deine barmherzigen Augen uns zu und steh uns bei im Kampf mit den Mächten der Finsternis, damit wir als deine Kinder die Sünde stets meiden, deine Tugenden nachahmen und zu dir gelangen in dein himmlisches Reich. ℟. Amen.

Marianische Antiphonen

Alma Redemptoris Mater

vom 1. Adventssonntag bis zum 1. Februar

Gütige Mutter des Erlösers, die du geöffnete Himmelstür bleibst und Stern des Meeres, eile dem Volk zu Hilfe, das fällt und sich bemüht aufzustehen; die du zum Staunen der Natur deinen heiligen Lebensspender geboren, Jungfrau zuvor und danach, aufnehmend jenes Ave aus Gabriels Mund: Erbarme dich der Sünder!

im Advent:

℣. Der Engel des Herrn brachte Maria die Botschaft,
℟. und sie empfing vom Heiligen Geist.

Lasset uns beten.

Wir bitten Dich, o Herr, gieße Deine Gnade in unsere Herzen ein, damit wir, die wir durch die Botschaft des Engels die Menschwerdung Christi, Deines Sohnes, erkannt haben, durch sein Leiden und Kreuz zur Herrlichkeit der Auferstehung gelangen, durch Christus, unseren Herrn. ℟. Amen.

ab Weihnachten:

℣. Nach der Geburt bist du, Jungfrau, unversehrt geblieben.
℟. Gottesgebärerin, tritt für uns ein.

Lasset uns beten.

Gott, der Du durch die fruchtbare Jungfräulichkeit der heiligen Maria dem Menschengeschlecht den Lohn des ewigen Heils verliehen hast, gib, so bitten wir, dass wir die Fürsprache jener für uns erfahren, durch die wir den Urheber des Lebens empfangen durften, unseren Herrn Jesus Christus, Deinen Sohn. ℟. Amen.

Ave Regina cælorum

vom 2. Februar bis zum Mittwoch in der Karwoche

Gruß dir, Himmelskönigin, Gruß dir, Herrin der Engel. Heil dir, Wurzel. Heil dir, Pforte, aus welcher der Welt das Licht aufgegangen ist. Freue dich, glorreiche Jungfrau, schöner als alle. Wohl dir, du überaus Schöne, und bitte Christus für uns!

℣. Würdige mich, dich zu loben, heilige Jungfrau.
℟. Gib mir Kraft gegen deine Feinde.

Lasset uns beten.

Gewähre, barmherziger Gott, unserer Gebrechlichkeit Deinen Schutz, damit wir, die wir das Gedächtnis der heiligen Gottesgebärerin begehen, durch die Hilfe ihrer Fürsprache von unseren Sünden auferstehen, durch denselben Christus, unseren Herrn. ℟. Amen.

Regina cæli

vom Ostersonntag bis zum Samstag nach Pfingsten

Freu dich, du Himmelskönigin, alleluja.
Den du zu tragen würdig warst, alleluja.
Er ist auferstanden, wie er gesagt hat, alleluja.
Bitt' Gott für uns, alleluja.

℣. Freu dich und frohlocke, Jungfrau Maria, alleluja.
℟. Denn der Herr ist wahrhaft auferstanden, alleluja.

Lasset uns beten.

Gott, der Du durch die Auferstehung Deines Sohnes, unseres Herrn Jesus Christus, die Welt erfreust, gewähre, so bitten wir, dass wir durch seine Mutter, die Jungfrau Maria, die Freuden des ewigen Lebens erlangen, durch ihn, Christus, unseren Herrn. ℟. Amen.

Salve Regina

vom Dreifaltigkeitssonntag bis zum Ende des Kirchenjahres

Sei gegrüßt, o Königin, Mutter der Barmherzigkeit, unser Leben, unsre Süßigkeit und unsre Hoffnung, sei gegrüßt. Zu dir rufen wir elende Kinder Evas. Zu dir seufzen wir trauernd und weinend in diesem Tale der Tränen. Wohlan denn, unsere Fürsprecherin, wende deine barmherzigen Augen uns zu, und nach diesem Elende zeige uns Jesus, die gebenedeite Frucht deines Leibes. O gütige, o milde, o süße Jungfrau Maria!

℣. Bitte für uns, heilige Gottesgebärerin.
℟. Auf dass wir würdig werden der Verheißungen Christi.

Lasset uns beten.

Allmächtiger, ewiger Gott, der Du den Leib und die Seele der glorreichen Jungfrau und Mutter Maria durch die Mitwirkung des Heiligen Geistes bereitet hast, damit sie eine würdige Wohnstätte Deines Sohnes werde, gib, dass wir durch die gütige Fürsprache jener, an deren Gedächtnis wir uns erfreuen, von den gegenwärtigen Übeln und dem ewigen Tode befreit werden, durch Christus, unseren Herrn. ℟. Amen.

UNTER DEM SCHUTZ DER ENGEL

„Denn er befiehlt seinen Engeln, dich zu behüten auf all deinen Wegen.“ (Ps 91,11)

Heilig, heilig, heilig, Herr, Gott der Heerscharen, Himmel und Erde sind erfüllt von Deiner Herrlichkeit. Hosanna in der Höhe! Hochgelobt sei, der da kommt im Namen des Herrn. Hosanna in der Höhe!

Heiliger Erzengel Michael, verteidige uns im Kampfe. Gegen die Bosheit und die Nachstellungen des Teufels sei unser Schutz. Gott gebiete ihm, so bitten wir flehentlich. Du aber, Fürst der himmlischen Heerscharen, stoße den Satan und alle anderen bösen Geister, die in der Welt umhergehen, um die Seelen zu verderben, durch Gottes Kraft hinab in die Hölle. Amen.

O du großer Himmelsfürst, treuester Verteidiger der Kirche, heiliger Erzengel Michael: Stehe mir bei während meines ganzen Lebens, damit ich nie vor den so reinen Augen Gottes weder in Werken, noch in Worten, noch in Gedanken sündige. Verteidige mich gegen alle Angriffe des bösen Feindes, besonders in den Versuchungen gegen den Glauben und die Reinheit, erhalte meiner Seele in der Sterbestunde den Frieden und führe sie in das himmlische Vaterhaus. Amen.

Heiliger Erzengel Michael, du Fürst der himmlischen Heerscharen, unerschrockener Diener Gottes, treuer Diener Mariens, heiliger Engel des Glaubens, komme uns zu Hilfe! Schütze uns und stehe uns bei im Kampf gegen die Bosheit und die Nachstellungen Satans.

Wir bitten dich im Namen Jesu und im Namen der unbefleckten Jungfrau und Gottesmutter Maria: Binde die uns mit Bosheit bedrohende Macht Satans und alle übrigen dämonischen Geister, welche in großer Zahl zum Verderben der Seelen die Welt durchziehen, damit wir vor ihren Einflüssen, Verführungen, Verletzungen und Angriffen bewahrt bleiben und an unserer unsterblichen Seele keinen Schaden erleiden. Stürze sie in der Kraft Gottes mit dem Schlachtruf „Wer ist wie Gott?!“ hinab in den Abgrund. Amen.

Heiliger Erzengel Michael, beschütze uns vor den Mächten der Finsternis, und auf unsere Bitten und unserer Schutzengel Fürbitten stürze sie hinab in den Abgrund der Hölle, dass sie uns und denen, die mit uns fahren, nicht schaden.

Heiliger Erzengel Gabriel, bring' dem gnadenvollen, makellosen Herzen eurer Königin immer den himmlischen Gruß dar mit allen deinen Engeln und unseren Schutzengeln und erbitte uns mit ihnen eine gute Fahrt.

Heiliger Erzengel Raphael, du Schirmherr aller Reisenden, begleite uns mit deinen Legionen von Engeln und errette uns vor den Fallstricken der Mächte der Finsternis. Beschütze uns auf jeder Fahrt. Beschütze alle, die uns begegnen. Amen.

Engel Gottes, mein Beschützer, dem Gottes Güte mich anvertraut hat, erleuchte, beschütze, leite und regiere mich! Amen.

O Gott, in wunderbarer Ordnung teilst Du Engeln und Menschen ihre Dienste zu; gewähre gnädig, dass auf Erden unser Leben von jenen beschirmt werde, die im Himmel als Deine Diener allzeit vor Dir stehen. Amen.

Heil'ger Engel Gottes, führe
immer mich an deiner Hand,
dass ich nicht den Weg verliere
in das ew'ge Heimatland.
Lasse mich auf Jesus schauen,
seine Worte recht versteh'n,
seiner Gnade fest vertrauen,
seine heil'gen Wege geh'n.
Schütze mich vor jeder Sünde
und mein Herz erhalte rein,
dass der Herr mich würdig finde,
eine Wohnung ihm zu sein.
Engel mein, im letzten Streite,
in dem Kampfe mit dem Tod,
weiche nicht von mir und leite
meine Seele hin zu Gott. Amen.

O Gott, gib mir die Gnade, so auf Deinen Wegen zu wandeln, dass mein heiliger Engel mir zur Seite sei. Ich selbst bin blind und sehe nicht, was vor mir liegt. Ich weiß nicht, was mir das Leben bringt, ob ich lange leben oder bald sterben werde. Aber eines weiß ich gewiss: In gesunden und in kranken Tagen, in Freude und Leid, in Jugend und Alter wirst Du mein sein. O Gott der Engel, erbarme Dich meiner! Königin der Engel, bitte für mich! Amen.

Du mein Schutzgeist, Gottes Engel,
weiche, weiche nicht von mir,
leite mich durchs Tal der Mängel
bis hinauf, hinauf zu dir!
Lass mich stets auf dieser Erde
deiner Führung würdig sein,
dass ich immer besser werde,
und mein Herz stets bleibe rein!
Sei zum Kampf an meiner Seite,
wenn mir die Versuchung winkt;
steh mir bei im letzten Streite,
wenn mein müdes Leben sinkt!
Sei in dieser Welt voll Mängel
stets mein Freund, mein Führer hier!
Du mein Schutzgeist, Gottes Engel,
weiche, weiche nicht von mir! Amen.

O heiliger Engel! Du bist von meiner Geburt an mein treuer Beschützer. Dir übergebe ich heute mein Herz; gib es meinem Heiland, dem es allein angehören soll. Du bist mein Beschützer im Leben. Sei auch mein Tröster im Tode! Stärke meinen Glauben, festige meine Hoffnung, entzünde in mir die göttliche Liebe! Erlange mir, dass mich das vergangene Leben nicht ängstige, das gegenwärtige nicht beunruhige, das künftige nicht erschrecke! Stärke mich im Todeskampf, ermuntere mich zur Geduld, erhalte mich im Frieden! Erwirke mir die Gnade, dass meine letzte Speise das Brot der Engel sei, meine letzten Worte: Jesus, Maria, Joseph, mein letzter Atemzug ein Hauch der Liebe und deine Gegenwart mein letzter Trost! Amen. hl. Franz von Sales

Heiliger Engel Gottes, von Gott mit meinem Schutz betraut, ich sage dir Dank für alle Wohltaten, die du mir an Leib und Seele jemals erwiesen hast.

Ich lobe und verherrliche dich, weil du mir so getreu beistehst und mich gegen alle Angriffe der Feinde beschützest.

Gebenedeit sei jene Stunde, in der du mir zum Schutz gegeben und zu meinem Verteidiger bestimmt wurdest. Gebenedeit sei deine Liebe zu mir und all deine Fürsorge, mit der du nicht aufhörst, mein Heil zu fördern.

Ich bitte dich, mir zu verzeihen, dass ich so oft deinen Einsprechungen widerstrebt und dadurch dich, meinen liebevollen Freund betrübt habe. Ich nehme mir für die Zukunft fest vor, dir zu gehorchen und Gott treu zu dienen. Amen. hl. Gertrud

Mein hilfreicher, guter Engel, dem Gott die Not meines Lebens und meiner Seele ans Herz gelegt hat, sieh her, wie ich hier knie. Bitte Gott mit deiner ganzen Kraft, dass er mir barmherzig sei und dieses Kreuz von mir nehme oder doch erleichtere, dass ich nicht darunter zerbreche. Zeige mir in deiner Güte die Tür des himmlischen Vaterhauses, wo alle Not ein Ende hat. Erbitte mir die Kraft, den Weg des Kreuzes zu gehen, wie lange Gott will und wie Gott will und wohin Gott will. Amen.

Heiliger Schutzengel mein,
lass mich dir empfohlen sein.
In allen Nöten steh mir bei
und halte mich von Sünden frei.
Tag und Nacht, ich bitte dich,
beschütz', regier' und leite mich.
Hilf mir leben gut und fromm,
dass ich zu dir in den Himmel komm! Amen.

Allmächtiger, ewiger Gott, der Du in Deiner unaussprechlichen Güte allen Menschen vom Mutterschoß an zum Schutz des Leibes und der Seele einen besonderen Engel gesandt hast, verleihe mir gnädig, meinem heiligen Engel so treu zu folgen und ihn so zu lieben, dass ich durch Deine Gnade und unter seinem Schutz zur himmlischen Seligkeit gelange, um dort mit ihm und allen heiligen Engeln Dein göttliches Angesicht zu schauen. Durch Christus, unseren Herrn. Amen.

Du mein besorgter Führer, den Gott mir Schwachem gegeben, heiliger Schutzengel, mein Behüter und Tröster, mein Lehrer und Ratgeber, ich danke dir für deine Treue und Liebe und bitte dich, du wollest auch fortan an meiner Seite bleiben und mir in allen Anliegen ein himmlischer Freund und Helfer sein. Wenn ich schlafe, so wache bei mir; wenn ich wache, so leite meine Schritte; bin ich traurig, so tröste mich; bin ich schwach, so stärke mich; in Gefahren errette mich; in Zweifeln berate mich; vor der Sünde bewahre mich; zum Guten treibe mich; im Stande der Gnade erhalte mich; vor einem jähen Tod behüte mich; im Dunkel dieser Welt erleuchte und führe mich; in meiner Unwissenheit belehre mich; in der Stunde des Todes stehe mir bei und nimm auf meine Seele, um sie in die himmlische Wohnung zu geleiten, damit sie mit dir vereint in der Anbetung des allergütigsten Vaters im Himmel selig sei. Amen.

Gebet einer Mutter

Ihr heiligen Schutzengel, ihr treuen gottbefohlenen Freunde meiner Kinder, ich wende mich vertrauensvoll an euch.

Erfleht mir vor allem die Gnade, dass ich sie alle für Gott und für den Himmel erziehe. Beschützt sie, wo mein Auge sie nicht überwachen kann. Begleitet sie, wohin ihnen mein Fuß nicht folgen kann. Warnt sie, wo meine Stimme nicht zu ihnen dringt. Führt und rettet sie für den Himmel! Gott lohne eure Liebe! Amen.

Heiliger Engel, du treuester aller Freunde, dir habe ich meine Hand gegeben, mich zu führen! Wenn es weglos wird, sei du mein Kompass, wenn es dunkel um mich wird, sei du mein Licht! Wenn ich den Halt verliere, sei du der stützende Arm und wenn ich verzage, sei du das starke Herz in mir und sage: Bleibe nur ruhig, Gott ist ja in dir und Maria, deine Mutter, hat ihren Schutzmantel um dich gebreitet, damit du sicher und ungefährdet, voll Zuversicht das Ziel, die himmlische Herrlichkeit, erreichst! So will ich getrost mit dir, heiliger Engel, meinen Weg weitergehen! Amen.

O Engel rein, o Schützer mein,
du Führer meiner Seele,
lass mich dir anbefohlen sein,
dass ich vor Gott nicht fehle!

Bei hellem Tag, bei finst'rer Nacht
dein Licht in mir lass scheinen;
halt' über mich getreue Wacht,
mein Herz lenk' nach dem deinen.

Trag' mein Gebet zu Gottes Thron
und fleh' für meine Sünden;
durch seinen eingebor'nen Sohn
hilf mir Verzeihung finden!

Errette mich von Satans Macht,
von Fleisches Lust befreie;
mir gegen Welt und eitle Pracht
die rechte Waffe leihe!

Weck' mich aus meiner Trägheit auf,
zum Eifer mich antreibe;
halt' vor, wie kurz des Lebens Lauf;
den Tod ins Herz mir schreibe!

Beschütze mich im letzten Streit,
wenn Leib und Seel' sich scheiden;
und führe mich nach dieser Zeit
zu ew'gen Himmelsfreuden. Amen.

Erhabener Hüter meiner Seele, du, der leuchtet in dem schönen Himmel wie eine zarte und reine Flamme, nahe dem Thron des Ewigen, du kommst für mich auf diese Erde und erleuchtest mich mit deinem Schein. Schöner Engel, du bist mein Bruder geworden, mein Freund, mein Tröster.

Wissend meine große Schwäche, führst du mich an der Hand. Und ich sehe dich, voll Zärtlichkeit räumen den Stein vom Wege. Immer lädt mich deine liebe Stimme ein, nur die Himmel zu schauen; je mehr du mich niedrig und klein siehst, um so strahlender ist dein Angesicht.

O du, der durcheilt den Raum, schneller als die Blitze, flieg' recht oft an meiner Stelle hin zu denen, die mir teuer sind! Mit deinem Flügel trockne ihre Tränen! Singe, wie gut Jesus ist! Singe, wie Leiden hat Freuden! Und ganz heimlich flüstere meinen Namen.

Ich will in meinem kurzen Leben retten meine Brüder, die Sünder. O schöner Bote des Vaterlandes, gib mir deine heiligen Gluten! Ich habe nichts als meine Opfergaben und meine schmucklose Armut. Vereint mit deinen reinen Wonnen, bringe sie dem dreieinigen Gott!

hl. Theresia vom Kinde Jesus

Reisegebete

Gott, Du gabst Deinem Diener Tobias den heiligen Erzengel Raphael als Begleiter auf dem Weg; verleihe uns, Deinen Dienern, die Gnade, dass wir immer durch seinen Beistand gesichert seien. Durch Christus, unseren Herrn. Amen.

O Gott, der Du die Kinder Israels trockenen Fußes mitten durch das Meer geführt und den drei Weisen durch das Voranleuchten des Sternes den Weg zu Dir gezeigt hast, wir bitten Dich, verleihe uns eine glückliche Reise und ruhiges Wetter, damit wir unter Begleitung Deiner heiligen Engel zu dem Ort, nach dem wir trachten, und endlich zum Gestade der ewigen Seligkeit gelangen mögen.
Erhöre gnädigst, o Herr, unser Flehen und lenke die Schritte Deiner Diener in der Wohlfahrt Deines Heiles, damit sie inmitten aller Unbeständigkeit dieser irdischen Pilgerfahrt stets Deinen göttlichen Schutz genießen.
Verleihe, wir bitten Dich, allmächtiger Gott, dass Deine Familie auf dem Weg des Heiles wandle, damit sie den Mahnungen des heiligen Vorläufers Johannes folgend, sicheren Schrittes

zu dem gelange, den dieser verkündet hat, zu unserem Herrn Jesus Christus, Deinem Sohn, der mit Dir lebt und herrscht in der Einheit des Heiligen Geistes, Gott, von Ewigkeit zu Ewigkeit. Amen.

Auf den Weg des Friedens und der Wohlfahrt leite uns der allmächtige und barmherzige Gott, und der heilige Erzengel Raphael sei unser Reisegefährte, damit wir im Frieden, in Gesundheit und Freude in unsere Heimat zurückkehren. Amen.

Sankt Gabriel mit Maria,
Sankt Raphael mit Tobias,
Sankt Michael mit den himmlischen Scharen,
beschützet uns vor Unglück und Gefahren.
Amen.

IN DER OBHUT DES HEILIGEN JOSEPH

„Ob seiner Treue und Ergebenheit hat Gott ihn geheiligt und auserkoren aus allen Menschen.“ (Sir 45, 4)

Zu dir, heiliger Joseph, nehmen wir in der Trübsal unsere Zuflucht. Wir haben deine heilige Braut um ihre Hilfe angerufen, nun bitten wir auch dich vertrauensvoll um deinen väterlichen Schutz. Um der Liebe willen, die dich mit der unbefleckten Jungfrau und Gottesmutter verbunden hat, um der väterlichen Liebe willen, mit der du das Jesuskind umfangen hast, bitten wir dich flehentlich: Schau gütig herab auf die Kirche, die Jesus Christus durch sein Blut sich erworben hat, und komm unsren Nöten durch deine Macht zu Hilfe. Nimm, o fürsorglicher Beschützer der heiligen Familie, die auserwählten Kinder Jesu Christi unter deine Obhut. Liebreicher Vater, halte fern von uns jede Ansteckung durch Irrtum und Verderbnis. Du starker Beschützer, steh uns vom Himmel aus gnädig bei in unserem Kampf mit der Macht der Finsternis. Wie du einst den Knaben Jesus aus der höchsten Lebensgefahr gerettet hast, so verteidige jetzt die heilige Kirche Gottes wider alle Nachstellungen ihrer Feinde und gegen jede Widerwärtigkeit! Jeden aus uns nimm unter deinen ständigen Schutz, dass wir nach deinem Beispiel und mit deiner Hilfe heilig leben, fromm sterben und die ewige Seligkeit im Himmel erlangen. Amen. Leo XIII.

Ich grüße dich, o heiliger Joseph, du Sohn Davids, du keuscher Gemahl der glorreichen Jungfrau Maria, du Nährvater unseres Herrn Jesus Christus. Guter, heiliger Joseph, bitte für uns, deine Kinder (bitte für unsere Familie), die sich deiner Obhut und deinem mächtigen Schutz anvertrauen. Amen.

Heiliger Joseph, du reinster Bräutigam der Jungfrau Maria, mein liebevoller Beschützer! Denke daran, man hat noch nie gehört, dass einer, der deinen Beistand anrief, der zu dir um Hilfe flehte, ohne Trost geblieben ist. Mit diesem Vertrauen komme ich zu dir und empfehle mich mit Inbrunst dir an. Verschmähe meine Bitten nicht, Pflegevater des Heilands, nimm sie in Güte auf! Amen. sel. Pius IX.

Heiliger Joseph, Vater mein, lass mich dir empfohlen sein, du der Kirche Schutzpatron, bitte deinen Pflegesohn, er wolle Satans Macht beschränken, der wahren Kirche Freiheit schenken, die Jugend vor Verführung wahren in so vielen Nöten und Gefahren. Er wolle uns behüten und beschützen, auf dass die Bösen uns nicht rauben das größte Gut, den heil'gen Glauben. Bitte, bitte für die Kinder, bitte für die armen Sünder, bitte für den Priesterstand, bitte für das Vaterland, bitte für die armen Heiden, bitt' für mich beim letzten Scheiden. Amen.

aus Südtirol

Heiliger Joseph, Nährvater Jesu Christi und wahrer Bräutigam der seligsten Jungfrau Maria, bitte für uns und für die die Sterbenden dieses Tages (dieser Nacht). Amen.

hl. Pius X.

Heiliger Joseph, tritt durch deine Fürbitte, durch dein Gebet für uns ein bei deinem Pflegesohn! Hilf, dass auch deine Braut, die heilige Jungfrau, uns gewogen ist! Sie ist die Mutter Jesu, der mit dem Vater und dem Heiligen Geist lebt und als König herrscht ohne Ende in alle Ewigkeit. Amen.

hl. Bernhardin von Siena

Lieber, heiliger Joseph! Dir will ich mich weihen. Nimm meine Hingabe gütig auf! Ich schenke mich dir ganz. Du sollst allezeit mein Vater, mein Beschützer und mein Führer sein auf dem Weg des Heils. Erflehe mir eine große Reinheit des Herzens und eine starke Hinneigung zum inneren Leben! Gib, dass so wie bei dir alle meine Handlungen die größere Ehre Gottes zum Ziel haben, dass ich vereinigt bleibe mit dem göttlichen Herzen Jesu, mit dem unbefleckten Herzen Mariä und mit dir, heiliger Joseph! Schließlich bitte für mich, dass auch ich einmal den Frieden und die Freude verkosten darf, die du bei deinem seligen Hinscheiden genießen durftest. Amen.

Leo XIII.

Ich grüße dich, o heiliger Joseph, du Nährvater Jesu Christi und Bräutigam der allerseligsten Jungfrau und Gottesmutter Maria. Voll Vertrauen bitte ich dich, stehe mir bei in den Sorgen und Leiden, die mich bedrängen. Vor allem erflehe mir von Gott die Gnade, dass er voll Erbarmen die drückende Last dieser Beschwerde N. N. von meinen Schultern nehme, und mir diese Gnade N. N. gütigst gewähre, wenn es sein heiligster Wille ist. O heiliger

Joseph, blicke auf mein betrübtes Herz, sieh mich von allen verlassen hier knien und dich um Hilfe anflehen. Lass mich nicht die Bürde wieder mitforttragen, sondern verleihe, dass ich von mir selber befreit, dir mit getröstetem Herzen für deine liebevolle Fürbitte innigst Dank sagen kann. Amen.

Vater unser. Gegrüßet seist du, Maria. Ehre sei dem Vater.

Jungfräulicher Vater Jesu, reinster Bräutigam Mariä, Sankt Joseph, bitte Tag für Tag für uns bei Jesus, dem Sohne Gottes! Seine Kraft und Gnade soll uns stärken, dass wir siegreich streiten im Leben und die Krone von ihm erhalten im Sterben. Amen. hl. Pius X.

Guter Vater im Himmel, Du hast den heiligen Joseph zum Nährvater Deines Sohnes auserwählt, damit er ihm seine Liebe schenke und ihn vor allen Gefahren schütze.

Wir bitten Dich, lass durch die Fürbitte des heiligen Joseph das Reich Deines Sohnes in unserer Welt und in unseren Herzen wachsen und gedeihen.

Schenke uns den Nährvater Deines Sohnes als Helfer bei allen Werken der Verkündigung seiner Frohbotschaft.

Wir vertrauen auf Deine wunderbare Hilfe auf die Fürbitte des heiligen Joseph hin.

Erfülle alle mit Deiner unendlichen Liebe, die sich für das Kommen Deines Reiches einsetzen. Amen.

Heil'ger Joseph, ich befehle
Freund' und Feinde, Hab und Gut,
meinen Leib und meine Seele
voll Vertrauen deiner Hut.
Bin dein Kind,
o hab Erbarmen,
trag' auch mich auf deinen Armen,
darauf das Gotteskind geruht. Amen.

In großer Not

O guter heiliger Joseph, dich hat noch keiner vergebens angerufen. Deine Arme sind stets offen, alle jene aufzunehmen, die in Nöten zu dir flehen. Wirf auch einen Blick des Mitleids auf mein großes Elend. Du kennst es ja. Du kennst auch die schwere Prüfung, unter der ich leide und die Bitterkeit, von der mein Herz erfüllt ist. Ich weiß es, ich habe diese Leiden, dieses schwere Kreuz durch meine Sünden verdient. Ich bereue meine Sünden von ganzem Herzen.

Aber dich, o heiliger Joseph, dessen Einfluss bei Gott so groß ist, bitte ich demütig, lege Fürsprache für mich ein bei deinem göttlichen Pflegesohn. Sei du mein Anwalt bei ihm. Dir wird und kann er die Bitte nicht abschlagen, wenn du für mich eintrittst. Deshalb vertraue ich zuversichtlich, dass du mir in meiner großen Not zu Hilfe kommen wirst.
In Demut und Inbrunst bitte ich dich, guter heiliger Joseph, schaue auf mich und erhöre die Seufzer meines Herzens. Gewähre meinem inständigen Flehen Erhörung. Ich gehe nicht weg von dir, bis du mich erhört und mir deinen Beistand bei Gott versprochen hast. Guter Vater Joseph, hilf mir und segne mich! Amen.

Hausweihe

O heiliger Joseph, du halt' haus
und gieß' des Himmels Segen aus,
hier über unsern kleinen Herd,
dass Lieb' und Eintracht stets sich mehrt,
dass Fried' und Freude uns begleit'
und Gottesfurcht uns steh zur Seit',
dass unser Weg zum Himmel führ',
und unser Tun die Tugend zier'.
Das ist heute meines Herzens Bitt':
O sei und bleib in unsrer Mitt'!

Dir geb ich heut' mit frohem Blick
den Schlüssel zu des Hauses Glück.
O schließe du doch alles aus,
was schaden könnte unserm Haus.
Schließ' all die Meinen und auch mich
in Jesu Herz, das bitt' ich dich!
Dass hier uns jeder Tag vergeht
wie dir im Haus zu Nazareth! Amen.

Ruhmreicher heiliger Joseph! Du wurdest von Gott erwählt zum Nährvater Jesu, zum reinsten Bräutigam der stets unversehrten Jungfrau Maria, zum Haupt der heiligen Familie. Vom Stellvertreter Christi wurdest du bestellt zum himmlischen Patron und Schutzherrn der von Christus gestifteten Kirche. Mit größtem Vertrauen bitte ich dich heute um deinen wirksamen Schutz für die ganze streitende Kirche. In deiner wahrhaft väterlichen Liebe schirme in besonderer Weise den Heiligen Vater und alle Bischöfe und Priester, die mit dem heiligen Stuhl Petri in Verbindung stehen. Nimm dich aller an, die inmitten der Leiden und Trübsale dieser Zeit am Heil der Seelen arbeiten! Gib, dass alle Völker der Erde willig sich der Kirche fügen! Sie ist ja für alle zum Heil unumgänglich notwendig. Amen. Leo XIII.

Du Schützer jungfräulicher Seelen, deiner treuen Obhut wurde Jesus Christus, die Unschuld selbst, und Maria, die Jungfrau der Jungfrauen, anvertraut. Um dieser beiden teuren Schützlinge, um Jesu und Mariä willen bitte ich inständig: Bewahre mich vor jeder Unreinheit und hilf mir, dass ich stets makellos, rein an Seele und Leib, in vollkommener Keuschheit Jesus und Maria diene! Amen.

sel. Pius IX.

Heiliger Joseph, mein innigstgeliebter Beschützer! Ich bringe dir diesen Erweis meiner Verehrung, meiner Liebe und meines kindlichen Vertrauens dar. Empfange und segne meinen aufrichtigen Vorsatz, dir während dieses Tages, wenn sich Gelegenheit bietet, neue Verehrer zu gewinnen. Ich hoffe dafür von deiner Güte, dass du heute (diese Nacht) über mich und über all jene wachen wirst, welche mit mir den Entschluss teilen, dich zu verehren. Bewahre uns vor der Sünde und komme uns in allen Verhältnissen des Lebens, namentlich aber in den Todesnöten zu Hilfe. Erwirke mir endlich die besondere Gnade, um die ich dich ganz besonders bitte.

O Gott, Du hast mir den heiligen Joseph zum Fürsprecher und Beschützer gegeben. Ich bezeuge Dir hierfür meinen lebhaften Dank, und ungeachtet meiner Unwürdigkeit hege ich die Hoffnung, dass Du mein Gebet um der Ehre seines Namens willen erhören wirst. Amen.

Joseph, dem die höchsten Güter
Gott der Vater anvertraut,
des Erlösers treuer Hüter,
Bräutigam der Gottesbraut!
Du, der Kirche Schutzpatron,
fleh' für uns am Gottesthron!
Joseph, sieh, von allen Seiten
wird die Braut des Herrn bedroht;
Satan und sein Anhang streiten
wider Gott und sein Gebot.
Blick', o Schutzpatron, hernieder!
Schirm' der Kirche Haupt und Glieder!
Joseph, führe die Verirrten
wieder auf den rechten Pfad!
O beschütze Herd' und Hirten,
wenn Gefahr und Drangsal naht!
Schirm' der Unschuld zarte Blüten,
wenn ringsum die Stürme wüten!
Reich' uns deine Vaterhand,
wenn wir geh'n ins Heimatland! Amen.

Heiliger Joseph, nimm unser Haus
und mach ein Nazareth daraus,
wo Jesus mög' zu finden sein,
und gern die Engel kehren ein,
wo uns Mariens Aug' bewacht,
mit Mutterlieb' und Muttermacht.
Heiliger Joseph, nimm unser Haus
und mach ein Nazareth daraus!

Um die Heiligung der täglichen Arbeit

Glorreicher heiliger Joseph! Du Vorbild aller, deren Anteil hienieden die Arbeit ist, erlange mir die Gnade, im Geiste der Sühne zu arbeiten, um meine vielen Sünden abzubüßen. Lass mich gewissenhaft arbeiten, indem ich die Pflichterfüllung meinen natürlichen Neigungen vorziehe, lass mich mit Dank und Freude arbeiten, indem ich meine Ehre darein setze, die von Gott empfangenen Talente zu verwerten und weiterzuentwickeln. Lass mich arbeiten mit Ordnung, Ruhe, Mäßigung und Geduld, ohne je vor Ermüdung oder Schwierigkeiten zurückzuschrecken. Ganz besonders aber erbitte mir die Gnade, dass ich der Arbeit in reiner Absicht und Selbstentäußerung obliege. Lass mich stets den Tod und die Rechenschaft vor Augen haben, welche ich über

die verlorene Zeit, über die nicht angewandten Talente, über das unterlassene Gute und über alles eitle, der Ehre Gottes so nachteilige Wohlgefallen an den erzielten Erfolgen ablegen muss.
Alles für Jesus, alles für Maria, alles nach deinem Beispiel, o heiliger Patriarch Joseph, dies sei meine Losung im Leben und im Tode. Amen.

O heiliger Joseph, du hast uns als Haupt der heiligen Familie ein so herrliches Vorbild gegeben. Wir danken dir dafür und verehren dich mit der heiligen Kirche als Stütze der Familien. Schaue huldvoll auf die christlichen Familien, die wir deiner besonderen Obhut empfehlen.

Lass sie ein Hort des Glaubens und der Frömmigkeit sein, eine Heimstatt der Eintracht, des Friedens und der Liebe. Hilf du ihnen, dass sie immer mehr der heiligen Familie ähnlich werden, für die du so liebevoll gesorgt hast. Heiliger Joseph, bitte für uns und schütze unsere Familien. Amen.

Um eine gute Sterbestunde

O heiliger Joseph, du liebevoller Nährvater unseres Herrn Jesus Christus. Ich bitte dich voll Vertrauen: Nahe du mit Jesus und Maria tröstend und schützend meinem Sterbelager, wenn ich mit dem Tode ringe. Beschütze mich gegen die letzten Anfechtungen des Versuchers, vermehre meinen Glauben, erhebe meine sinkende Hoffnung, entflamme mein Herz in Liebe und Sehnsucht nach Jesus, lass mich mit heiliger Andacht diese drei gebenedeiten Namen aussprechen. Erflehe mir die Gnade, o heiliger Joseph! Gnade in meiner letzten Stunde. Reue und Verzeihung erbitte ich mir, dass ich ohne Schrecken, ohne Furcht meinem Richter entgegengehen kann. Ich weiß, dass er mich nicht verwerfen wird, wenn sein heiliger Pflegevater für mich um Erbarmung bittet. O Jesus, Maria und Joseph! Euch empfehle ich meinen Leib und meine Seele, mein Leben und meinen Tod. Auf euch vertraue ich in unerschütterlicher Zuversicht in der Stunde des Todes. Ach, steht mir bei, wenn meine Sinne vergehen, wenn die Zunge nicht mehr stammeln kann, dann denke ich noch: Jesus, Maria und Joseph! Und mein letzter Atemzug spreche euere heiligsten Namen aus: O Jesus, Maria und Joseph! Amen.

UM DIE FÜRSPRACHE DER HEILIGEN

„Wunderbar ist Gott in seinen Heiligen; der Gott Israels selbst wird seinem Volk Kraft und Stärke geben. Gepriesen sei Gott!“ (Ps 67, 36)

Zum hl. Aloisius

Glorreicher, heiliger Aloisius, ich bitte dich demütig, mich in deinen Schutz zu nehmen und mir die Hilfe des göttlichen Heilandes zu sichern, damit ich während dieses Lebens deine Tugenden nachahmen und einst an deiner Seligkeit im Himmel teilnehmen kann. Amen.

um die Tugend der Keuschheit

O heiliger, mit engelgleicher Tugend gezierter Aloisius! Ich, der unwürdigste deiner Verehrer, empfehle dir in ganz besonderer Weise die Reinheit meiner Seele und meines Leibes. Durch deine Unschuld bitte ich dich, du wollest mich dem unbefleckten Lamm Jesus Christus und seiner heiligsten Mutter, der Jungfrau aller Jungfrauen, empfehlen und mich vor jeder schweren Sünde bewahren. Lass nicht zu, dass ich jemals mit irgendeinem Flecken der Unlauterkeit mich verunreinige, sondern, wenn du mich in Versuchung oder in Gefahr zu sündigen siehst, entferne von meinem Herzen alle unreinen Gedanken und Neigungen. Belebe dann wieder in mir das Andenken an die Ewigkeit und an Jesus, den Gekreuzigten, und präge das Gefühl der heiligen Furcht Gottes tief in mein Herz. Entflamme in mir das Feuer der göttlichen Liebe, damit ich durch deine Nachfolge auf Erden verdienen möge, im Himmel Gott mit dir zu genießen. Amen.

Heiliger Aloisius, in der Kraft der göttlichen Gnade und in der Festigkeit des eigenen Wollens gingst du mit Jesus und Maria den Weg zum Vater. Unbedingtes Nein zur Sünde und hochherziges Ja zum Anruf des Heiligen Geistes, vertraute Freundschaft mit dem eucharistischen Heiland und innige Marienverehrung, das war dein Weg zur Heiligkeit. Heiliger Aloisius, erbitte auch mir Starkmut und Kraft zu christlichem Heldentum. Hilf mir, wie du, in der Kraft der heiligen Kommunion und unter dem Schutz der unbefleckten Jungfrau Maria stets um die Reinheit der Seele und des Leibes zu kämpfen. Amen.

Zur hl. Mutter Anna

Tausendmal grüße ich dich, o liebreichste Mutter, heilige Anna, mit deiner liebsten Tochter Maria, mit deinem Enkel Jesus Christus! Ich empfehle mich euch heute und alle Tage meines Lebens, in allen Versuchungen und Gefahren, besonders aber in der Stunde meines Todes. Jetzt und immer lasst mich die Kraft eures Schutzes erfahren und bewahrt meine Seele vor allen Anfechtungen des bösen Feindes und vor jeder Sünde. Amen.

für Mütter in Erwartung

Glorwürdige Mutter Anna, der gütige Gott hat dich zu einer mächtigen Fürsprecherin für die gesegneten und hoffenden Mütter bestellt. Inständig bitte ich dich, segne mich und mein Kind, das ich unter meinem Herzen trage, damit Gott es reichlich beschenke mit guten Anlagen. Im Bewusstsein, dass ich verantwortlich bin für mein Kind, flehe ich um deine Hilfe. Erbitte mir ein tugendhaftes Leben, ein heiliges Beten und ein frommes Denken. Heilige Mutter Anna, stehe mir bei in der schweren Stunde der Geburt meines Kindes! In jener Stunde erfülle mich mit starker Geduld und opfervoller Liebe zu Gott! Lass mein Kind dann recht bald durch die heilige Taufe ein Kind Gottes werden und durch gute Erziehung ein treues Glied der heiligen Kirche. Heilige Mutter Anna, ich vertraue auf dich! Amen.

für ein verirrtes Kind

Heilige Mutter Anna, du hast an deinem heiligen Kind höchsten Trost und reinste Freude erlebt. O wäre doch auch ich so glücklich, an all meinen Kindern Freude zu erleben! Schwer drückt mich die Sorge um mein verirrtes Kind N. Ich bange darum, dass es noch tiefer in die Sünde verstrickt wird und dadurch in Gefahr kommt, auf ewig verloren zu gehen. Wie gerne würde ich alles tun, um mein Kind zu retten! Möchten meine Worte, mein Flehen und mein Opfern nicht vergebens sein! Darum empfehle ich dieses mein unglückliches Kind deinem Schutz, heilige Mutter Anna. Höre nicht auf, für mein Sorgenkind zu bitten, bis es zur Einsicht, zu wahrer Reue und rechter Besserung seines Lebens gelangt ist. Durch dein allerseligstes Kind Maria, das beste aller Kinder, bitte ich dich, teure Mutter Anna, rette mein verirrtes Kind und lass es nicht verloren gehen! Amen.

Zum hl. Antonius von Padua

Großer heiliger Antonius! Die herrlichen Wunder, die du wirktest, verschaffen dir hohen Ruhm. Du durftest unseren Herrn in Gestalt eines Kindes in deine Arme schließen. Erwirke mir von seiner Güte die Gnade, um die ich dich von ganzem Herzen bitte. Du warst so gut gegen die armen Sünder. Schau nicht auf die Fehler dessen, der zu dir ruft! Denke vielmehr an die Ehre Gottes! Sie soll aufs Neue vermehrt werden durch dich. Denke an das Heil meiner armen Seele! Mir ist so viel gelegen an der Bitte, die ich so angelegentlich dir vortrage. Zum Beweis meiner Dankbarkeit verspreche ich dir, ich will mich in Zukunft getreuer an die Lehren des Evangeliums halten, ich will mein Leben dem Dienst der Armen weihen. Du hast sie so sehr geliebt und liebst sie noch. Segne mein Versprechen und hilf mir, es treu zu halten bis zum Tod! Amen. Leo XIII.

Zum hl. Ignatius von Láconi

Patron von Müttern in sorgenvoller Erwartung

Heiliger Bruder Ignatius, du bist so vieler Not und großen Sorgen begegnet. Schmerzen hast du gestillt, Tränen getrocknet, in bangende Herzen den Sonnenstrahl reiner Freude gesenkt und in deinem Leben ungezählte Wunder gewirkt. Den Kindern warst du treuer Schutzengel, den Trauernden starker Tröster, den Sündern kluger Mahner, den Kranken wundertätiger Helfer.

Besonders hast du mit deiner verstehenden Liebe und großen Wunderkraft gesegnete und bangende Mütter beglückt. Heiliger Gottesfreund, ich komme mit unbegrenztem Vertrauen zu dir und lege in deine verklärten Wunderhände meine Sorge und mein Bangen um das Kind, das ich unter dem Herzen trage. So vielen Müttern hast du einstens wunderbar geholfen. Heute vermagst du am Herzen Gottes noch viel mehr.

Beschütze, segne und erhalte unter meinem Herzen mein Kind, damit es wohlbehalten und glücklich geboren und in der heiligen Taufe zum Gotteskind begnadet werde! Amen.

Vater unser. Gegrüßet seist du, Maria. Ehre sei dem Vater.

Zum hl. Joachim

Du großer Heiliger, den Gott auserwählt hat, um der Vater derjenigen zu sein, welche den eingeborenen Sohn Gottes gebären und daher als Königin des Himmels und der Erde anerkannt werden sollte, gewähre mir, so flehe ich, deine mächtige Fürsprache bei Jesus und Maria. Erlange mir durch sie eine zarte und feste Andacht und die Gnade, in ihrer heiligen Liebe zu leben und zu sterben. Amen.

Zum hl. Apostel Johannes

Glorreicher Apostel, wegen deiner jungfräulichen Reinheit wurdest du so sehr von Jesus geliebt, dass du verdientest, dein Haupt an sein göttliches Herz zu legen und an seiner Statt als Sohn seiner heiligsten Mutter hinterlassen zu werden. Ich flehe zu dir, entzünde in mir eine recht lebendige Liebe zu Jesus und zu Maria! Erlange mir vom Herrn, ich bitte dich, dass auch ich, im Herzen rein von weltlichen Begierden, würdig werde, hier auf Erden als treuer Jünger stets mit Jesus vereinigt zu sein, Maria als ergebener Sohn allzeit anzugehören und dann ewig mit ihnen im Himmel vereinigt zu bleiben. Amen.

Zum hl. Apostel Judas Thaddäus

in aussichtslosen Anliegen

O heiliger Judas Thaddäus, du Verwandter Jesu Christi, du glorreicher Apostel und Martyrer, herrlich an Tugenden und Wundern, ein getreuer, schneller Fürsprecher aller derjenigen, die dich ehren und auf dich vertrauen, du bist ein großer Patron und Helfer in schweren Anliegen. Deshalb komme ich zu dir und flehe zu dir aus tiefstem Herzensgrund, komme mir zu Hilfe mit deiner mächtigen Fürsprache; denn du hast von Gott das Vorrecht erhalten, denjenigen mit augenscheinlicher Hilfe beizustehen, welche fast an aller Hoffnung verzweifeln. Blicke herab auf mich! Mein Leben ist ein Leben des Kreuzes, meine Tage sind Tage der Trübsal und mein Herz ist ein Meer von Bitterkeit. Alle meine Pfade sind mit Dornen bestreut, und kaum ein Augenblick vergeht, der nicht Zeuge meiner Tränen und Seufzer wäre. Dazu kommt noch, dass mein Geist oft in düstere Gedanken versenkt ist. Unruhe, Kleinmut, Misstrauen, ja manchmal selbst eine Art Verzweiflung wollen sich meiner Seele bemächtigen. Die Vorsehung scheint meinen Augen entschwunden und der Glaube ist wie wankend in meinem

Herzen. In diese Gedanken versenkt, sehe ich mich wie von einer schwarzen Wolke umgeben. Du kannst mich nicht in dieser traurigen Lage lassen. Ich gehe nicht von dir, bis du mich erhört hast. Eile mir doch zu Hilfe. Ich will dir mein Leben lang dankbar sein, dich als meinen besonderen Patron verehren, ich will Gott für deine Gnaden danken und deine Verehrung nach Kräften fördern. Amen.

Zur hl. Maria Goretti

um die Reinheit des Herzens

Heilige Maria Goretti, du Liebhaberin der Reinheit, jedes wüste Wort hast du gemieden wie eine gefährliche Krankheit. Dein ganzes Tun war edel und rein, würdiges Gefäß des Heilandes wolltest du sein. Lass mich werden, wie du warst: rein in Gedanken, edel in Worten, sittsam im Benehmen. Zeige mir, was schön ist! Schütze in mir, was das Schönste ist! Amen.

Zum heiligen Namenspatron

Zur dir, o heilige(r) N., den/die ich in der heiligen Taufe als meine(n) besondere(n) Patron(in) empfangen habe, nehme ich meine Zuflucht und bitte dich, du wollest mich als dein Pflegekind bewahren und nimmer verlassen. Auf dich setze ich mein besonderes Vertrauen. Führe und leite mich in den Fußstapfen deiner Tugenden, auf dass ich einen gottseligen Wandel führe und meinem Stand gemäß stets rein und gottgefällig lebe. Wende ab alle Gefahren des Leibes und der Seele und stehe mir bei zu allen Zeiten, besonders in der Stunde meines Todes, damit ich der gewünschten Anschauung Gottes mit dir mich ewig erfreuen möge. Amen.

Mein(e) himmlische(r) Patron (Patronin)! Mit Dank trage ich deinen Namen. Bitte ohne Unterlass für mich bei Gott! Stärke mich im Glauben, kräftige mich in der Tugend, schütze mich im Kampf, damit ich den bösen Feind überwinde und die ewige Herrlichkeit erlange. Öffne meine Seele immer mehr für die Liebe, auch wenn es Opfer kostet. Die Liebe Gottes ist ja jedes Opfer wert. Amen.

Zum hl. Papst Pius X.

O heiliger Papst Pius, du bist der treue Knecht deines Herrn, der demütige und treue Jünger des göttlichen Meisters. Als Hirt der Herde Christi wurdest du befunden in trüben wie in frohen Tagen, in Mühsal und Sorge. Wende deinen Blick zu uns. Mühevoll ist die Zeit, in der wir leben, hart ist die Leistung, die sie von uns fordert. Deiner Hirtensorge war einst die Braut Christi anvertraut, sie ist erneut von schweren Nöten heimgesucht. Zahllose Gefahren für Leib und Seele bedrohen ihre Kinder. Einem brüllenden Löwen gleich schleicht der Geist der Welt einher und sucht, wen er verschlingen könne. Nicht wenige fallen ihm zum Opfer. Augen haben sie und sehen nicht, Ohren haben sie und hören nicht. Sie verschließen ihre Augen dem Licht der ewigen Wahrheit, sie hören allein auf die süß lockenden Stimmen trügerischer Versprechungen. Einst bist du der große Erwecker und Führer des Gottesvolkes gewesen. Sei nun Hilfe und Beistand uns und allen, die sich zur Nachfolge Christi bekennen. Dein Herz brach, als es sah, wie die Welt sich in blutigen Kampf stürzte. So eile der Menschheit zu Hilfe, hilf der Christenheit, die heute einer ähnlichen Gefahr ausgesetzt ist. Erflehe uns von der göttlichen Barmherzigkeit die Gaben eines dauernden Friedens. Damit dieser Friede komme, lass die Herzen zu jenem Geist wahrer Brüderlichkeit zurückkehren, der allein die von Gott gewollte Gerechtigkeit und Eintracht unter die Menschen und Völker zu bringen vermag. Amen. Pius XII.

Zum hl. Philipp Neri

um die Tugend der Keuschheit

Heiliger Philipp Neri, mein glorreicher Beschützer, du hast die weiße Lilie der Reinheit immer mit solchem Eifer unberührt erhalten, dass die Erhabenheit dieser schönen Tugend dir aus den Augen strahlte, deiner Hand entströmte und in deinem Atem duftete. Erlange mir vom Heiligen Geist die Gnade, dass weder die Worte, noch das Beispiel der Sünder jemals Eindruck auf meine Seele zu machen vermögen. Und da ich diesen furchtbaren Feind nur besiegen kann, wenn ich die Gelegenheit zur Sünde meide, Gebet und Wachsamkeit übe und häufig die Sakramente empfange, so erbitte mir die Gnade, in diesen unerlässlichen Übungen auszuharren. Amen.

hl. Kardinal John Henry Newman

Zur hl. Philomena

O treue und glorreiche Martyrerin, heilige Philomena, du wirkst so viele Wunder zugunsten der Leidenden und Betrübten, hab' Erbarmen mit mir. Ich erbitte dein Wohlwollen, du große Heilige! Erlange mir von Gott die Erhörung meiner Bitte, die ich demütig vor dich bringe.

Große Jungfrau und Martyrerin, heilige Philomena, sieh, wie ich bedrängt vor deinem Throne stehe, auf den die heiligste Dreifaltigkeit dich gesetzt hat. Voller Vertrauen auf deinen Schutz bitte ich dich inständig, bei Gott für mich zu beten. Schaue wohlwollend auf mich, da ich dich demütig verehre! Braut Christi, unterstütze mich im Leiden, stärke mich in der Versuchung, beschütze mich in der Gefahr, die mich umgibt, erlange mir die nötigen Gnaden und insbesondere diese (persönliche Bitte). Vor allem steh mir in der Stunde meines Todes bei. Heilige Philomena, du bist mächtig vor Gott, bitte für mich. Heilige Philomena, glorreiche Braut Christi, erlange von Gott alle Gnaden, die ich durch deine Fürbitte erflehe. – Heiliger Pfarrer von Ars, du glühender Verehrer der heiligen Philomena, bitte für uns! Amen.

Zur hl. Rita

in schweren Anliegen, vor allem bei Sorgen in Ehe und Familie

O heilige Rita, von Gott durch Wunder verherrlicht, du besitzest das seltene Vorrecht, die besondere Patronin und Helferin in verzweifelten Fällen zu sein. Mit großem Vertrauen auf die Macht deiner Fürbitte komme ich darum zu dir, um in meinen gegenwärtigen Anliegen dich um Hilfe anzurufen. Habe Mitleid mit mir! Würdige dich, mein Gebet gnädig anzuhören. Bringe es vor den göttlichen Gnadenthron und erwirb mir durch deine eifrige Fürbitte Erhörung in meinem Anliegen. Ich bin zwar wegen meines sündigen Wandels deiner Fürbitte nicht würdig; allein das große Vertrauen, das ich zu dir trage, verdient wohl, dass du dich meiner Sache annimmst. Ich bin gewiss, dass du nicht auf die Verdienste siehst, sondern auf die Not und das Gebet derer, die dich anrufen. So lass denn, o heilige Rita, mein inständiges Bitten dein Herz durchdringen und lass mich nicht ungetröstet von dir scheiden. Ich verspreche dir, zeitlebens deiner Wohltaten eingedenk zu sein und dich stets als meine besondere Patronin zu verehren und zu lieben. Amen.

Zu einem beliebigen Heiligen

Glorwürdiger heiliger (glorwürdige heilige) N.! Mit lebendigem Vertrauen komme ich zu dir und bitte dich in meinem gegenwärtigen Anliegen (in meiner gegenwärtigen Not) um deine gütige Fürsprache und Unterstützung. Während deines Erdenwandels tröstetest und halfst du, soviel es dir möglich war, jetzt aber ist deine Liebe noch edler und vollkommener. Du stehst an der Quelle alles Guten, und groß ist deine Macht über das erbarmungsvolle Herz Gottes. Auch du hattest hienieden mit Sorgen und Trübsalen zu kämpfen und bist deshalb um so eher geneigt, den Bedrängten beizustehen. So komme mir denn zu Hilfe, ich bitte dich um Jesu willen, den du so innig geliebt hast, und von dem du im Himmel so glorreich gekrönt bist. Ich will dir von Herzen dankbar sein, und vor allem will ich mich bestreben, durch Nachahmung deiner Tugenden meinem göttlichen Heiland und dir ähnlicher zu werden. Flehe doch auch unablässig für mich, dass ich dereinst dorthin gelange, wo alles Leid und Weh dieses Tränentales in lautere und ewige Freude verwandelt wird, im Besitz Gottes, des höchsten Gutes, und in der Gesellschaft aller seiner Auserwählten. Amen.

IN VERSCHIEDENEN ANLIEGEN

„Bei den vielen Sorgen in meinem Herzen erquickten Deine Tröstungen meine Seele.“ (Ps 94, 19)

Um die Treue zur Kirche

O Jesus, König und Herr der Kirche, in Deiner Gegenwart bekräftige ich, gehorsam und fest an der Seite Deines Stellvertreters auf Erden, des Papstes, zu stehen und so den treuen und liebevollen Gehorsam nachzuahmen, mit dem Du die Sendung erfülltest, die Dir der Vater anvertraut hat. Du hast gewünscht, uns in ihm den sicheren und klaren Weg zu zeigen, dem wir inmitten aller Verwirrung, Unrast und Unruhe folgen müssen. Ich glaube fest, dass Du uns durch ihn leitest, lehrst und heiligst, und dass wir unter seinem Hirtenstab die wahre Kirche - einig, heilig, katholisch und apostolisch - bilden. Gewähre mir die Gnade, seine Unterweisungen wie ein treuer Sohn zu lieben, zu leben und zu verbreiten. Wache über sein Leben, erleuchte seinen Verstand, stärke seinen Geist, verteidige ihn gegen alle Verleumdungen und gegen alle Bosheit. Bändige die zerstörerischen Winde der Untreue und des Ungehorsams.

Gewähre uns, dass Deine Kirche um ihn herum einig und standhaft im Glauben und Handeln bleibt und so das Werkzeug Deiner Erlösung ist. Amen.

Herr Jesus Christus, erhöht zur Rechten des Vaters! Du hast Deine Kirche dem heiligen Apostel Petrus anvertraut und sie auf ihn, den Felsen, gebaut. Du hast verheißen, dass die Pforten der Hölle diesen Felsen nie erschüttern werden. Wir danken Dir, dass Du auch unserer Zeit einen Nachfolger Petri gegeben hast, der uns katholische Christen lehrt und führt. Wir bitten Dich, erleuchte ihn durch das Licht des Heiligen Geistes. Stärke ihn durch die allmächtige Kraft Deiner Gnade. Deine Kirche lenke er weise und leite alle standhaft auf dem Weg des Heiles. Amen.

Für Bischof und Bistum

Herr Jesus Christus, guter Hirte aller Gläubigen! Du hast in Deiner Kirche die Apostel und ihre Nachfolger zu Hirten bestellt und ihnen Deine Sendung übertragen. In Deinem Namen lehren sie uns und führen uns zu den Quellen des Heiles. In Deinem Namen reichen sie uns das Brot des Gotteswortes und das Brot des ewigen Lebens. Wir bitten Dich für unseren Bischof N.: Erleuchte und stärke ihn, dass er die schweren Pflichten seines verantwortungsvollen Amtes treu erfülle. Gib ihm eifrige Mitarbeiter in seinem Bistum, die sein apostolisches Wirken mit Frömmigkeit und Selbstlosigkeit unterstützen. Erfülle uns mit der tiefen Ehrfurcht, die wir dem Nachfolger der Apostel schulden. Hilf uns, dass wir mit dem Bischof und seinen Priestern gemeinsam arbeiten am Aufbau des Reiches Gottes. So werden wir seine Freude und seine Krone sein. Hirt' und Herde lass einst den Lohn des Himmels erlangen. Amen.

Allmächtiger, ewiger Gott, Du hast für die Leitung Deiner heiligen Kirche und die Glaubenseinheit über uns die Bischöfe gesetzt als Nachfolger der Apostel, als Wächter und Beschützer der Seelen. Gieße aus über sie, so flehen wir inständig zu Dir, eine Gnadenfülle, wirksam genug, dass sie sich immer mehr als gute Hirten bewähren und nutzbringend arbeiten zu Deiner Verherrlichung und unserem Heil, dass sie durch ihr Wort und vor allem durch ihr Beispiel vollkommen alle Pflichten erfüllen, die ihnen aufgetragen sind, dass sie den christlichen Glauben rein von jedem Irrtum bewahren, und dass wir unter ihrer glückbringenden Leitung allezeit leben können in Frömmigkeit, Frieden und christlicher Liebe. Amen.

hl. Petrus Canisius

Um würdige Priester

Jesus, guter Hirte, Du bist gekommen, um zu suchen und selig zu machen, was verloren war. Du hast das Priestertum der Kirche gestiftet, das Dein Werk für alle Zeiten fortsetzen soll. Wir flehen inständig zu Dir: Sende Arbeiter in Deinen Weinberg. Sende würdige Priester in Deine heilige Kirche. Gib, dass alle, die Du von Ewigkeit her zu Deinem Dienst auserwählt hast, Deinem Ruf folgen. Lass aber keinen Unberufenen sich in Dein Heiligtum drängen. Stärke alle Priester in ihrem schweren Beruf. Segne ihre Mühen und Arbeiten. Lass sie das Salz der Erde sein, ein Licht, das allen Gläubigen durch Wort und Beispiel voranleuchtet. Verleihe ihnen Weisheit, Geduld und Festigkeit, damit sie Deine Ehre fördern, Dein Reich in den Herzen der Menschen ausbreiten und die ihnen anvertrauten Seelen zum ewigen Leben führen. Amen.

Allmächtiger, ewiger Gott! Erhöre unser demütiges Gebet und verleihe Deiner Kirche würdige Priester, treue Hirten und eifrige Diener. Ergieße über sie den Segen Deiner Gnade, dass sie stets mit reinem Herzen zu Deinem Altar treten, das heilige Messopfer mit inniger Andacht verrichten, die heiligen Sakramente mit frommem und liebreichem Eifer ausspenden und freudig und mutig Dein heiliges Evangelium verkünden, dabei selbst im standhaften Glauben vor Dir wandeln und durch all ihre Reden und Handlungen Deinem Volk zur Erbauung dienen.

Uns aber verleihe die Gnade, dass wir unseren Seelsorgern Glauben, Vertrauen, Ehrfurcht und Liebe schenken, ihnen ihr Amt nicht erschweren, sondern mit redlichem Eifer mit ihnen mitwirken, als solche, die für unsere Seelen einmal Rechenschaft geben müssen, damit wir nicht durch eigene Schuld verloren gehen. Unter ihrer Leitung führe uns sicher zu den ewigen Freuden des Himmels durch Jesus Christus, Deinen Sohn, unseren Herrn, der mit Dir und dem Heiligen Geist als gleicher Gott lebt und regiert von Ewigkeit zu Ewigkeit. Amen.

Jesus Christus, in Deiner erbarmungsvollen Liebe empfindest Du mit der armen Menschheit und hörst ihr Rufen nach Menschen, die sie auf den rauen Pfaden dieser Erde zu Licht und Leben führen.

Sende dem Volk, das Dein ist und Dein sein soll, Priester und kleide sie in Gerechtigkeit zur Freude Deiner Frommen. Offenbare alle, die Du erwählt hast, um ihnen dieses hohe und erhabene Amt der Wahrheit anzuvertrauen. Erleuchte ihren Geist, damit sie die unschätzbare Gnade Deiner Berufung erkennen. Stärke ihren Willen, damit sie alle Lockungen der Welt siegreich bestehen. Lass sie nicht zurückschrecken vor Opfern. Gleich königlichen Adlern mögen sie sich emporschwingen zur lichten Höhe Deines ewigen Priestertums. Lass ihre Eltern es erfassen, wie groß und unvergleichlich schön es ist, Dir Söhne zu schenken. Erwecke in hochherzigen Seelen die Bereitschaft, mit wohltätiger Hand Deinen Auserwählten zu helfen, wenn Armut sie hindert, Deinem Ruf zu folgen. Verleihe ihren Lehrern und Erziehern Licht und Kraft, in ihren jungen Herzen Deine Berufung sorgsam zu pflegen, bis der Tag kommt, an dem sie mit glühendem und reinem Herzen zu Deinem Altar emporsteigen.

Dann aber gib, gütiger Jesus, dass sie wahre Engel seien für Dein Volk: Engel der Reinheit, die Deine göttliche Liebe über jede menschliche Liebe stellen; Engel der Liebe, die auf die Freuden einer irdischen Familie verzichten, um dafür einer größeren Familie Vater und Hirte zu sein und gerade den Kleinen und den Beladenen, den Müden und Verlassenen ihre Liebe zu schenken; Engel des Lichtes, die in den Herzen den Glauben an Dich gleich dem Morgenstern aufleuchten lassen; Engel des Opfers, die gleich einer Opferflamme sich selbst verzehren für das Wohl ihrer Brüder und Schwestern; Engel des Rates und der Stärke, die in Leid und Schmerz trösten, die stärken im Kampf, die alle Zweifelnden hinführen auf den Weg der Tugend und der Pflicht; Engel der Gnade, um die Seelen zu reinigen und aufzurichten und sie mit Dir zu vereinen im Brot des Lebens; Engel des Friedens, die sie im letzten Augenblick ihres Lebens mit der wonnevollen Sehnsucht und Liebe zu Dir erfüllen, die sie heimgehen lassen mit dem beglückenden Kuss Deines göttlichen Friedens, die ihnen so die Pforten des Himmels öffnen, wo Du das unendliche Licht und die immerwährende Freude ihres Herzens sein wirst in alle Ewigkeit. Amen. Pius XII.

Gott, allmächtiger Vater, durch die unendlichen Verdienste Deines göttlichen Sohnes bitten wir Dich, uns gute und heilige Priester zu schenken. – Gott Sohn, Wort des Vaters, segne die Apostel unserer Tage, lindere ihre Not, vermehre ihre Zahl! – Gott Heiliger Geist, Liebe des Vaters und des Sohnes, entflamme die Priester mit Deiner Liebe, erleuchte sie mit Deinem Licht, stärke sie und segne alles, was wir für sie aus Liebe zu Dir tun. – O Herz Jesu, vermehre die Zahl der Priester Deiner Kirche! Amen.

Prinzessin M. Immaculata

Herr, schenke uns Priester!
Herr, schenke uns heilige Priester!
Herr, schenke uns viele heilige Priester!

Gebet der Konfraternität Sankt Petrus

℣. Gedenke, Herr, Deiner Vereinigung.
℟. Die seit Anbeginn Dein eigen war.

Lasset uns beten.

Herr Jesus, Du wurdest geboren, um von der Wahrheit Zeugnis zu geben, und Du liebst jene bis ans Ende, die Du erwählt hast:

Erhöre gnädig unser Gebet für unsere Hirten. Du, der Du alles weißt, weißt ja auch, dass sie Dich lieben und dass sie alles vermögen in Dir, der sie stärkt. Heilige sie in der Wahrheit und erfülle sie mit demselben Geist, den Du Deinen Aposteln verliehen hast, damit er sie in allem Dir gleichgestalte. Nimm an das Zeugnis ihrer Liebe, so wie Du das dreifache Bekenntnis des Petrus angenommen hast. Und damit der heiligsten Dreifaltigkeit überall und ohne Unterlass ein reines Opfer dargebracht werde, vermehre ihre Zahl und bewahre sie in Deiner Liebe. Der Du lebst und herrschest mit Gott dem Vater in der Einheit des Heiligen Geistes, Gott, von Ewigkeit zu Ewigkeit. Amen.

Für die Priester

O Jesus, ewiger Hoherpriester, bewahre Deine Priester im Schutz Deines heiligsten Herzens, wo keiner ihnen schaden kann. Bewahre unbefleckt ihre gesalbten Hände, die täglich Deinen heiligen Leib berühren. Bewahre rein die Lippen, die gerötet sind von Deinem kostbaren Blut. Bewahre rein und unirdisch ihr Herz, das gesiegelt ist mit dem erhabenen Zeichen Deines glorreichen Priestertums. Lass sie wachsen in der Liebe und Treue zu Dir und schütze sie vor der Ansteckung der Welt. Gib ihnen mit der Wandlungskraft über Brot und Wein auch die Wandlungskraft über die Herzen. Segne ihre Arbeit mit reichlicher Frucht und schenke ihnen dereinst die Krone des ewigen Lebens. Amen. hl. Theresia vom Kinde Jesus

Gebet für einen Primizianten

Herr, segne ihn, den Du erwählt,
dass er, von Deinem Geist beseelt,
sein heil'ges Amt in Tat und Lehr'
verwalten mög' zu Deiner Ehr'!

Gib ihm des Glaubens volles Licht
und Mut, der ewig wanket nicht,
dass er Dein Wort ganz wahr und rein
verkünd' im Geist der Kirch' allein!

Gib ihm der Hoffnung festen Stab,
den Leitstern über Tod und Grab,
auf dass er, Deinen Wegen treu,
nie einen Feind auf Erden scheu'!

Die Liebe, Herr, in ihn ergieß',
sie mach ihm jedes Opfer süß.
Lass wirken ihre stille Kraft,
die über alles Sieg verschafft!

O Gnadenschatz der Heiligkeit,
komm über Deinen Diener heut',
lass alle sieben Gaben Dein
in ihm allzeit lebendig sein!

Lob sei dem Vater hoch im Thron
und seinem eingebor'nen Sohn,
dem Tröster auch der Christenheit
jetzt und in alle Ewigkeit!

Gebet für das Wohl der Gemeinde

Dreieiniger Gott! Im Vertrauen auf Deine unendliche Güte und Barmherzigkeit empfehlen wir Dir das Wohl unserer Gemeinde. Lass zu jeder Zeit und in allen Angelegenheiten Deine väterliche Huld über uns walten. Gib, dass lebendiger Glaube, Eifer in Deinem Dienst und alle christlichen Tugenden unter uns blühen. Verleihe den Eheleuten die Gnade, der Heiligkeit ihres Standes gemäß zu leben und ihre Kinder christlich zu erziehen. Stehe den Kindern bei, dass sie in Unschuld und Frömmigkeit aufwachsen. Beschütze die Jugendlichen in den vielfachen Gefahren ihres Alters. Sei Ratgeber und Helfer allen denjenigen, welchen die Sorge für die leibliche und geistige Wohlfahrt der Gemeinde anvertraut ist. Lass dir empfohlen sein unsere Kranken, Notleidenden und Bedrängten, sowie auch unsere abwesenden Brüder und Schwestern, besonders aber diejenigen aus unserer Mitte, welche durch schwere Sünden sich Deiner Gnade und Freundschaft beraubt haben. Beschirme uns und unsere Familien vor allem Unheil und gib allen unseren Arbeiten und Unternehmungen Deinen Segen. Verleihe uns Deinen Beistand im Leben und im Tod, damit wir zu Dir in das Land der himmlischen Heimat gelangen, um dort mit allen denen aus unserer Gemeinde, die glücklich ihren Lebensweg vollendet haben, Dich zu schauen, zu besitzen und dankbar zu preisen in alle Ewigkeit. Amen.

Gebet für die Erstkommunikanten

Göttlicher Heiland Jesus Christus! Siehe in Gnaden herab auf die Kinder dieser Gemeinde, die sich auf ihre erste heilige Kommunion vorbereiten. Liebevoll empfehlen wir sie Deinem mildreichen Herzen. Erleuchte ihren Verstand zur Erkenntnis der Wahrheiten unseres heiligen Glaubens. Stärke ihren Willen zur eifrigen Übung der Tugend. Entzünde in ihren Herzen das Feuer der himmlischen Liebe und ein lebendiges Verlangen nach dem beseligenden Brot der Engel. Lass sie insbesondere den unvergleichlichen Wert eines reinen Herzens erkennen und befestige sie in dem Vorsatz, das Kleid der Unschuld als das kostbarste Schmuckstück ihres Lebens zu schätzen und zu bewahren. Lass ihnen die erste heilige Kommunion zur Grundlage eines frommen christlichen Lebens werden, damit sie dereinst nach einem seligen Tod zu jenem himmlischen Hochzeitsmahl zugelassen werden, wo Deine Auserwählten eine ewige Vereinigung mit Dir feiern dürfen. Amen.

Herr Jesus Christus, göttlicher Kinderfreund! Du hast die Kinder zu Dir gerufen und hast sie gesegnet. Siehe jetzt in Gnaden herab auf die Kinder unserer Gemeinde, die sich auf ihre erste heilige Kommunion vorbereiten. Erleuchte sie, dass sie die Frohbotschaft des Heiles verstehen, mache sie stark, dass sie als Gotteskinder den Willen des Vaters tun. Erfülle ihr Herz mit Liebe zu Dir, dass sie mit frohem Verlangen ihre Seelen auf die Vereinigung mit Dir vorbereiten. Lass sie insbesondere das Glück eines sündenreinen Herzens erkennen. Hilf ihnen, dass die erste heilige

Kommunion sie für immer mit Dir vereinigt. Bewahre sie als Dein Eigentum und erhalte sie als lebendige Glieder Deiner heiligen Kirche. Lass sie zunehmen wie an Alter, so an Weisheit und Gnade vor Gott und den Menschen. Amen.

Für die Ausbreitung des Glaubens

Herr Jesus Christus! Es sind bereits zweitausend Jahre vergangen, dass Du Deinen Missionsbefehl gegeben hast. Doch immer noch harren unzählige Menschen auf die Frohbotschaft der Erlösung. Auch wir sind nicht ohne Schuld daran, weil wir uns zu wenig bemüht haben, an Deinem Heilswerk mitzuarbeiten. Vergib uns, Herr, und lass uns erkennen, wie wir Deinen Auftrag erfüllen sollen. Herr Jesus Christus, wir bitten Dich: Sende Arbeiter in Deine Ernte. Gib Deiner Kirche heilige Bischöfe und Priester. Mehre vor allem ihre Zahl in den Ländern der Mission. Gib den Boten des Glaubens wahre Opfergesinnung und geduldige Liebe. Öffne ihrer Predigt überall die Türen und Herzen, damit das Wort des Herrn in schnellem Lauf sich ausbreite. Das Blut der Martyrer, die tagtäglich Zeugnis von Dir ablegen, lass zum Samen neuer Christen werden. Uns aber öffne Herz und Hände, damit wir durch Gebet und Almosen mithelfen am Aufbau Deines Reiches. Darum bitten wir Dich, Jesus Christus, König der Welt. Amen.

Für das Vaterland

Allmächtiger, ewiger Gott, König der Völker! Wir Christen lieben unser Volk. Wir wissen, dass es nur gedeihen kann, wenn Du es segnest und wenn es Dir in Treue dient. Vielfältige Gefahren bedrohen heute unser Volk und Vaterland von allen Seiten. Darum bitten wir Dich voll Vertrauen: Schütze unsere Heimat und alle Bewohner, bewahre uns vor Krieg und Hungersnot. Lehre uns Ehrfurcht und Gehorsam gegen Dich und Deine Gebote. Verleihe den Regierenden Gerechtigkeit, Milde und Weisheit, auf dass sie der Sünde und dem Laster Einhalt gebieten und den Frieden und die Wohlfahrt im Land fördern. Erfülle die Herzen aller Bürger mit Gerechtigkeits- und Ordnungssinn, mit tätiger Liebe und dem Willen zum Verzeihen, auf dass alle Zwietracht und Feindschaft zunichte werde. Herr Jesus Christus, König und Friedensfürst, lass Frieden herrschen in Deinem Reich. Maria, Königin des Friedens, bitte für uns. Amen.

Um Nächstenliebe

Herr, Du wünschest Menschen, die den Seelen von Deiner Liebe künden, die den Ausgestoßenen sagen, dass sie nicht verworfen sind, den Mutlosen und Haltlosen, dass sie einen Vater haben. Herr, nimm mich dazu in Deinen Dienst. Jeder Tag soll mir ein verlorener sein, an dem ich nicht durch gutes Wort und Werk von Deiner Vaterliebe Zeugnis gegeben habe. Gib mir Geduld im Anhören von Leid und Not und lass mich auch dann ein freundliches Wesen zeigen, wenn mir ein Mensch lästig wird. Lass mich für alle arbeiten, allen helfen in erfinderischer Liebe. Lass mich nie vergessen, dass ich zum Dienen auf der Erde bin, wie Du es warst. Amen.

Gebet um Frieden

Erschüttert von den Schrecken der Kriege, welche die Länder und Völker zerklüften, wenden wir uns an Dich, o Jesus, an Dein göttliches Herz, unsere sichere Zuversicht. Zu Deiner göttlichen Barmherzigkeit rufen wir: Wende ab von uns diese schreckliche Geißel. Dich, König des Friedens, bitten wir: Wende uns bald den Frieden zu, den wir ersehnen. Mögen über die ganze Welt Ströme der Liebe ausgegossen werden, dass jeder Hass aufhöre und nur Liebe zwischen den Menschen herrsche. Es möge in der ganzen Welt Dein göttliches Herz walten, welches alle Nöte lindert. Dein Herz möge sich über die Welt erbarmen in der gegenwärtigen Zeit des Hasses und des Blutvergießens. Erbarme Dich der Mütter, die in Sorgen und Furcht wegen ihrer Söhne sind. Erbarme Dich der verwaisten Familien. Gib den Herrschenden und den Völkern, o Herr, den Geist der Milde. Beruhige die Gegensätze, die ein Volk vom anderen trennen. Gib, dass zwischen den Völkern Liebe herrsche, Du, der Du uns zu Deinen Brüdern gemacht hast um den Preis Deines Blutes. Gewähre uns Erhörung, wie Du den heiligen Petrus erhört hast, als er rief: „Herr, rette uns, denn wir gehen zugrunde!“ Wie Du den Sturm auf dem See beruhigt hast, so erhöre auch jetzt unsere Bitten voller Hoffnung und verleihe der aufgewühlten Welt Frieden und Ruhe.

Wir wenden uns an dich, o seligste Jungfrau Maria. Hilf uns, erhöre uns, bewahre und rette uns, wie du der Christenheit in schweren Heimsuchungen in vergangenen Zeiten geholfen hast. Maria, du Königin des Friedens, bitte für uns. Amen.

Für die Feinde

Guter Jesus, um der Sanftmut und der Liebe Deines heiligsten Herzens willen bitte ich Dich, dass Du alle, die mir Hindernisse in den Weg legen und mir Schmach antun, mit Deinen kostbaren Gaben und reichen Gnadengeschenken überhäufen mögest. Vergib ihnen alle Beleidigungen, die sie mir zugefügt haben. Für die Abneigung mir gegenüber zeige ihnen Dein gütiges Antlitz. Für Worte, mit denen sie mich in meiner Gegenwart oder Abwesenheit verhöhnt haben, schenke ihnen Deinen göttlichen Segen. Wenn irgendjemand Bitterkeit gegen mich in seinem Herzen empfindet, dann gieße Deine Liebe in seine Seele ein. Damit ich in meinem Kreuz Deinem heiligsten Herzen wohlgefalle, verleihe mir Geduld, Liebe und eine unüberwindliche Standhaftigkeit. Amen.

P. Roothaan

Für die Kranken

Wir bitten Dich, Vater der Erbarmungen, nimm Dich unserer Brüder und Schwestern an, die durch Krankheit von unserer Gemeinschaft ferngehalten werden. Befreie sie, Herr, von ihren Leiden, wenn es Dein heiliger Wille ist. Gib ihnen die Kraft, gleich Deinem Sohn, starkmütig ihr Kreuz zu tragen und gottergeben sich Deinem heiligen Ratschluss zu beugen. Lass alle Kranken erkennen, dass die Leiden dieser Zeit nicht zu vergleichen sind mit der künftigen Herrlichkeit, die Gott denen bereitet hat, die ihn lieben. Schenke ihnen allen Geduld und Ausdauer in ihren Leiden. Schenke den Treuen die Gnade der Beharrlichkeit, den anderen die Gnade der Bekehrung, allen aber einmal das ewige Leben in Deinem Reich. Amen.

Gebet der Pflegenden

Mein Herr und mein Gott, bei Dir möchte ich mir alle Tage Liebe für meine Aufgaben holen, denn ich weiß, die Hauptsache von allem ist die Liebe. Lass mich mit Deiner Liebe herausfinden, was dem Kranken gut tut. Lass mich erkennen, was ihm weh tut. Gib mir soviel Liebe, dass ich Herzen heilen kann. Gib mir Geduld und Güte, damit jeder Kranke in meiner Güte Deine Güte erkenne. Lass mich nie vergessen, dass ich im Kranken Dich pflegen darf. Gib mir eine große Liebe zu Dir und zu allen Menschen. Amen.

Um die Reinheit des Herzens

Mein lieber Jesus, ich weiß ganz wohl, dass jedes vollkommene Geschenk, und mehr als jedes andere das der Keuschheit, von dem überaus mächtigen Einfluss Deiner Gnade abhängt, und dass ohne Dich kein Geschöpf etwas vermag. Darum bitte ich Dich, Du wollest mit Deiner Gnade die Keuschheit sowohl meiner Seele als auch meines Leibes verteidigen. Und sollte ich etwa irgend einen sinnlichen Eindruck, der die Keuschheit und Reinheit beflecken könnte, in mich aufgenommen haben, so verbanne Du, der Du der höchste Herr aller meiner Seelenkräfte bist, diesen von mir, damit ich mit unbeflecktem Herzen in Deiner Liebe und in Deinem Dienst voranschreite, indem ich mich alle Tage meines Lebens keusch auf den reinsten Altären Deiner Gottheit aufopfere. Amen. hl. Thomas von Aquin

Um die richtige Standeswahl

Himmlischer Vater, Du hast mich erschaffen und mir in Deiner Liebe einen Lebensweg zugedacht, auf dem ich mein ewiges Heil erreichen soll. Lass mich erkennen, welchen Beruf Du mir zugedacht hast. Zeige mir, wo ich Dir am besten dienen kann. Willst Du mich aber berufen zu Deinem ungeteilten Dienst, so gib mir dazu die heilige Bereitschaft ins Herz und lass mich eine so unschätzbare Gnade nicht verspielen. Stärke meinen Willen zur ganzen Hingabe an Dich und lass mich dann siegreich hindurchgehen durch alle falschen Lockungen dieser Welt. Um eines aber bitte ich Dich in jedem Falle: Erhalte und festige mich in der treuen Anhänglichkeit an Jesus Christus, Deinen Sohn, unseren Herrn, der allein der Weg, die Wahrheit und das Leben ist. Amen.

Gebet der Brautleute füreinander

Himmlischer Vater, Du bist der Urquell aller Liebe, Du bist die Sonne der Liebe, Du bist die Liebe selbst. Siehe, ich trete vor Dein Angesicht mit dem Menschen, den meine Seele liebt. Wir danken Dir, Vater, dass Du uns schufest, dass Du eine so große Liebe uns ins Herz gelegt hast. Wir bitten Dich, gütiger Vater: Breite Deine milde Hand segnend über uns. Mach uns hellhörig und wach füreinander, auf dass das Glück uns in echter Liebe erhalten bleibe. Bewahre uns davor, es durch Ungeduld, Selbstsucht oder Leidenschaft zu zerstören. Vertiefe unsere Liebe, dass sie uns nicht verbrenne und dass wir alle Wege scheuen, die uns von der Treue zu Deinen heiligen Geboten abhalten könnten. Lass uns in heiliger Liebe alles ertragen, alles glauben, alles hoffen, alles erdulden und Deine Vatergüte erkennen und preisen. Amen.

Gebet der Eheleute füreinander

Herr Jesus Christus, Heiland und Erlöser! In der christlichen Ehe hast Du uns ein großes Geheimnis Deiner Liebe kundgetan. Wir danken Dir von Herzen und bitten Dich: Lass unsere Liebe Deiner Opferliebe ähnlich werden. Lass unsere Herzen in Eintracht verbunden bleiben und nicht durch Bitterkeit und Enttäuschung entzweit werden. Lass unsere Liebe so geduldig und stark sein, dass sie Kummer und Leid erträgt und allezeit zur Verzeihung und Tröstung bereit ist. Unauflöslich ist unsere Ehe. Allzeit erinnert uns daran der geweihte Ring, den Du uns am Altar durch Deinen Priester überreicht hast. Gib, dass nichts und niemand unsere Ehe zu stören oder zu trennen vermag. Heilig ist unsere Ehe in Dir und Deiner Kirche. Lass uns dieses Heiligtum nicht entweihen durch unheiliges Tun, lass uns diesen Gnadenquell nicht verschütten durch die Sünde. Vor Deinem heiligen Opferaltar hast Du unsere Ehe besiegelt. Das Kreuz, das Zeichen Deines Opfertodes, hat uns in unser Heim begleitet. Gib, dass wir unter diesem Zeichen miteinander beten und arbeiten, in Fricden leben, uns gegenseitig im Guten fördern und dem hohen Ziel zustreben, das Du uns als christlichen Gatten gewiesen hast: In unserer Liebe einander Deine Liebe zu schenken und uns gegenseitig auf dem Weg zu Dir opferfroh zu helfen. Amen.

In schweren Stunden der Ehe

Vater im Himmel, Du hast uns im heiligen Sakrament der Ehe unauflöslich miteinander verbunden, bis der Tod uns scheidet. Du willst, dass wir diesem Bund treu bleiben. Ich wusste nicht, dass auch Menschen, die sich lieben, einander so weh tun können. Ich erkenne es immer mehr, wie groß und schwer der Beruf der Ehe und wie schwach und klein noch mein armes Herz ist. Hilf mir opferbereit und selbstlos zu werden. Mache mich großmütig, dass ich verzeihen kann. Lass die Sonne nicht untergehen über meinem Zorn. Mache mich geduldig, wie Du mit mir Geduld hast trotz meiner Armseligkeit. Lass meine Liebe in allen täglichen Proben und Prüfungen wachsen und reifen, bis sie Dir gefällt. Ich will treu sein. Hilf mir und meinem Ehegatten, gütiger Vater im Himmel. Segne und festige unsere Ehe. Amen.

Gebet um Kindersegen

O Gott, Du hast den Ehestand zur Erhaltung des Menschengeschlechtes eingesetzt und mich in diesen Stand berufen. Segne mich durch die Verdienste und die Fürbitte der jungfräulichen Gottesmutter Maria und der heiligen Anna mit einem Kind! Siehe herab, barmherziger Vater, auf mein sehnsüchtiges Verlangen und erfülle mir meinen Wunsch! Aus Dankbarkeit will ich die Kinder stets als Geschenk Deiner unaussprechlichen Güte betrachten und zu Deinem Dienst erziehen, damit Dein heiliger Name durch mich und meine Kinder von Geschlecht zu Geschlecht gelobt und gepriesen werden. Um das bitte ich Dich durch Christus, unseren Herrn! Amen.

Gebet der Eltern für ihre Kinder

Himmlischer Vater, wir danken Dir von Herzen für unsere Kinder, die Deine gütige Vorsehung uns anvertraut hat. Sie sind Dein Eigentum, darum segne und behüte sie in den vielen Gefahren und Versuchungen des Lebens. Erhalte sie im wahren Glauben und führe sie auf rechtem Weg zur ewigen Seligkeit. Nimm Du Dich ihrer in väterlicher Liebe an.

Uns aber stehe gnädig bei, dass wir unsere Erzieherpflichten treu erfüllen, dass wir vertrauen auf die göttlichen Kräfte, die Du in die Seelen unserer Kinder gelegt hast, dass wir unsere Kinder anleiten, Dich von ganzem Herzen zu lieben und Deine Gebote gewissenhaft zu erfüllen. Lass uns vor ihnen so leben, dass sie durch unser Beispiel, unsere Selbstlosigkeit und Geduld, unser Vertrauen zu Dir in allen Sorgen des Lebens zu allem Guten ermuntert werden. Verleihe uns Weisheit und Stärke, dass wir unermüdlich wachen und beten, ermahnen und warnen, mit Liebe und Ernst zurechtweisen und sie auch strafen, wenn es nötig ist, damit wir dereinst das tröstliche Bewusstsein haben: Keines unserer Kinder ist durch unsere Schuld verlorengegangen.

Maria, gnadenvolle Mutter, nimm auch du dich unserer Kinder in mütterlicher Liebe an. Halte in den Gefahren der Welt deine barmherzigen Augen auf sie gerichtet.
Ihr heiligen Schutzengel unserer Kinder, die ihr allzeit vor dem Angesicht des Vaters im Himmel steht, wacht über sie, wo unsere Augen nicht über sie wachen können, sprecht zu ihnen, wo unsere warnende Stimme sie nicht erreicht, schützt sie in allen Gefahren des Leibes und der Seele und führt sie durch das Dunkel dieses Lebens zu einem seligen Tod und zu eurer ewigen Gemeinschaft im Himmelreich. Amen.

Gebet einer Mutter

Vater im Himmel! Voll Sorgen empfehle ich Dir meine Kinder. Nimm sie in Deinen Schutz und führe sie mit gütiger Hand. Für Dich habe ich sie geboren und für Dich sind sie wiedergeboren aus der Taufe als Deine Kinder. Mit dem heiligen Kreuz sind sie bezeichnet. Hilf, dass sie dieses Zeichen nie verachten. Im Glauben an Dich und Deinen Sohn Jesus Christus habe ich sie erzogen. Hilf, dass sie treu und standhaft bleiben im Glauben. Deine heilige Kirche ist ihre Heimat geworden. Hilf, dass sie nie ihrer Heimat entfremdet werden. Erfülle sie mit tiefer Freude, Dir dienen zu dürfen. Erfülle sie mit Mut und Kraft, dass sie würdig als Christen wandeln. Und mir gib ein wachsames Auge, Klugheit, Geduld und Liebe, dass ich meine Pflicht als christliche Mutter erfülle und alle meine Kinder Dir zuführe ins ewige Leben. Maria, himmlische Mutter, nimm alle meine Kinder unter Deinen Schutz und führe sie zu Jesus, unserem Herrn und Heiland. Amen.

Gebet der Erzieher

Herr und Heiland, Freund der Kinder und der Jugend! Von Herzen freue ich mich und danke Dir, dass Du mich berufen hast, Kindern Lehrer und Erzieher zu sein. Ich soll Deiner Kirche und dem Volk durch treue Mitarbeit am Kind dienen. Ich weiß, wie groß die Aufgabe ist und wie gering meine Kraft. Schenke mir Deine Gnade, ohne die ich nichts vermag. Lass mich das Ziel und die Wege meiner Arbeit klar erkennen. Gib mir Geduld in meinem oft so mühsamen Beruf. Lass mich nicht verzagen, wenn ich wenig oder keinen Erfolg sehe. Hilf mir die Kinder nicht nur durch Worte, sondern noch mehr durch mein Beispiel zu belehren. Gib mir Ehrfurcht vor den Kindern und verhüte, dass sie Ärgernis an mir nehmen müssen. Besonders will ich mich um die gefährdeten und minderbegabten Kinder sorgen. Sie alle sind erlöst durch das kostbare Blut Deines Sohnes und berufen zum ewigen Leben. Schenke mir die wahre Liebe zu den jungen Christen. Amen.

Gebet der Jugend

Herr Jesus Christus, Du hast uns aus der Finsternis in Dein wunderbares Licht berufen. In der Taufe wurden wir Gotteskinder, in der Firmung weihte uns Dein Heiliger Geist zum Dienst in Deinem Reich. Wir dürfen Dir gehören; wir dürfen mitarbeiten, dass Dein Reich zu uns komme. Viele in unserem Volk leben ohne Glauben und ohne Hoffnung dahin. Wir wollen uns mühen, sie zu Dir zu führen durch ein wahrhaft christliches Leben. Wie herrlich ist unsere Berufung, wie groß Dein Auftrag! Und doch sind wir oft mutlos und voll Menschenfurcht, wenn wir der Gleichgültigkeit und dem Spott begegnen. Dann wagen wir nichts im Einsatz für Dein Reich, weil unser Glaube so klein, unsere Hoffnung so schwach und unsere Liebe so erkaltet ist. Du kannst unseren Glauben mehren, unsere Hoffnung stärken und unsere Liebe zur lodernden Flamme entzünden. Mache stark unseren Mut und furchtlos unser Herz. Banne alle Zwietracht aus unseren Reihen. Lass uns in Freude und Einfalt des Herzens einander dienen, in Reinheit des Leibes und der Seele Dich verherrlichen. Um dies alles bitten wir Dich, unseren König. Amen.

Erneuerung des Taufbundes

Gütigster Gott, der Du mich aus Gnade durch die heilige Taufe zu Deinem Kind und zum Erben des Himmels gemacht und in den Schoß der alleinseligmachenden Kirche aufgenommen hast: Siehe, ich will heute jenen heiligen Bund erneuern, den einst meine Taufpaten in meinem Namen abgeschlossen haben, und ich beteuere vor Dir, dass ich stets treu nach demselben leben will. Darum widersage ich von neuem dem Satan und allen seinen Werken und will allein suchen und anbeten Dich, o allerheiligste Dreifaltigkeit, den

Vater, den Sohn und den Heiligen Geist. Ich glaube alles, was Du, o Herr, geoffenbart hast. Auf Deine Güte setze ich mein ganzes Vertrauen. Ich liebe Dich, o höchstes Gut, über alles und meinen Nächsten um deinetwillen wie mich selbst. Ich opfere Dir auf meinen Leib und meine Seele, alle meine Gedanken, Worte und Werke und versenke sie in das kostbare Blut meines Erlösers. Ich bin bereit, alle Widerwärtigkeiten von deiner väterlichen Hand demütig anzunehmen und zu Deiner Ehre zu ertragen. Für alle empfangenen Wohltaten danke ich Dir von ganzem Herzen und bereue vom Grunde meiner Seele alle Sünden, mit denen ich Dich bisher beleidigt habe. Verzeihe mir, o Gott, nach Deiner großen Barmherzigkeit und schenke mir von jetzt an Beharrlichkeit im Guten bis ans Ende. O Herr Jesus, in Deine heiligen Wunden verberge ich mich heute und allezeit, bis ich dereinst würdig werde, Dich und den Vater und den Heiligen Geist anzuschauen und zu lieben in Ewigkeit. Amen.

Gebet eines Gefirmten

O Heiliger Geist, ich gedenke jenes glücklichen Tages, an dem Du in der heiligen Firmung über mich herabgekommen bist und danke Dir von Herzen für die kostbaren Gnadengaben, mit denen Du damals meine Seele ausgestattet hast. Ach, dass ich sie doch besser zu meinem ewigen Heil benutzt hätte! Aber wie oft habe ich mich seitdem derselben unwürdig gemacht, wie oft Dich betrübt und meine Seele, Deinen Tempel, durch die Sünde entweiht! Vergib mir, o Heiliger Geist. Erwecke von neuem in mir die Gnade Deines Sakramentes! Siehe, ich öffne Dir mein ganzes Herz. Erfülle es mit dem Reichtum Deiner Gaben. Befestige mich im Glauben, entflamme in mir das Feuer Deiner Liebe, gib mir Wachstum in allen Tugenden, damit ich mehr und mehr ein vollkommener Christ werde. Vorzüglich aber bitte ich Dich um diese Gnade: Lass mich lieber sterben, als dass ich jemals durch eine Todsünde Dich aus meiner Seele vertreibe. Heiliger Geist, verleihe doch gnädig, dass jenes unauslöschliche Merkmal, welches mir die heilige Firmung eingeprägt hat, dereinst in der Ewigkeit mir nicht zur Schmach und zum Verderben, sondern zu ewiger Ehre und Freude gereichen möge. Amen.

Gebet für die Eltern

Die Eltern mein empfehl' ich Dir,
behüt' o lieber Gott sie mir.
Vergilt o Herr, was ich nicht kann,
das Gute, das sie mir getan.
Erhalte sie noch lang am Leben,
viel Gutes mögst Du ihnen geben.
Und einst nach dieser Erdenzeit
schenk' ihnen den Lohn der ewigen Seligkeit.
Und lass auch die Geschwister mein
von Deiner Hand gesegnet sein. Amen.

Gebet der Jugend für die Eltern

Guter Vater im Himmel! In Deiner großen Liebe hast Du mir auf Erden Vater und Mutter gegeben. Sie haben mir in Deiner Kraft das Leben schenken dürfen. Sie haben mich taufen lassen, dass ich Dein Kind wurde. Sie haben mich bis heute vor vielen Gefahren bewahrt und behütet.

Ich bitte Dich von Herzen für meinen Vater und meine Mutter. Vergilt Du ihnen alle Opfer und Überwindungen, die sie für mich gebracht haben und noch tagtäglich bringen. Schenke ihnen Kraft, Deinen Willen zu erfüllen, halte sie gesund an Leib und Seele und tröste sie in ihren Leiden.

Lehre mich meine Eltern zu lieben, allzeit voll Ehrfurcht zu ihnen aufzublicken und sie besser zu verstehen. Oft will ich gegen sie aufbegehren und mich auflehnen. In solchen Stunden lass mich aufschauen zu Deinem Sohn, meinem Herrn Jesus Christus, der Maria und Joseph in Nazareth bis zu seinem dreißigsten Lebensjahr untertan und Dir, seinem himmlischen Vater, gehorsam war bis zum Tod, ja bis zum Tod am Kreuz.

Halte Deine schützende Hand über unsere Familie. Schenke uns nach einer echt christlichen Familiengemeinschaft auf Erden die ewige Gemeinschaft im Himmel, wo wir alle zusammen Dich schauen und preisen dürfen in unaussprechlicher Freude. Amen.

Gebet für die Großeltern

Herr Jesus Christus, geboren von der Jungfrau Maria, der Tochter des heiligen Joachim und der heiligen Anna. Schau mit Liebe auf die Großeltern in der ganzen Welt. Sei Du ihr Schutz! Sie sind eine Quelle der Bereicherung für ihre Familien, für die Kirche und für die ganze Gesellschaft. Biete Du ihnen Halt und Stütze! Mögen sie, auch wenn sie älter werden, für ihre Familien starke Säulen des Glaubens an das Evangelium bleiben, Hüter edler häuslicher Ideale, lebendige Schatztruhen gesunder religiöser Traditionen. Mache sie zu Lehrmeistern der Weisheit und des Mutes, so dass sie künftigen Generationen die Früchte ihrer reifen menschlichen und geistlichen Erfahrung weitergeben können. Herr Jesus Christus, hilf den Familien und der Gesellschaft die Anwesenheit und Bedeutung der Großeltern in rechter Weise zu würdigen. Mögen sie nie übersehen oder ausgeschlossen werden, sondern stets mit Achtung und Liebe umgeben sein.

Maria, Mutter aller Lebenden, halte die Großeltern stets in deiner Hut, begleite sie auf dem Weg ihrer irdischen Pilgerschaft und führe sie dereinst in das Reich deines Sohnes. Amen.

nach einer Vorlage von Benedikt XVI.

Gebet der Witwer und Witwen

Vater der Erbarmung und Gott allen Trostes! Du hast meinen Gatten (meine Gattin), den Vater (die Mutter) meiner Kinder aus unserer Mitte hinweggenommen und in das Reich Deiner Herrlichkeit gerufen. Du weißt um meinen großen Schmerz. Du weißt auch, dass die Wunde, die der Tod geschlagen, sich nicht schließen will.

Dennoch zögere ich nicht, mich Deinen Fügungen demütig zu unterwerfen. Wie Dein göttlicher Sohn uns gelehrt, will ich sprechen: Vater, Dein Wille geschehe! Ich weiß ja, wem ich glaube. Du bist immer die Liebe, auch wenn Deine Wege uns unbegreiflich sind. Lass mich in diesem Glauben stark werden durch Deinen gekreuzigten Sohn und durch die Fürbitte seiner schmerzensreichen Mutter. Ich bitte Dich: Gib meinem verstorbenen Ehepartner die ewige Ruhe und führe ihn zur seligen Anschauung Deiner Herrlichkeit.

Ich bitte Dich auch für meine Kinder (und meine Enkel). Umhege sie mit Deiner starken Vatergüte. Schütze und geleite sie auf allen ihren Wegen. Maria, Trösterin der Betrübten, bitte für uns! Amen.

Familienweihe

O liebreichster Jesus, der Du durch Deine unaussprechlichen Tugenden und die Beispiele Deines häuslichen Lebens die von Dir auserwählte Familie auf Erden geheiligt hast, siehe gnädig herab auf diese unsere Familie, welche sich zu Deinen Füßen niederwirft und Dich um Gnade anfleht. Gedenke, dass diese Familie Dein Eigentum ist, weil sie sich Dir zu besonderen Diensten geweiht und geschenkt hat. Schütze sie gnädig, rette sie aus allen Gefahren und Bedrängnissen und verleihe ihr die Kraft, in der Nachahmung Deiner heiligen Familie zu leben. Lass uns unser ganzes Leben in Deinem Dienst ausharren, damit wir Deiner Liebe treu bleiben und einst im Himmel vereint die ewige Seligkeit erlangen, durch Christus, unsern Herrn.

Maria, liebreiche Mutter, wir bitten dich um deinen Schutz im festen Vertrauen, dass dein göttlicher Sohn deine Bitten erhören wird.

Und auch du, glorreicher Patriarch, heiliger Joseph, komm uns mit deinem mächtigen Beistand zu Hilfe und bringe Jesus durch die Hände Mariens unsere Bitten dar. Amen.

Weihe an die heilige Familie

Jesus, unser liebenswürdigster Erlöser, Du bist gekommen, die Welt durch Deine Lehre und Dein Beispiel zu erleuchten. Du hast den größten Teil Deines Lebens verborgen im armen Haus zu Nazareth zugebracht. Du warst Maria und Joseph untertan. So hast Du diese Familie geheiligt. Sie sollte für alle christlichen Familien ein Vorbild sein. Auch unser Haus will sich heute Dir weihen. Nimm es gnädig an, schütze und bewahre es! Befestige in ihm Deine heilige Furcht, den Frieden, die christliche Eintracht und Liebe, damit es dem hohen Vorbild Deiner Familie ähnlich wird und wir alle insgesamt zur ewigen Seligkeit gelangen.

Maria, liebevolle Mutter Jesu und unsere Mutter, bewirke durch deine gütige Fürsprache, dass Jesus unsere demütige Weihe wohlgefällig aufnimmt und seine Gnade und seinen Segen uns verleiht!

Heiliger Joseph, Beschützer Jesu und Marias, komm uns durch deine Fürbitte zu Hilfe in allen Nöten der Seele und des Leibes, damit wir dereinst mit Maria und mit dir vereint, Jesus, unseren göttlichen Erlöser, preisen dürfen ewiglich. Amen.

Werner Bulst SJ

Katholischer Haussegen

Der Segen des himmlischen Vaters komme reichlich über dieses Haus und über alle, die darin wohnen!

Der allerheiligste Name Jesu, der Name, in dem allein Heil ist, ergieße in reichem Maß Heil und Segen über dieses Haus und alles, was darin ist!

Die Gnade des Heiligen Geistes heilige alle! In diesem Hause mögen walten und herrschen Friede, Eintracht und aufrichtige Liebe, Unschuld, Frömmigkeit und Gottesfurcht!

Die allerseligste Jungfrau und Gottesmutter Maria wolle in mütterlicher Liebe für alle sorgen und alle bewahren vor allem Übel des Leibes und der Seele!

Die mächtige Fürbitte des glorwürdigen heiligen Joseph erflehe unseren Arbeiten reichliches Verdienst!

Die heiligen Schutzengel wollen die Bewohner dieses Hauses vor allen Nachstellungen des bösen Feindes und vor jedem Unglück beschützen und einst uns alle sicher ins himmlische Vaterland führen!

Der Segen des allmächtigen Gottes, des Vaters und des Sohnes und des Heiligen Geistes komme über uns und bleibe bei uns immerdar. Amen.

Um Heiligung der Berufsarbeit

Allmächtiger Gott, Du hast mir in meinem Beruf eine Aufgabe zugewiesen, durch welche ich beitragen soll zum Lobe Deiner Herrlichkeit. Lenke meinen Geist, meinen Willen, meine Fähigkeiten auf dieses große Ziel. Schau gütig auf meine Arbeiten und Mühen, halte fern die Trägheit und Gleichgültigkeit, falschen Ehrgeiz und Selbstsucht. Mache mich bescheiden in Erfolgen und stark in Enttäuschungen. Herr, segne meine Arbeit. Amen.

Um Beharrlichkeit im Guten

Mein Gott und Vater! In unbegreiflicher Liebe hast Du mir das Leben geschenkt. Seit meiner frühesten Kindheit hast Du mich gnadenvoll geführt. Oft hast Du mich aus der Fremde der Sünde heimgeführt ins Vaterhaus. Freilich, ich habe viele Gnadenerweise ungenutzt vorübergehen lassen. Herr, vergib mir diese Undankbarkeit. Von nun an will ich mich mit allem Ernst bemühen, keine Gnade mehr zu verscherzen. Deinem Sohn will ich nachfolgen auf dem Weg der Selbstverleugnung. Ich will den schmalen Pfad wandeln, damit ich die enge Pforte zum ewigen Leben nicht verfehle. Weil ich aber nicht für mich bürgen kann, so bitte ich Dich innig, lass auch in Zukunft mich nicht von Deiner Hand. Mache mir Mut, wenn ich versage. Mahne mich immer wieder zu Umkehr und Buße. Wenn ich in die Irre gehen sollte, dann sende Deinen Sohn als guten Hirten, dass er mich suche und zurückführe. Gib mir die Gnade der Beharrlichkeit bis ans Ende und lass mich nicht in Sünden sterben. Amen.

Bittgebet zu den sieben heiligen Zufluchten

Wir rufen aus der Tiefe:
Verlass' uns, Vater, nicht,
Gott Sohn mit Deiner Liebe,
Gott Geist mit Deinem Licht.
Höchste Zuflucht weit und breit,
heiligste Dreifaltigkeit!
Gott ist groß – Menschenlos
ruht allein in Deinem Schoß.

Wir rufen aus der Tiefe
zum Kreuz von Golgotha:
Durch Christi Kreuz und Wunden
das Heil der Welt geschah.
Größte Zuflucht, Heilands Blut,
machst den Sündenschaden gut!
Seligkeit bringt Dein Leid
und den Sieg im letzten Streit.

Wir rufen aus der Tiefe:
O allerhöchstes Gut,
das in dem Tabernakel
in Brotsgestalten ruht,
sich're Zuflucht ohne End',
Gotteslamm im Sakrament!
Himmelsbrot in der Not –
jetzt im Leben, einst im Tod.

Wir rufen aus der Tiefe:
Maria, Mittlerin,
o führ' uns arme Sünder
zu deinem Throne hin –
milde Zuflucht allezeit,
Mutter der Barmherzigkeit!
Aufwärts schaut, kündet laut,
niemand ihr umsonst vertraut.

Wir rufen aus der Tiefe:
Ihr Engel licht und rein,
Schutzengel, Himmelsfürsten,
woll't uns zur Seite sein!
Starke Zuflucht, wunderbar,
aller Engel Riesenschar!
Tag und Nacht uns bewacht
gegen Welt und Höllenmacht!

Wir rufen aus der Tiefe:
Ihr Heil'gen all im Chor,
Erhörer uns'rer Bitten,
tragt sie zu Gott empor!
Reiche Zuflucht, stark und mild,
Schutzpatrone, seid uns Schild!
Tugendreich helft ihr gleich,
zeigt den Weg zum Himmelreich.

Wir rufen aus der Tiefe:
Du Armer Seelen Schar,
euch Freunde Gottes tröste
der Messkelch vom Altar!
Letzte Zuflucht uns erfleht
Armer Seelen Bittgebet.
Gott, o gib Du ihnen Ruh',
neig' Dich ihrer Fürbitt' zu! Amen.

IM BEWUSSTSEIN MEINER SÜNDEN

„Wenn wir sagen, wir haben keine Sünde, so betrügen wir uns selbst, und die Wahrheit ist nicht in uns. Bekennen wir aber unsere Sünden, so ist er treu und gerecht. Er vergibt uns die Sünden und macht uns rein von allem Unrecht.“ *(1 Joh 1, 8-9)*

Aus der Tiefe rufe ich, Herr, zu Dir: * Herr, höre meine Stimme!

Wende Dein Ohr mir zu, * achte auf mein lautes Flehen!

Würdest Du, Herr, unsere Sünden beachten, * Herr, wer könnte bestehen?

Doch bei Dir ist Vergebung, * damit man in Ehrfurcht Dir dient.

Ich hoffe auf den Herrn, es hofft meine Seele, * ich warte voll Vertrauen auf sein Wort.

Meine Seele wartet auf den Herrn, * mehr als die Wächter auf den Morgen.

Mehr als die Wächter auf den Morgen * soll Israel harren auf den Herrn.

Denn beim Herrn ist die Huld, * bei ihm ist Erlösung in Fülle.

Ja, er wird Israel erlösen * von all seinen Sünden.

Psalm 130

Gott, sei mir gnädig nach Deiner Huld, * tilge meine Frevel nach Deinem reichen Erbarmen!

Wasche meine Schuld von mir ab, * und mache mich rein von meiner Sünde!

Denn ich erkenne meine bösen Taten, * meine Sünde steht mir immer vor Augen.

Gegen Dich allein habe ich gesündigt, * ich habe getan, was Dir missfällt.

So behältst Du recht mit Deinem Urteil, * rein stehst Du da als Richter.

Denn ich bin in Schuld geboren; * in Sünde hat mich meine Mutter empfangen.

Lauterer Sinn im Verborgenen gefällt Dir, * im Geheimen lehrst Du mich Weisheit.

Entsündige mich mit Ysop, dann werde ich rein; * wasche mich, dann werde ich weißer als Schnee.

Sättige mich mit Entzücken und Freude! * Jubeln sollen die Glieder, die Du zerschlagen hast.

Verbirg Dein Gesicht vor meinen Sünden, * tilge all meine Frevel!

Erschaffe mir, Gott, ein reines Herz, * und gib mir einen neuen, beständigen Geist!

Verwirf mich nicht vor Deinem Angesicht, * und nimm Deinen heiligen Geist nicht von mir!

Mache mich wieder froh mit Deinem Heil; * mit einem willigen Geist rüste mich aus!

Dann lehre ich Abtrünnige Deine Wege, * und die Sünder kehren um zu Dir.

Befreie mich von Blutschuld, Herr, Du Gott meines Heiles, * dann wird meine Zunge jubeln über Deine Gerechtigkeit.

Herr, öffne meine Lippen, * und mein Mund wird Deinen Ruhm verkünden.

Schlachtopfer willst Du nicht, ich würde sie Dir geben; * an Brandopfern hast Du kein Gefallen.

Das Opfer, das Gott gefällt, ist ein zerknirschter Geist, * ein zerbrochenes und zerschlagenes Herz wirst Du, Gott, nicht verschmähen.

In Deiner Huld tue Gutes an Zion; * baue die Mauern Jerusalems wieder auf!

Dann hast Du Freude an rechten Opfern, an Brandopfern und Ganzopfern, * dann opfert man Stiere auf Deinem Altar.

Ehre sei dem Vater und dem Sohn * und dem Heiligen Geist.

Wie es war im Anfang, so auch jetzt und alle Zeit * und in Ewigkeit. Amen. Psalm 51

Ich bekenne Gott, dem Allmächtigen, der seligen, allzeit reinen Jungfrau Maria, dem heiligen Erzengel Michael, dem heiligen Johannes dem Täufer, den heiligen Aposteln Petrus und Paulus und allen Heiligen, dass ich viel gesündigt habe in Gedanken, Worten und Werken, durch meine Schuld, durch meine Schuld, durch meine übergroße Schuld. Darum bitte ich die selige, allzeit reine Jungfrau Maria, den heiligen Erzengel Michael, den heiligen Johannes den Täufer, die heiligen Apostel Petrus und Paulus und alle Heiligen, für mich zu beten bei Gott, unserem Herrn. Amen.

Mein Herr und Gott, es reut und schmerzt mich, dass ich Deinen heiligen Willen übertreten und Dich beleidigt habe. Vergib mir, Vater im Himmel, um Jesu, Deines Sohnes willen! Ich opfere Dir auf mein Leiden und meine Schmerzen als Sühne für alle Sünden meines Lebens. Nimm dieses Opfer gnädig an und vergib mir meine Sünden! Amen.

Guter Jesus, nach Deiner großen Barmherzigkeit erbarme Dich meiner! Mildreicher Jesus, durch das kostbare Blut, das Du für die Sünder vergossen hast, bitte ich Dich: Wasche mich rein von allen meinen Missetaten und sieh in Gnaden auf mich armen, unwürdigen Menschen! Ich rufe Deinen heiligen Namen an. So rette mich denn, lieber Jesus, um Deines heiligen Namens willen! Amen.

Gekreuzigter Gottessohn, ich knie hier vor Dir, verstoße mich nicht! Als Sünder komme ich heute zu Dir. Ich habe Dich bisher so viel beleidigt, lieber Jesus. Doch ich will es nicht mehr tun. Vor Deinen Augen, guter Gott, breite ich alle meine Sünden aus. Ich kenne sie und weiß, sie verdienen keine Nachsicht. Doch sieh hin auf Deine Leiden, bedenke, wie kostbar das Blut ist, das aus Deinen Adern floss! Mein Gott, schau jetzt nicht mehr auf meine Sünden, schau vielmehr hin auf Deine unendlichen Verdienste! Du wolltest sterben für meine Sünden. Darum verzeihe sie mir alle, damit ich diese Last nicht mehr tragen muss; sie ist mir viel zu schwer. Lieber Jesus, hilf mir! Ich möchte gut werden um jeden Preis. Nimm hinweg, zerstöre, vernichte in mir alles, was Deinem Willen nicht entspricht! Leuchte mir, lieber Jesus, ich bitte Dich, lass mich wandeln in Deinem heiligen Licht! Amen.

hl. Gemma Galgani

Mein Gott, ich glaube alles, was die heilige, katholische und apostolische Kirche glaubt und lehrt. In diesem heiligen Glauben will ich leben und sterben.

Mein Gott, ich vertraue und hoffe, dass Du mir in Deiner unendlichen Barmherzigkeit gnädig sein wirst. Ich vertraue und hoffe, dass ich durch das bittere Leiden Deines Sohnes Jesus Christus und auf die Fürsprache der seligen Jungfrau Maria und aller Heiligen das ewige Leben erlange.

Mein Gott, ich liebe Dich aus meinem ganzen Herzen, aus meiner ganzen Seele, aus meinem ganzen Gemüte. Ich verlange sehnlich danach, Dich mit jener Liebe zu lieben, mit der Deine Heiligen Dich lieben.

Aus dieser Liebe bereue ich alle Sünden meines ganzen Lebens, die ich gegen Dich, mein höchstes Gut, und gegen meinen Nächsten begangen habe.

Mein Gott, von ganzem Herzen verzeihe ich allen, die mich in meinem Leben beleidigt haben oder mir feindlich gesinnt waren. Von ganzem Herzen will ich alle um Verzeihung bitten, die ich je gekränkt oder denen ich weh getan habe.

Mein Gott, gib mir die Gnade der Geduld im Leiden und der Ergebung in Deinen heiligen Willen. Ich opfere Dir diese Krankheit auf zur Sühne für meine Sünden und vereinige mich mit dem bitteren Leiden und Sterben meines Herrn. Erbarme Dich meiner, o Gott, nach Deiner großen Barmherzigkeit. Amen.

O mein Gott und Herr, alle Sünden meines ganzen Lebens sind mir leid vom Grund meines Herzens, weil ich dadurch verdient habe, von Dir, meinem gerechten Richter, zeitlich oder ewig gestraft zu werden, weil ich Dir, meinem größten Wohltäter, so undankbar gewesen bin, besonders aber, weil ich Dich, den unendlich guten Gott, dadurch beleidigt habe. Ich nehme mir ernstlich vor, mein Leben zu bessern und nicht mehr zu sündigen. O Jesus, gib mir dazu Deine Gnade. Amen.

Herr, lass mich immer mehr erkennen, dass das Leben kurz, der Tod gewiss und die Ewigkeit lang ist. Amen.

hl. Kardinal John Henry Newman

Erweckung der Liebesreue

Dich liebt, o Gott, mein ganzes Herz;
drum ist mir dies der größte Schmerz,
dass ich erzürnt Dich, höchstes Gut,
ach wasch' mein Herz in Jesu Blut!

Dass ich gesündigt, ist mir leid;
zu bessern mich, bin ich bereit.
Verzeih, o Gott, mein Herr, verzeih,
und wahre Buße mir verleih!

O Gott, schließ' mir Dein Herz nicht zu!
Bei Dir allein ist wahre Ruh'.
Lass nie mich von der Gnade Dein,
von Deiner Lieb' geschieden sein!

Nimm hin mein Herz, Herr Jesu Christ;
Dein Herz für mich durchstochen ist.
Ich bitt' durchs Blut des Herzens Dein,
mach mein und aller Herzen rein!

Lass nie in Sünd' mehr fallen mich,
von ganzem Herzen lieben Dich.
O Heil'ger Geist, Du höchstes Gut,
fach' an in mir der Liebe Glut!

O Gott, mein Ziel, Dein will ich sein,
mit Leib und Seel' auf ewig Dein!
Tu' nur mit mir zu jeder Zeit,
Herr, wie Du willst, ich bin bereit!
Amen.

Friedrich Spee SJ

Erbarme Dich meiner, o Herr, nicht nach der kleinen Barmherzigkeit der Menschen, sondern nach Deiner Barmherzigkeit, die groß ist, unermesslich und unbegreiflich, die alle Sünden unendlich überragt. Nach jener Barmherzigkeit, mit der Du die Welt so sehr geliebt hast, dass Du Deinen eingeborenen Sohn für sie dahingegeben hast. Könnte es eine größere Barmherzigkeit geben? Eine größere Liebe? Wer kann da verzweifeln und das Vertrauen verlieren? Gott ist Mensch geworden und wurde für die Menschen gekreuzigt. Darum erbarme Dich meiner, o Gott, nach dieser Deiner großen Barmherzigkeit, die Dich bewogen hat, Deinen Sohn für uns dahinzugeben, durch ihn die Sünden der Welt hinwegzunehmen, durch sein Kreuz alle Menschen zu erleuchten und durch ihn alles, was im Himmel und auf Erden ist, zu erneuern. Wasche mich, o Herr, in seinem Blute, erleuchte mich in seiner Demut und erneuere mich in seiner Auferstehung. Erbarme Dich meiner, o Gott, nicht nach Deiner kleinen Barmherzigkeit, denn Deine Barmherzigkeit ist klein, wenn Du den Menschen ihre körperlichen Leiden minderst. Groß ist sie dagegen, wenn Du die Sünden vergibst und die Menschen durch Deine Gnade über die Erde erhebst. Erbarme Dich meiner, o Herr, nach Deiner großen Barmherzigkeit, dass ich mich zu Dir bekehre, tilge meine Sünden und rechtfertige mich durch Deine Gnade. Amen.

Aus tiefer Not schrei' ich zu Dir,
Herr, Gott, vernimm mein Flehen.
Ach, neig' Dein gnädig' Ohr zu mir
und lass Dein Heil mich sehen.
Denn so Du willst das schauen an,
was Sünd' und Unrecht ist getan,
wer kann vor Dir bestehen?
Bei Dir, Herr, ist der Gnade viel,
die Sünden zu vergeben.
Herr, Dein Gesetz führt uns zum Ziel,
wenn wir nach ihm nur leben.
Dein heilig' Wort ist allzeit wahr,
mach Deine Huld uns offenbar,
ihm will ich mich ergeben.
O Gott, Du meine Zuversicht,
auf Dich will ich vertrauen,
vom Morgen bis die Nacht anbricht
auf Deine Güte bauen.
Denn Du bist stets zur Gnad' bereit,
Du wirst auch voll Barmherzigkeit,
Dein Heil mich schauen lassen. Amen.

O mein Gott und Herr! Ich habe oft gesündigt und Deine gerechte Strafe verdient. Sei mir Sünder gnädig! Dein göttlicher Sohn ist am Kreuz für mich gestorben, und ich habe seine Liebe mit Undank vergolten. Das tut mir von Herzen leid. Und Du, mein himmlischer Vater, bist unendlich gut, und ich habe Dich durch meine Sünden so sehr betrübt und erzürnt. Ich bereue es aus ganzer Seele und nehme mir fest vor, mich zu bessern und Dich nicht mehr zu beleidigen. Gib mir dazu Deine Gnade! Amen.

Gnade, mein Gott, Gnade! Ich bitte Dich um Gnade und gänzliche Erlassung meiner Sünden im Namen Dcincs Eingeborenen, unseres Herrn Jesus Christus, der meines Heiles wegen am Kreuze gestorben ist. Auf ihn setze ich meine ganze Hoffnung. Heute, o mein Gott, erneuere ich den Eid der Treue, den ich Dir in meiner Taufe geschworen habe. Jetzt also, wie damals, widersage ich dem Teufel, der Welt, dem Fleische und allen bösen Werken, sowie Üppigkeit und Gelüsten für meine ganze übrige Lebenszeit, o mein unendlich gütiger, barmherziger Gott!

Ja, in dieser Absicht weihe ich Dir, o mein Gott, meine Seele mit allen ihren Kräften, mein Herz mit all seinen Regungen, meinen Leib mit allen seinen Sinnen und beteuere, dass ich von keinem Teil meines ganzen Wesens gegen den Willen Deiner göttlichen Majestät Gebrauch machen will. Sollte ich aber durch Arglist meines Feindes betrogen oder durch eine menschliche Schwäche verleitet, ermangeln, treulich mit Deiner Gnade mitzuwirken und meinem Vorsatz gemäß zu handeln, so verspreche ich Dir, keinen Augenblick zu versäumen, um mit der Gnade des Heiligen Geistes mich von diesem Falle wieder zu erheben. Dieses ist mein unveränderlicher Entschluss, meine unwiderrufliche Willensmeinung, ohne Rückhalt und ohne Ausnahme.

Würdige Dich, ewiger, allmächtiger, unendlich gütiger Gott, Vater, Sohn und Heiliger Geist, dieses in meinem ganzen Wesen bestehende Opfer zum lieblichen Wohlgeruche anzunehmen. Und da Du mir die Gnade verliehen, jene Entschlüsse Dir zum Opfer zu bringen, so verleihe mir auch Gnade nach Deiner unendlichen Güte, dass ich sie alle vollziehen möge.

O Gott, Du bist mein Gott, der Gott meines Herzens, der Gott meines Geistes, der Gott meiner Seele! Ich bete Dich an, ich liebe Dich, ich will Dich anbeten und lieben in alle Ewigkeit. Es lebe Jesus! Amen.

hl. Franz von Sales

Zum Empfang des Bußsakramentes

Gebete zur Gewissenserforschung

Gott, allmächtiger Vater, Du bist der Herr über mein Leben. Nichts ist vor Dir verborgen, und jedes Herz liegt offen vor Dir. Vor Deinem Angesicht will ich mein Leben prüfen. Läutere durch die Eingießung des Heiligen Geistes die Gedanken meines Herzens, auf dass ich die Gnade erlange, Dich vollkommen zu lieben und gebührend zu loben. Amen.

Jesus, mein Herr und Heiland, Du kennst all meine Gedanken, meine Worte und meine Werke. Hilf mir, zu werden wie Du! Bilde mein Herz nach Deinem Herzen! Lenke meinen Willen zum Guten! Amen.

Heiliger Geist erleuchte mich, Deine Gnade stärke mich! Erhelle meinen Verstand und bewege meinen Willen, damit ich meine Sünden recht erkenne, sie aufrichtig bekenne und mich wahrhaft bessere! Amen.

Gott, Du stößt niemanden zurück, sondern lässt Dich in liebevollem Erbarmen auch vom größten Sünder durch Buße versöhnen. Blicke gnädig auf mein demütiges Flehen und erleuchte mein Herz, damit ich meine Fehler erkenne und recht bekenne und so Deine Gnade erlange. Amen.

Gebet zur Erweckung der Reue

O mein Gott, ich verabscheue und bereue alle meine Sünden, weil ich Dich, meinen Schöpfer und strengsten Richter, aber auch zugleich meinen liebreichsten Erlöser und größten Wohltäter, erzürnt und dadurch verdient habe, von Dir bestraft und verstoßen zu werden. Am meisten aber sind mir alle meine Sünden leid, weil ich Dich, das höchste, vollkommenste und schönste Gut, welches ich über alles liebe, dadurch erzürnt, entehrt und beleidigt habe. Ich verabscheue und bereue alle meine Sünden und nehme mir fest vor, lieber zu sterben, als Dich, meinen Gott, noch einmal zu beleidigen. Um diese Gnade bitte ich Dich durch die unendlichen Verdienste Deines eingeborenen Sohnes, unseres Herrn Jesus Christus. Amen.

Gebet nach der heiligen Beichte

O mein liebenswürdigster Jesus, ich danke Dir von ganzem Herzen, dass Du mir um der Verdienste Deines Blutes willen meine Sünden vergeben hast. Ich brenne vor Begierde, im Himmel die ganze Ewigkeit hindurch Deine Barmherzigkeit zu preisen.

Bis jetzt, o mein Gott, habe ich Dich oft verloren, aber künftig will ich Dich nicht wieder verlieren. Ich will mein Leben bessern, Du verdienst all meine Liebe. Ich will Dich wahrhaft lieben und nicht wieder von Dir getrennt werden. Ich verspreche Dir, die Gelegenheit zur Sünde zu meiden und folgendes Mittel anzuwenden (*Hier fasse einen möglichst konkreten Vorsatz!*), um nicht wieder zu sündigen.

Aber Du kennst auch meine Schwäche, o Gott! Gib mir die Gnade, Dir treu zu bleiben bis zu meinem Tod, und hilf mir bei jeder Versuchung, dass ich sofort zu Dir meine Zuflucht nehme.

Hilf mir, o Maria! Du bist die Mutter der Barmherzigkeit, auf dich setze ich alle meine Hoffnung. Amen.

IN KRANKHEIT UND LEIDEN

„Kommt alle zu mir, die ihr mühselig und beladen seid, ich will euch erquicken." (Mt 12, 28)

All unsere Wünsche und Vorsätze, all unsere Schwierigkeiten und Versuchungen, all unsere Kämpfe und Leiden, all unsere Sorgen und Ängste legen wir mit großem, unerschütterlichem Gottvertrauen nieder in das Herz unseres Erlösers. Wenn Gott mit uns ist, wer ist dann gegen uns? Amen.

sel. Pater Rupert Mayer

Weiß ich den Weg auch nicht, Du weißt ihn wohl.
Das macht die Seele still und friedevoll.
Ist doch umsonst, dass ich mich sorg' und müh',
dass ängstlich schlägt mein Herz, ob spät, ob früh.
Weiß ich den Weg auch nicht, Du weißt die Zeit,
Dein Plan ist fertig stets und liegt bereit.
Ich preise Dich für Deine Liebesmacht.
Ich preis' die Gnade, die mir Heil gebracht.
Du weißt, woher der Wind so stürmisch weht,
und Du gebietest ihm, kommst nie zu spät.
Drum wart' ich still, Dein Wort ist ohne Trug,
Du weißt den Weg für mich, das ist genug.
Amen.

Wenn plötzlich in dein Lebenslicht
die finsterste der Nächte bricht,
du nicht begreifst, woher sie kommt,
du nicht begreifst, wozu sie frommt,
dich tiefer Gram macht sprachlos, stumm,
tröst' dich der Spruch: „Gott weiß warum."

Schon oft hab ich den Herrn bestürmt mit Fragen,
warum er mir so Schweres gab zu tragen,
warum er stets nur sandte Leid statt Glück,
doch alle Fragen kamen stumm zurück.

Heut' weiß ich, dass ich diesen Weg musst' gehen,
um seine Weisheit gänzlich zu verstehen.
So wie das Gold im Feuer erst wird rein,
gab er zu läutern meinem Herzen Pein.

Seitdem ich dies mit klarem Sinn erkannte,
erglüht mir Dank, wo einst der Zweifel brannte.
Was er auch schicke, immer halt' ich still,
weil er's, mein Gott, in weiser Güte will. Amen.

Erscheinen meines Gottes Wege
mir seltsam, rätselhaft und schwer,
und gehen Wünsche, die ich hege,
still unter in der Sorgen Meer;
will trüb und schwer der Tag verrinnen,
der mir nur Schmerz und Qual gebracht,
dann darf ich mich auf eins besinnen:
Dass Gott nie einen Fehler macht!

Wenn mir zu hoch des Herrn Gedanken,
zu tief die Brunnen seiner Huld;
wenn alle Stützen haltlos wanken,
die Kraft mir fehlt und die Geduld;
wenn gar mein Blick kein Ziel mehr findet
in banger, tränenreicher Nacht,
ein Glaubensfünkchen dennoch kündet:
Dass Gott nie einen Fehler macht!

Wenn über ungelösten Fragen
mein Herz verzweiflungsvoll erbebt,
an Gottes Liebe will verzagen,
weil sich der Unverstand erhebt;
dann darf ich all mein müdes Sehnen
in Gottes Rechte legen sacht
und leise sprechen unter Tränen:
Dass Gott nie einen Fehler macht!

Drum still, mein Herz, und lass vergehen,
was irdisch und vergänglich heißt,
im Lichte droben wirst du sehen,
dass gut die Wege, die er weist.
Und müsstest du dein Liebstes missen,
ja ging's durch kalte, finst're Nacht,
halt' fest an diesem sel'gen Wissen:
Dass Gott nie einen Fehler macht! Amen.

Herbert Sack, gedichtet in Stalingrad

Herr, wie Du willst, so will ich geh'n
und wie Du willst, soll mir gescheh'n,
hilf Deinen Willen nur versteh'n!
Herr, wann Du willst, dann ist es Zeit,
und wann Du willst, bin ich bereit,
heut' und in alle Ewigkeit.
Herr, was Du willst, das nehm' ich hin,
und was Du willst, ist mir Gewinn,
genug, dass ich Dein Eigen bin.
Herr, weil Du's willst, drum ist es gut,
und weil Du's willst, drum hab ich Mut,
mein Herz in Deinen Händen ruht. Amen.

Lieblingsgebet des sel. Pater Rupert Mayer

Herr, gib uns mehr Mut, wenn wir erwachen und die Last des kommenden Tages schwer auf unseren Schultern liegt; mehr Zuversicht, wenn die Bedrängnisse sich häufen nach innen wie nach außen; mehr Ruhe, wenn die Prüfungen mit jedem Tag schwerer und zermürbender werden; mehr Gelassenheit, wenn es auch scheint, als hätte Dein Wort: „Bittet, und ihr werdet empfangen!" für uns keine Geltung mehr; mehr Glauben an Deine Vatergüte, wenn die Mächte der Finsternis uns gewaltsam bedrängen und Du in Untätigkeit zu verharren scheinst; mehr Hoffnung, wenn die Hoffnungslosigkeit wie das Hochwasser steigt und unsere Herzen überfluten möchte mit Bitterkeit; mehr Vertrauen, wenn die Verzweiflung stetig wächst ob all der Not, ob all der Aussichtslosigkeit, ob der Berge von Trübsal, die über uns herzufallen drohen; mehr heilige Freude, wenn das Leid zu unserem täglichen Brot geworden und die Sorge als ständiger Gast mit uns am Tische sitzt; mehr Güte zu den Menschen, wenn sie immer härter und immer kälter werden; mehr Liebe zu Dir, wenn die Verlassenheit unser Anteil geworden und keine Hilfe mehr möglich und unser Untergang besiegelt scheint; mehr Unverdrossenheit in Deinem Dienst, wenn unser Arbeiten, Mühen und Kämpfen nur Misserfolge zeitigt; mehr Tapferkeit, wenn in schwachen Stunden die Feigheit uns überfällt und wir uns der Übermacht des Feindes ausgeliefert glauben; mehr Kraft, wenn wir müde von all dem Widerstreit die Waffen strecken möchten; mehr Wahrhaftigkeit, wenn wir in der Stunde der Gefahr bekennen sollen: „Du bist Christus, der Sohn des lebendigen Gottes"; mehr Opfermut, wenn es zu beweisen gilt, dass wir alles daran zu geben gewillt sind, um Dich zu besitzen. Amen.

Gott, mein Gott! Schwer liegt die Prüfung auf mir. Ich möchte wie Dein Sohn am Kreuz rufen: „Mein Gott, warum hast Du mich verlassen?“ Dennoch bekenne ich: Die Hand, die mich züchtigt, ist die Hand meines guten Vaters. Du beugst mich nieder, um mich durch den Schmerz meiner Seele zu adeln. Ich habe zu viel auf mich vertraut. Lehre mich, nun alle Hoffnungen auf Dich zu setzen. Wenn ich in diesen Tagen in meinem Selbstgefühl erschüttert werde, wenn ich die menschliche Ohnmacht tief empfinde, dann lass mich dadurch wachsen im Vertrauen zu Dir. Hilf mir, dass ich durch diese Heimsuchung lerne, fremdes Leid besser zu verstehen, um andern in ihrer Prüfung beizustehen. Mir aber gib dic Kraft, mein Leid so lange zu tragen, wie Deine Weisheit es für gut findet, und so geduldig, dass es mir zum Segen wird. Amen.

Gott, mein Vater, Du hast in Deiner ewigen Weisheit mir dieses Kreuz ausersehen, das ich jetzt tragen muss. Es drückt mich schwer. Verzeihe mir, wenn ich darunter seufze! Ich denke zu wenig Deine Gedanken, die so ganz anders sind als unsere Menschengedanken. Wenn ich wüsste und bedächte, wie Du mit Deinen allwissenden Augen mein

Kreuz betrachtet hast, ehe Du es schicktest; wie Du es geprüft und gewogen hast, ob es auch nicht zu groß und schwer für mich sei; wie Du es gesegnet hast mit Deiner Gnade und wie Du dann mich und meine schwache Kraft mit dem Blick der Liebe umfangen hast – so dürfte ich nicht mehr klagen! Ich will bereit sein, anzunehmen, was mir von Deiner Hand zugeschickt ist als ein Gruß von Dir, als eine Botschaft Deines Vertrauens, als eine liebe Einladung zu Dir: mich aufzumachen, um Christus, Deinem für uns hingegebenen Sohn, nachzufolgen bis ans Kreuz. Musste er nicht leiden? Ja, auch ich muss und will es mit ihm, um einzugehen mit ihm in seine Herrlichkeit: heim zu Dir, o Vater. Amen. hl. Franz von Sales

Göttlicher Heiland, Du hast den Kranken stets Deine besondere Liebe und Güte erwiesen und ihnen oft die Gesundheit wiedergeschenkt. Voll Vertrauen bitte auch ich: Jesus, erbarme Dich meiner. Wenn Du willst, kannst Du mich gesund machen. Dann will ich Dir von Herzen dankbar sein. Willst Du aber in Deiner unerforschlichen Weisheit mir die Gesundheit nicht wieder schenken, so mache mich stark, dass ich mich beugen und ganz in Deinen heiligen Willen ergeben kann. Mit Deinem Beistand will ich alle Leiden geduldig ertragen und so Dir, meinem gekreuzigten Herrn, immer ähnlicher werden. Hilf mir, dass ich meine eigene Lebensschuld abbüße. Nimm an die Opfer, die ich Dir anbieten kann, und schenke dafür den Sündern die Gnade der Bekehrung und den Armen Seelen den Eingang in Deine ewige Freude. Amen.

Alle Bürden will ich tragen,
die mir die Trauer auferlegt,
alle Zweifel, alle Fragen,
weil sie einer mit mir trägt,
weil die Engel mich begleiten,
meinen schweren Gang zu geh'n,
alle Finsternis durchschreiten,
um am Ende Licht zu seh'n. Amen. Elli Michler

O Jesus, ewiger Hoherpriester, der Du aus Liebe zu uns die Menschheit durch Dein Leiden und Deinen Kreuzestod erlöst hast, nimm durch die gebenedeiten Hände Deiner Mutter mein Leiden gütigst an.

Mit Deinem Kreuz opfere ich Dir das meine in Liebe auf. Befruchte das Apostolat Deiner Priester, damit Dein Reich des Lichtes, der Liebe und des Friedens komme. Amen.

In schwerer Zeit

Vater, wir bitten Dich: Lass uns nicht mutlos werden bei der Drangsal, die wir erleiden, sie wirkt ja unser Heil. Wir beugen unser Knie vor Dir, o Vater unseres Herrn Jesus Christus. Verleihe uns nach dem Reichtum Deiner Herrlichkeit, dass wir durch Deinen Geist dem inneren Menschen nach kraftvoll erstarken, dass Christus durch den Glauben in unseren Herzen wohne, und wir in der Liebe fest verwurzelt und gegründet seien. Dann werden wir mit allen Heiligen innewerden, was die Breite und Länge, die Höhe und Tiefe Deiner Begnadung ist und auch die Liebe Christi verstehen, die alles Erkennen übersteigt. Und endlich wird es geschehen: Wir werden ganz von Dir, o Gott, erfüllt. Amen.

Um Geduld

Jesus, Du starker Held, Du hast Dein Kreuz, das Dich mehrmals zu Boden drückte, dennoch wieder aufgenommen und standhaft bis nach Golgotha getragen. Verleihe mir die Kraft, dass ich mein Kreuz geduldig trage, so sehr es mich auch niederbeugen mag, und dass ich im Leiden starkmütig ausharren möge.

Heilige Maria, du Mutter der Schmerzen! Du hast unter dem Kreuz deines Sohnes gestanden und in diesem unermesslich großen Leid standhaft ausgeharrt. Erbitte auch mir die Gnade eines ungebeugten Mutes, eines felsenfesten Gottvertrauens und der Beharrlichkeit bis ans Ende. Amen.

Still bescheiden Gutes üben,
stille Gott und Menschen lieben.
Stille meine Pflicht erfüllen,
still erfassen Gottes Willen.
Still mit andern mich erfreuen,
still von andrer Fehler sein.
Stille, wenn mich Menschen kränken,
stille meiner Schwäche denken.
Stille teilen fremden Schmerz,
stille flehen himmelwärts.
Still in Wünschen und Verlangen,
stille Jesu Kreuz umfangen.
Stille opfern und entsagen,
still des Lebens Wechsel tragen.
Still dem Heiland anvertrauen,
still zur Himmelsheimat schauen.
Stille Tugend mir erwerben,
stille - stille - bis zum Sterben. Amen.

Gebet des Gottvertrauens

Heiliger und barmherziger Gott! Ich glaube demütig auch in allem Dunkel und in aller Not, dass Du da bist, auch wenn ich Dich nicht sehe, dass Du alles lenkst in Weisheit und Liebe, auch wenn ich es nicht begreife, dass Du mich liebst, auch wenn Du mir ein schweres Kreuz auferlegst, dass Du mir gut bist, weil ich Dein Kind bin und weil ich mühselig und beladen bin. Dir will ich vertrauen, auch wenn ich Deine Vaterhand nicht ergreifen kann.

Dir empfehle ich mein Leben Tag um Tag, Nacht um Nacht, Stunde um Stunde, auf dass Dein Wille geschehe, Dein Name geheiligt werde, Dein Reich zu mir und durch mich zu anderen komme.

Einmal werden in der Ewigkeit die Schleier fallen und ich schaue, was mir jetzt noch dunkel und verborgen ist: Du hast nach ewigem Plan und in ewiger Liebe alles zum Besten gelenkt.

Mit Deinem lieben Sohn am Kreuz will ich meine Seele in Deine gütigen Hände empfehlen. Nimm sie in Gnaden an. Amen.

Gib mir Kraft für einen Tag. Herr, ich bitte nur für diesen, dass mir werde zugewiesen, was ich heute brauchen mag. Jeder Tag hat seine Last, jeder Tag bringt neue Sorgen, und ich weiß nicht, was für morgen Du mir, Herr, beschieden hast. Aber eines weiß ich fest, dass mein Gott, der seine Treue täglich mir erwies aufs Neue, sich auch morgen finden lässt. Gib noch heute Deinen Geist, dass das Band wird stark erfunden, das mich hält mit Dir verbunden und bis morgen nicht zerreißt. Und so will ich meine Bahn ohne Sorgen weiterschreiten, denn Du wirst Schritt um Schritt mich leiten, bis der letzte ist getan. Amen.

Wer heimlich seine Wohnestatt
im Schutz des Allerhöchsten hat,
der bleibet sicher ohn' Gefahr
in Gottes Schatten immerdar.

Er spricht zum Herren wohlgemut:
Du bist mein Trost und Hoffnung gut,
mein Hort, mein lieber Herr und Gott,
dem ich will trauen in der Not.

Er weiß ja, dass zu jeder Frist
der Herr sein Heil und Hoffen ist,
gleich einem Schild zu starker Wehr
steht Gottes Treue um ihn her.

Kein Übel, jäh und unverseh'n,
wird dräuend ihm entgegensteh'n,
kein Unheil, das im Finstern schleicht,
kein nächtlich Grauen ihn erreicht.

Denn Gott nach seinem hohen Rat
befohlen seinen Engeln hat,
dass auf dem Wege treu und gut
der Fromme sei in sich'rer Hut.

Der Herr lässt ihn nach seinem Sinn
auf Engelhänden tragen hin,
dass nicht sein Fuß an einen Stein
anstoße und verletzt mög' sein.

Ich will, spricht Gott, ihm helfen aus
und segnen Heimat ihm und Haus,
denn er, der meinen Namen kennt,
mich nicht vergeblich Vater nennt.

Sein Leben steht in Ehren da,
in jeder Not bin ich ihm nah'.
Mein Auge bleibt ihm zugewandt
und Heil geb ich in seine Hand. Amen.

Ich glaub' an Gott in aller Not,
auf Gott ich meine Hoffnung baue.
Ich liebe Gott bis in den Tod,
auf diese Liebe ich vertraue.

Jesus, Dir leb' ich, Jesus, Dir sterb' ich,
Dein bin ich tot und lebendig!

Das Heil allein kann sicher sein
in meines Jesu Wunden;
in Deinem Tod, o liebster Gott,
das Leben wird gefunden.

Jesus, Dir leb' ich, Jesus, Dir sterb' ich,
Dein bin ich tot und lebendig!

Ein büßend Herz in Reu' und Schmerz
soll nimmermehr verzagen;
durch wahre Reu' von Sünden frei,
darf ich zu Jesus sagen:

Jesus, Dir leb' ich, Jesus, Dir sterb' ich,
Dein bin ich tot und lebendig!

Am letzten End' in Deine Händ'
will ich mein' Seel' aufgeben;
o Jesu mein, nun bin ich Dein,
gib mir das ew'ge Leben.

Jesus, Dir leb' ich, Jesus, Dir sterb' ich,
Dein bin ich tot und lebendig! Amen.

Führe Du, mildes Licht, im Dunkel, das mich umgibt, führe Du mich hinan!
Die Nacht ist finster, und ich bin fern der Heimat, führe Du mich hinan!
Leite Du meinen Fuß – sehe ich auch nicht weiter: Wenn ich nur sehe jeden Schritt.

Einst war ich weit zu beten, dass Du mich führest. Selbst wollt' ich wählen.
Selbst mir Licht trotzend dem Abgrund,
dachte ich meinen Pfad zu bestimmen,
setzte mir stolz das eigene Ziel.
Aber jetzt - lass es vergessen sein.

Du hast so lange mich behütet - wirst mich auch weiter führen: über sumpfiges Moor,
über Ströme und lauernde Klippen,
bis vorüber die Nacht und im Morgenlicht Engel mir winken.
Ach, ich habe sie längst geliebt -
nur vergessen für kurze Zeit. Amen.

hl. Kardinal John Henry Newman

Bleibe bei uns, Herr, denn es will Abend werden, und der Tag hat sich geneigt. Bleibe bei uns und bei Deiner ganzen Kirche. Bleibe bei uns am Abend des Tages, am Abend des Lebens, am Abend der Welt. Bleibe bei uns mit Deiner Gnade und Güte, mit Deinem Wort und Sakrament, mit Deinem Trost und Segen. Bleibe bei uns, wenn über uns kommt die Nacht der Trübsal und Angst, die Nacht des Zweifels und der Anfechtung, die Nacht des bitteren Todes. Bleibe bei uns und bei allen Deinen Gläubigen, in Zeit und Ewigkeit. Amen.

Herr, ich bin Dein Eigentum,
Dein ist ja mein Leben.
Mir zum Heil und Dir zum Ruhm
hast Du mir's gegeben.
Väterlich führst Du mich
auf des Lebens Wegen
meinem Ziel entgegen.

Bald kommst Du mit großer Kraft
zum Gericht auf Erden,
denn ich soll zur Rechenschaft
dargestellet werden.
Dein Gericht schonet nicht,
Richter aller Welten,
denn Du wirst vergelten.

Lehre mich gewissenhaft
meine Tage zählen,
jeden Tag zur Rechenschaft
mich mit Vorsicht wählen.
Gib, dass ich ernstlich mich
jeden Tag, auch heute,
auf sie vorbereite.

Gib auch, dass ich wachend sei,
Herr, an Deinem Tage
und das Licht der Gnaden treu
durch mein Leben trage,
dass ich dann fröhlich kann
Dir am End' der Zeiten,
Herr, entgegenschreiten.

Göttlicher Heiland! Du hast während Deines Lebens auf Erden vielen Kranken die Gesundheit wiedergeschenkt und den Kranken stets Deine besondere Liebe und Güte erwiesen. Im Vertrauen darauf rufe auch ich immer zu Dir: Jesus, Sohn Davids, erbarme Dich meiner! Schenke mir die Gesundheit wieder! Ich fasse den festen Vorsatz, dass ich mein weiteres Leben treu verwenden will zu Deiner Ehre und zu meinem Heil. Willst Du mir aber in Deiner unerforschlichen Weisheit die Gesundheit nicht wiederschenken, so verleihe mir volle Ergebung in Deinen heiligen Willen, damit ich alle Leiden und Beschwerden geduldig ertrage und Dir dadurch immer ähnlicher werde. Herr, Dein Wille geschehe! Amen.

O Herr, nun neigt zu Ende
sich meine Lebenszeit,
ich suche Deine Hände
und mache mich bereit.

Den Tod bin ich Dir schuldig,
weil ich ein Sünder bin;
ich nehme ihn geduldig
als meine Buße hin.

Du hast für mich erlitten
den martervollsten Tod;
Du hast mich freigestritten
aus meiner Seelennot.

Drum soll nun auch mein Sterben
für Dich geopfert sein.
O lass mich nicht verderben
in meiner letzten Pein!

Sieh nicht auf meine Schwächen
und nicht auf meine Schuld,
und wenn mein Herz wird brechen,
dann hab' mit mir Geduld.

Der Abgrund Deiner Güte
ist jetzt mein Zufluchtsort,
und voll Vertrauen hüte
ich Dein verzeihend' Wort.

Du gabst mir reiche Gnade,
Du warst mir Kraft und Licht
auf meinem Lebenspfade,
wie erst erkannt' ich's nicht!

Lass nun die letzte Stunde
voll Deines Segens sein,
dass ich mit Dir im Bunde
geh in das Leben ein. Amen.

Gerhard Börner

Jesus, ewiger Hoherpriester, der Du aus Liebe zu uns die Menschheit durch Dein Leiden und Deinen Kreuzestod erlöst hast, nimm durch die gebenedeiten Hände Deiner Mutter mein Leiden gütigst an. Mit Deinem Kreuz opfere ich Dir das meine in Liebe auf. Befruchte das Apostolat Deiner Priester, damit Dein Reich des Lichtes, der Liebe und des Friedens zu uns komme! Amen.

Mein Gott, gib mir die Gnade der Geduld im Leiden und der Ergebung in Deinen heiligen Willen. Ich opfere Dir diese Krankheit auf zur Sühne für meine Sünden und vereinige mich mit dem bitteren Leiden und Sterben meines Herrn. Amen.

Segensbitte der Kranken

Herr Jesus Christus, sei bei mir, damit Du mich verteidigst, sei in mir, damit Du mich erquickst, sei um mich, damit Du mich behütest, sei vor mir, damit Du mich führst, sei über mir, damit Du mich beschirmst!

Es segne mich Gott, der Vater, der mich erschaffen, es segne mich Gott, der Sohn, der mich erlöst, es segne mich Gott, der Heilige Geist, der mich geheiligt hat.

Allmacht des Vaters, hilf mir in meiner Schwachheit und rette mich aus meiner Not! Weisheit des Sohnes, leite mein ganzes Denken, Reden und Tun! Liebe des Heiligen Geistes, rege jede Tätigkeit meiner Seele an, dass sie stets dem Willen Gottes entspricht! Amen.

Gebet um Gesundheit

O mein gütigster Heiland! Noch immer hast Du dieselbe Macht, gesund zu machen, die Du bei Deinem Wandel auf Erden an zahllosen Kranken und Bedrängten, die an Dich glaubten, so liebreich ausübtest. Ich rufe in demselben Glauben zu Dir: Jesus, Du Sohn Davids, erbarme Dich meiner! Du darfst nur wollen, und ich stehe auf und wandle wieder. Erhöre mich nach Deiner unendlichen Erbarmung und schenke mir meine Gesundheit wieder. Wenn aber die Gesundheit mir nicht zum Heil gereichen würde, so geschehe Dein heiliger Wille. Nur entziehe mir nicht Deine Gnade. Lass mich mit Dir sterben, damit ich ewig mit Dir lebe, lass mich hier mit Dir leiden, damit ich im Himmel mit Dir herrsche. Amen.

Vor dem Empfang der Sterbesakramente

Gütigster Gott! Ich darf jetzt jene heiligen Gnadenmittel empfangen, die Du zum Trost der Kranken und zur Stärkung auf die Reise in die Ewigkeit eingesetzt hast. Du weißt es am besten, wie viel für unser Seelenheil davon abhängt, dass dieses auf eine recht würdige Weise geschieht. So stehe mir denn mit Deiner mächtigen Gnade bei. Erleuchte meinen Verstand, reinige und erwärme mein Herz und entferne alles von mir, was meine Vereinigung mit Dir hindern könnte. – An Dich glaube ich, auf Dich hoffe ich, Dich liebe ich von ganzem Herzen, nach Dir verlange und sehne ich mich. O Herr, komme zu mir und lass mich in Deiner Gnade und Liebe sterben. Amen.

Nach dem Empfang der Sterbesakramente

Preis und Dank sei Dir, mein Herr und Heiland Jesus Christus, dass Du Dich gewürdigt hast, in meiner Krankheit zu mir zu kommen und durch die Gnade der heiligen Sakramente meine Seele zu heiligen und zu stärken. Nun will ich alle Sorgen fahren lassen und alles getrost Deiner Barmherzigkeit anheimstellen. Gänzlich überlasse ich mich Deiner Fügung, denn Du hast mich überreich beschenkt durch Deine große Güte. Erhalte mich nun in Deiner Liebe und Gnade und dann tue mit mir, was Du willst. Lass mich unzertrennlich mit Dir vereinigt bleiben, in Dir leben, in Dir leiden und sterben, damit ich Dich schauen und besitzen möge in Ewigkeit. Amen.

In schwerer Krankheit

O Gott, die Tage meiner irdischen Pilgerschaft neigen sich ihrem Ende zu. Dein heiliger Wille möge geschehen! Noch einmal sage ich Dir herzlichen Dank für all die unzähligen Wohltaten und Gnaden, die ich zeitlebens von Deiner väterlichen Güte empfangen habe. Möchte ich doch recht bald dorthin gelangen, wo Deine Auserwählten Dir ihre Dankeslieder singen bis in alle Ewigkeit! – Auch bereue ich noch einmal von ganzem Herzen, dass ich Dich so wenig geliebt, und dass ich Dich so vielfach beleidigt habe in Gedanken, Worten, Werken und Unterlassungen. Ich verabscheue alle meine Sünden und möchte sie gern ungeschehen machen, wenn es möglich wäre. Verzeihe mir, gütigster Vater, um Deiner

Barmherzigkeit und um Jesu, Deines Sohnes willen. Nimm die Schmerzen meiner Krankheit und die Leiden meines Todeskampfes als ein demütiges Bußopfer in Gnaden an. Lass mich völlig mit Dir ausgesöhnt von dieser Erde scheiden und dort oben einen gnädigen Richter in Dir finden.

O Maria, meine teuerste Mutter! Wende jetzt ganz besonders deine barmherzigen Augen mir zu, erflehe mir Verzeihung aller meiner Fehltritte und jene größte aller Gnaden, dass ich bald von Angesicht zu Angesicht schaue Jesus, die gebenedeite Frucht deines Leibes, o gütige, o milde, o süße Jungfrau Maria. Amen.

Stoßgebete für Kranke und Sterbende

Himmlischer Vater, erbarme Dich meiner. In Deine Hände befehle ich meinen Geist.

Vater, wenn es möglich ist, lass diesen Kelch an mir vorübergehen, doch nicht wie ich will, sondern wie Du willst.

Mein Herr und mein Gott! Schon jetzt nehme ich den Tod, wie er auch immer nach Deinem Willen mich treffen mag, mit allen seinen Ängsten, Peinen und Schmerzen aus Deiner

Hand ergeben und willig an.

Herr, bleibe bei mir, denn es will Abend werden.

Herr, auf Dich habe ich gehofft, in Ewigkeit werde ich nicht zuschanden werden.

Jesus, sei mir gnädig, Jesus sei mir barmherzig, Jesus, verzeih' mir meine Sünden.

Jesus, Dir leb' ich, Jesus, Dir sterb' ich, Jesus, Dein bin ich im Leben und im Tod.

Mein Jesus, Barmherzigkeit.

Guter Jesus, sei mir nicht Richter, sondern Erlöser.

Heiliger Geist, weiche nicht von mir. Erleuchte und stärke mich, damit der Feind keine Gewalt über mich gewinne.

Unter deinen Schutz und Schirm fliehe ich, heilige Gottesmutter, verschmähe mich nicht in meiner letzten Not.

Heilige Maria, bitte für mich! Maria, Mutter der Gnade, Mutter der Barmherzigkeit, beschütze mich vor dem Feind und nimm mich auf in der Stunde meines Todes!

Heiliger Joseph, Patron der Sterbenden, bitte für mich.

IM ANGESICHT DES TODES

„Wie es dem Menschen bestimmt ist, einmal zu sterben, und darauf das Gericht folgt, so hat sich auch Christus einmal zum Opfer dargebracht, um die Sünden der vielen hinwegzunehmen." (Hebr 9, 27)

Herr, mein Gott, schon jetzt nehme ich den Tod, wie er auch nach Deinem Willen mich treffen mag, mit all seinen Ängsten, Peinen und Schmerzen, aus Deiner Hand ergeben und willig an. Amen. hl. Pius X.

Herr, gedenke meiner, wenn Du in Dein Reich kommst, so hat einst in seiner letzten Stunde der sterbende Schächer gesprochen. Denk' gnädig auch an mich, Herr, in meiner letzten Stunde! Sieh nicht auf meine Sünden, sondern auf Dein Kreuz und Dein Leid! Gedenke, dass Du für mich gelitten, den Sünder! Denk' an mich in meiner Todesnot, weil ich Dein Leid mit Dir geteilt habe im Tragen meines Kreuzes an Deiner Seite.

Herr und Erlöser, in meiner letzten Stunde stärke mich mit der Kraft Deiner heiligen Sakramente und dem belebenden Hauch Deines Trostes! Lass mir zuteil werden die Wohltat Deiner Lossprechung, das heilige Öl zum Zeichen und Siegel, Deinen heiligen Leib und Dein heiliges Blut zu Speise und Trank!

Maria, meine liebe Mutter, möge mir zur Seite stehen und mein Engel mir Frieden zusprechen, meine Schutzheiligen mich trösten, damit ich durch sie die Gnade erhalte, beharrlich zu sein bis in den Tod: in Deinem Glauben, in Deiner Kirche, in Deinem Dienst, in Deiner Liebe. Amen.

O mein Herr und Heiland, stärke mich in der Stunde meines Todes durch die starken Waffen Deiner heiligen Sakramente und durch den erfrischenden Duft Deiner Tröstungen. Gib, dass die Worte der Lossprechung über mich gesprochen werden, das heilige Öl mich bezeichne und besiegle und Dein eigener hochheiliger Leib meine Nahrung und Dein Blut mir Trank sei! Deine Mutter Maria stehe mir bei, mein Engel spreche Worte des Friedens zu mir und meine heiligen Patrone mögen mir zulächeln, dass ich mit ihnen und durch sie die Gnade der Beharrlichkeit erlange und sterbe, wie ich zu leben wünsche, in Deinem Glauben, in Deiner Kirche, in Deinem Dienst und in Deiner Liebe. Amen. hl. Kardinal John H. Newman

Geistliches Testament

Mein Herr und mein Gott! Ich will leben und sterben im Glauben an die heilige, katholische und apostolische Kirche. Ich hoffe zu sterben, wohlvorbereitet und gestärkt durch den Empfang der heiligen Sakramente und in der Gemeinschaft der Heiligen. Ich hoffe zu sterben in der Kirche, die unser Herr auf den heiligen Petrus gegründet hat, auf dass sie dauere bis zu seiner Wiederkunft. Leib und Seele befehle ich der heiligsten Dreifaltigkeit, den Verdiensten und der Gnade unseres Herrn Jesus Christus, des menschgewordenen Gottessohnes, auch der liebreichen Fürsprache unserer getreuen Mutter Maria, des heiligen Joseph, meines lieben Schutzengels und aller Heiligen. Amen.

Um Bewahrung vor einem plötzlichen Tod

Mildreicher Herr Jesus, wir bitten Dich: Um Deiner Todesangst, Deines blutigen Schweißes und Deines Hinscheidens willen bewahre uns vor einem plötzlichen, unvermuteten Tode! Gütiger Herr Jesus, in Demut bitten wir Dich: Um Deiner grausamen, schmachvollen Geißelung und Dornenkrönung, Deines Kreuzes und bitteren Leidens willen lass in Deiner Güte nicht zu, dass wir unvermutet ohne die heiligen Sakramente sterben! Lieber Herr Jesus, Deine letzten Worte am Kreuze waren: Mein Gott, mein Gott, warum hast Du mich verlassen? Und: Vater, in Deine Hände befehle ich meinen Geist. Inständig bitten wir Dich: Um aller Deiner Leiden und Schmerzen, Deines kostbaren Blutes und Deiner hochheiligen Wunden, um Deiner letzten Worte am Kreuze willen bewahre uns vor einem plötzlichen Tode! Lass uns Zeit zur Buße, gib, dass wir glücklich scheiden in Deiner Gnade, damit wir Dich dann ewig lieben, loben und preisen können. Amen. Leo XIII.

Herr und Heiland, wie bitter war Deine letzte Stunde! Um meinetwillen hast Du qualvolle Leiden und entsetzliche Peinen der Gottverlassenheit ausgestanden. Ich bitte Dich von ganzem Herzen, schenke mir die große Gnade eines guten Todes. Wie Du möchte ich einst mein Leben als reine Opfergabe in die Hände des himmlischen Vaters zurückgeben können. Hilf mir am Ende zu einer vollkommenen Reue. Wenn es Dein heiliger Wille ist, sende mir einen Priester, der mich freispricht von meinen Sünden, der mich stärkt durch das heilige Sakrament der Krankensalbung, mir

Deinen heiligen Leib reicht als Wegzehrung für die letzte Reise und als Unterpfand der kommenden Auferstehung. Amen.

Jesus, Maria, Joseph, euch schenke ich mein Herz und meine Seele.
Jesus, Maria, Joseph, steht mir bei im letzten Streit.
Jesus, Maria, Joseph, lasst meine Seele mit euch im Frieden scheiden. Amen.

Gebet zu Maria um einen seligen Tod

O Maria, ohne Makel empfangen, bitte für uns, die wir unsere Zuflucht zu dir nehmen! O Zuflucht der Sünder, o Mutter der Sterbenden, verlass uns nicht in der Stunde unseres Todes, sondern erlange uns einen vollkommenen Schmerz und eine aufrichtige Zerknirschung, die Nachlassung unserer Sünden, den würdigen Empfang der heiligen Wegzehrung und die Stärkung durch das Sakrament der letzten Ölung, damit wir in Sicherheit erscheinen mögen vor dem Throne des gerechten, aber auch barmherzigen Richters, unseres Gottes und Erlösers. Amen.

Um einen guten Tod

Mildreichster Erlöser! Um Deiner Todesangst willen bitten wir Dich, bewahre uns vor einem jähen und unvorbereiteten Tod. Lass uns unter den Segensgebeten der Kirche und wohl vorbereitet durch den Empfang der heiligen Sakramente von dieser Erde scheiden. O Herr, wir nehmen den Tod so an, wie der ewige Ratschluss Gottes ihn uns bestimmt hat. Um Deiner Todesangst willen aber flehen wir Dich an, lass uns nicht unvorbereitet sterben, auch wenn wir unvermutet aus diesem Leben abberufen werden. Lass uns in Deiner Gnade, in der Liebe zu Dir und mit herzlicher Reue über unsere Sünden zu Dir heimgehen. Amen.

Für die Sterbenden

O mein Jesus, der Du die Seelen so innig liebst! Ich bitte und flehe zu Dir, durch die Todesangst Deines heiligsten Herzens am Ölberg und die Schmerzen und Tränen Deiner heiligsten Mutter reinige in Deinem Blut alle Sünder der ganzen Welt, die jetzt im Todeskampf liegen und heute noch sterben werden. Göttliches Herz Jesu, durch die Verdienste Deiner Todesangst erbarme Dich der Sterbenden, besonders der Gottgeweihten. Schenke allen Sterbenden die Gnade der vollkommenen Liebesreue und lass keinen von ihnen verloren gehen. Amen.

Fahre hin, christliche Seele, aus dieser Welt, im Namen Gottes, des allmächtigen Vaters, der dich geschaffen hat; im Namen Jesu Christi, des Sohnes des lebendigen Gottes, der für dich gelitten hat; im Namen des Heiligen Geistes, der über dich ausgegossen worden ist; im Namen der glorreichen und heiligen Jungfrau und Gottesgebärerin Maria und ihres erlauchten Bräutigams, des heiligen Joseph; im Namen der Engel und Erzengel; im Namen der Throne und Herrschaften; im Namen der Fürsten und Gewalten; im Namen der Kräfte, der Cherubim und Seraphim; im Namen der Patriarchen und Propheten; im Namen der heiligen Apostel und Evangelisten; im Namen der heiligen Martyrer und Bekenner; im Namen der heiligen Mönche und Einsiedler; im Namen der heiligen Jungfrauen und aller Heiligen Gottes: Heute noch sei dir im Frieden deine Stätte bereitet, deine Wohnung im heiligen Sion. Durch Christus, unsern Herrn. Amen.

Lieber Bruder (liebe Schwester), ich empfehle dich dem allmächtigen Gott. Ihm, dessen Geschöpf du bist, vertraue ich dich an. Wenn du im Sterben die Schuld der Menschennatur bezahlt hast, kehre heim zu deinem Schöpfer, der dich aus dem Staub der Erde gebildet hat.

Wenn also deine Seele den Leib verlässt, soll der strahlende Chor der Engel ihr entgegeneilen; der richtende Rat der Apostel soll dir nahen; das triumphierende Heer der weißgewandeten Martyrer dir entgegenkommen; die liliengleiche Schar der lichten Bekenner dich umgeben; der jubelnden Jungfrauen Reigen dich empfangen; und die Umarmung seligen Friedens soll dich umschließen in der Patriarchen Schoß. Der mildreiche Beistand der

Sterbenden, der heilige Joseph, richte dich auf in großer Hoffnung, und die heilige Jungfrau und Gottesmutter Maria wende gütig ihre Augen zu dir.

Mild und festlich erstrahle dir das Antlitz Jesu Christi, und sein Spruch gewähre dir, allezeit unter denen zu weilen, die ihn umgeben. Vor der ewigen Pein bewahre dich Christus, der für dich die Pein des Kreuzes erlitten hat.

Vor dem ewigen Tode bewahre dich Christus, der für dich den Tod erduldet hat. Wohnrecht gebe dir Christus, der Sohn des lebendigen Gottes, auf den allzeit grünenden Auen seines Paradieses, und zu seinen Schafen rechne dich der wahre Hirt. Er spreche dich los von all deinen Sünden, und zu seiner Rechten in seiner Erwählten Schar gebe sein Spruch dir deinen Platz. Deinen Erlöser sollst du sehen von Angesicht zu Angesicht und, allezeit stehend vor ihm, sollst du mit seligen Augen die Wahrheit unverhüllt schauen.

Ja, in die Scharen der Seligen aufgenommen, sollst du der süßen Anschauung Gottes teilhaft sein von Ewigkeit zu Ewigkeit. Amen.

O barmherziger Gott, o milder Gott, o Gott, der Du nach der Fülle Deiner Erbarmung die Sünden der Bußfertigen vergibst und die ungesühnte Schuld alter Vergehen auslöschst: Blicke gnädig hernieder auf diesen Deinen Diener (diese Deine Dienerin) N. und erhöre das Flehen seines (ihres) reumütigen Herzens. Erneuere in ihm (ihr), gütiger Vater, was immer durch irdische Gebrechlichkeit oder durch des Satans Trug verdorben ist, und in den einen Leib Deiner Kirche füge ihn (sie) ein als Glied, das nunmehr ganz erlöst ist. Erbarme Dich, o Herr, seiner (ihrer) Seufzer; erbarme Dich seiner (ihrer) Tränen! Nur auf Deine Barmherzigkeit setzt er sein (sie ihr) Vertrauen, so nimm ihn (sie) auf in das Geheimnis Deiner Versöhnung. Durch Christus, unsern Herrn. Amen.

Drei nützliche Gebete für Sterbende

1. Gebet: Herr, erbarme Dich.
Christus, erbarme Dich.
Herr, erbarme Dich.

Vater unser im Himmel, geheiligt werde Dein Name, Dein Reich komme, Dein Wille geschehe wie im Himmel, so auf Erden. Unser tägliches Brot gib uns heute und vergib uns unsere Schuld, wie auch wir vergeben unsern Schuldigern; und führe uns nicht in Versuchung, sondern erlöse uns von dem Bösen. Amen.

Gegrüßet seist du, Maria, voll der Gnade, der Herr ist mit dir. Du bist gebenedeit unter den Frauen und gebenedeit ist die Frucht deines Leibes, Jesus. Heilige Maria, Mutter Gottes, bitte für uns Sünder, jetzt und in der Stunde unseres Todes. Amen.

Herr Jesus Christus, bei Deiner heiligen Todesangst und bei dem Gebet, das Du für uns auf dem Ölberg gebetet hast, als Dein Schweiß wie Blutstropfen ward, welche zur Erde rannen, beschwöre ich Dich: Du wollest all den blutigen Schweiß, welchen Du in der Bedrängnis der Angst so überreich für uns vergossen hast, Gott dem allmächtigen Vater darbringen und darstellen wider die vielen Sünden dieses Deines Dieners (dieser Deiner Dienerin) N. und befreie ihn (sie) in dieser seiner (ihrer) Todesstunde von aller Angst und Pein, die er (sie) für seine (ihre) Sünden fürchtet verdient zu haben. Der Du mit dem Vater und dem Heiligen Geist lebst und herrschest in Ewigkeit. Amen.

2. Gebet: Herr, erbarme Dich.
Christus, erbarme Dich.
Herr, erbarme Dich.

Vater unser. Gegrüßet seist du, Maria.

Herr Jesus Christus, der Du für uns am Kreuze gestorben bist: Ich beschwöre Dich, Du wollest alle Bitterkeit der Leiden und Peinen, die Du für uns Sünder am Kreuze erduldet hast, zumal in jener Stunde, da Deine heilige Seele Deinen heiligen Leib verließ, Gott dem allmächtigen Vater darbringen und darstellen für die Seele dieses Deines Dieners (dieser Deiner Dienerin) N. und befreie ihn (sie) in dieser Todesstunde von allen Strafen und Leiden, die er (sie) für seine (ihre) Sünden fürchtet verdient zu haben. Der Du mit dem Vater und dem Heiligen Geist lebst und herrschest in Ewigkeit. Amen.

3. Gebet: Herr, erbarme Dich.
Christus, erbarme Dich.
Herr, erbarme Dich.

Vater unser. Gegrüßet seist du, Maria.

Herr Jesus Christus, der Du durch den Mund der Propheten gesprochen hast: In ewiger Liebe liebe ich dich, darum erbarme ich mich deiner und ziehe dich zu mir: Ich beschwöre Dich, Du wollest die Liebe, die Dich vom Himmel zur Erde zog, um dort alle Bitterkeit Deiner Leiden zu erdulden, Gott dem allmächtigen Vater darbringen und darstellen für die Seele dieses Deines Dieners (dieser Deiner Dienerin) N. und befreie ihn (sie) von allen Leiden und Strafen, die er (sie) für seine (ihre) Sünden fürchtet verdient zu haben. Rette seine (ihre) Seele in dieser Stunde ihres Hinganges. Tu' ihm (ihr) das Tor des Lebens auf und lass ihn (sie) mit Deinen Heiligen sich freuen in der ewigen Glorie.

Und Du, milder Herr Jesus Christus, der Du uns durch Dein kostbares Blut erlöst hast, erbarme Dich über die Seele dieses Deines Dieners (dieser Deiner Dienerin), und führe sie gnädig zu den allzeit lieblichen Auen Deines Paradieses, auf dass er (sie) Dir lebe in ungeteilter Liebe, welche von Dir und Deinen Auserwählten niemals lassen kann. Der Du mit dem Vater und dem Heiligen Geist lebst und herrschest in Ewigkeit. Amen.

Beim Hinscheiden

O mein Gott, ich glaube alles, was die heilige, katholische und apostolische Kirche glaubt und lehrt. In diesem heiligen Glauben will ich leben und sterben.

O mein Gott, ich vertraue und hoffe, dass Du mir in Deiner unendlichen Barmherzigkeit gnädig sein wirst. Ich vertraue und hoffe, dass ich durch das bittere Leiden Deines Sohnes Jesus Christus und auf die Fürsprache der seligen Jungfrau Maria und aller Heiligen das ewige Leben erlangen werde.

O mein Gott, ich liebe Dich aus meinem ganzen Herzen, aus meiner ganzen Seele, aus meinem ganzen Gemüte. Ich verlange sehnlichst danach, Dich mit jener Liebe zu lieben, mit der Deine Heiligen Dich lieben. Aus dieser Liebe bereue ich alle Sünden meines ganzen Lebens, die ich gegen Dich, Du mein höchstes Gut, und gegen den Nächsten begangen habe.

O mein Gott, von ganzem Herzen verzeihe ich allen, die mich in meinem Leben beleidigt haben oder mir feindlich gesinnt waren. Von ganzem Herzen will ich alle um Verzeihung bitten, die ich je gekränkt oder denen ich wehgetan habe.

O mein Gott, gib mir die Gnade der Geduld im Leiden und der Ergebung in Deinen heiligen Willen. Ich opfere Dir diese Krankheit auf zur Sühne für meine Sünden und vereinige mich mit dem bitteren Leiden und Sterben meines Herrn.

Erbarme Dich meiner, o Gott, nach Deiner großen Barmherzigkeit. (Ps 50, 1)

Auf Dich, o Herr, habe ich gehofft; ich werde nicht zuschanden in Ewigkeit. (Ps 30, 2)

Bevor ich geboren ward, kanntest Du mich. Nach Deinem Bilde, o Herr, formtest Du mich.

Dir meinem Schöpfer, will ich meine Seele wiedergeben.

Was ich begangen, o Herr, das schreckt mich, und beschämt stehe ich vor Deinem Angesicht.

Wenn Du kommst zum Gericht, verdamme mich nicht.

O guter Herr Jesus Christus, durch Dein bitteres Leiden nimm mich auf in die Zahl Deiner Auserwählten.

Mein Jesus, Barmherzigkeit!

Herr, hilf, sonst gehen wir zugrunde! (Mt 8, 25)

Komm, Herr Jesus! (Offb 22, 21)

Heiliger Schutzengel mein, lass mich dir empfohlen sein.

Alle heiligen Engel und all ihr Heiligen Gottes, bittet für mich und eilt mir zu Hilfe.

IM GEDENKEN AN UNSERE LIEBEN VERSTORBENEN

„Die Seelen der Gerechten aber sind in Gottes Hand, und keine Qual kann sie mehr berühren.“ *(Weish 3, 1)*

O Herr, gib den Armen Seelen im Fegfeuer die ewige Ruhe, und das ewige Licht leuchte ihnen! Herr, lass sie ruhen in Frieden! Amen.

Gott der Geister und Herr allen Fleisches, Du liebst die Deinen: Wir bitten für die Seelen Deiner Getreuen, die uns im Zeichen des Glaubens vorangegangen und in Frieden entschlafen sind. Gott und Erlöser, Du nahmst für sie in Deiner Güte Knechtsgestalt an: Kürze ihnen das Warten der Läuterung und rufe sie heim in Dein ewiges Reich! Gedenke, Herr, dass Deine Hand es war, die sie geschaffen hat! Sieh nicht auf ihre Sünden, die sie in der Lust der Leidenschaft oder aus Schwäche begangen haben! Auch in der Sünde bewahrten sie einen festen Glauben an Dich, den Vater, Sohn und Heiligen Geist, und versöhnten sich vor ihrem Sterben in liebender Reue mit Dir durch die Sakramente Deiner Kirche. Liebreicher Gott in Deiner Herrlichkeit, mit großem Vertrauen rufen wir Dich an: Achte nicht auf die Torheiten ihrer Jugend, sondern nimm sie in großer Huld auf in Dein Vaterhaus, dass sie mit den Engeln jubeln in Deinem beglückenden Reich, wo Du lebst und regierst, ein einziger und dreifaltiger Gott, von Ewigkeit zu Ewigkeit. Amen.

Lieber Heiland, sei so gut,
lasse doch Dein teures Blut
in das Fegefeuer fließen,
wo die Armen Seelen büßen!
Ach, sie leiden große Pein,
wollest ihnen gnädig sein!
Höre das Gebet der Deinen,
die sich alle hier vereinen.
Nimm die Armen Seelen doch
heute in den Himmel noch! Amen.

Heiland, sende Deinen Engel
in das Fegefeuer nieder,
wo die Armen Seelen leiden,
Deine Schwestern, Deine Brüder.
Lass die Engel sie erquicken,
lass sie nicht verlassen sein.
Lass die Engel sie geleiten
in Dein Himmelreich hinein. Amen.

Schenke, Heiland, Deinen Frieden
allen, die dahingeschieden,
die des Lebens Kampf bestanden
und die Ruhe noch nicht fanden.

Tilge aus, wofür sie dulden,
lasse nach, was sie noch schulden.
Einst hast Du am Kreuz gehangen,
hast Du alle Welt umfangen

mit den blutbedeckten Armen.
Streck' sie jetzt doch voll Erbarmen
zu des Kerkers dunklen Stätten,
lös' der Armen Seelen Ketten.

Still' ihr Sehnen, hör ihr Flehen,
Gnade lass vor Recht ergehen.
Schau ihr Zagen, hör ihr Klagen,
ew'ges Licht lass ihnen tagen!

Dir nur pochen ihre Herzen;
still' die Sehnsucht, end' die Schmerzen.
Alle, die uns teuer waren,
führ' sie zu den Himmelsscharen,

die verknüpft mit engen Banden
uns hienieden nahestanden.
Milder Jesus, schone, schone,
führe sie zu Deinem Throne. Amen.

Jesus, um der Schmerzen willen, die Du bei Deiner Todesangst im Ölgarten, bei der Geißelung und Dornenkrönung, auf dem Weg zum Kalvarienberg, bei Deiner Kreuzigung und Deinem Hinscheiden erduldet hast, erbarme Dich der Seelen im Fegfeuer, besonders jener, die ganz vergessen sind! Erlöse sie aus ihren bitteren Qualen, rufe sie zu Dir und schließe sie im Himmel liebevoll in Deine Arme. Amen.

Vater unser, der Du bist im Himmel, wir bitten Dich demütig, ewiger, gütiger, barmherziger Vater, vergib den Armen Seelen, die Du selbst als Deine Kinder angenommen hast, dass sie Dich nicht geliebt haben und Dir die schuldige Ehre nicht erwiesen haben. Zur Sühne und Buße opfere ich Dir alle Liebe und Güte Deines überaus vielgeliebten Sohnes, unseren Herrn Jesus Christus auf. Amen. hl. Mechthildis

Für verstorbene Eltern

Gott, Du hast uns geboten, Vater und Mutter zu ehren: Erbarme Dich gnädig der Seele meines Vaters (meiner Mutter), verzeihe seine (ihre) Sünden und lass mich ihn (sie) wiedersehen in der Freude der ewigen Herrlichkeit. Durch Christus, unseren Herrn. Amen.

Für verstorbene Verwandte und Wohltäter

Gott, Du schenkst Verzeihung und wünschest das Heil aller Menschen; darum flehen wir zu Deiner Milde: Lass unsere Brüder, Verwandten und Wohltäter, die aus diesem zeitlichen Leben hinübergegangen sind, auf die Fürbitte der seligen, allzeit reinen Jungfrau Maria und aller Deiner Heiligen zur Teilnahme an der ewigen Seligkeit gelangen. Durch Christus, unseren Herrn. Amen.

Allmächtiger Gott, Deinem Ratschluss hat es gefallen, unsere(n) liebe(n) N. heimzurufen. Wir fügen uns Deinem heiligen Willen. Wohl drückt das unabänderliche Los uns nieder, aber die Verheißung künftiger Unsterblichkeit richtet uns empor. Deinen Gläubigen, o Herr, kann ja das Leben nicht geraubt werden, es wird nur neu gestaltet; wenn diese irdische Herberge in Staub zerfällt, steht ihnen eine ewige Heimat im Himmel bereit. In diesem festen Glauben bitten wir Dich: Gib Deinem Diener (Deiner Dienerin) N. die Freuden des ewigen Lebens. Sieh nicht auf seine (ihre) Sünden, sondern auf die Verdienste Deines Sohnes, der auch für ihn (sie) gelitten hat. Heilige seine (ihre) guten Werke und schenke ihm (ihr) den ewigen Frieden. Amen.

ANDACHTEN

Der heilige Rosenkranz

„Im sechsten Monat wurde der Engel Gabriel von Gott in eine Stadt in Galiläa namens Nazareth zu einer Jungfrau gesandt, die mit einem Mann namens Joseph aus dem Haus Davids verlobt war. Der Name der Jungfrau war Maria. Der Engel trat bei ihr ein und sprach: ‚Sei gegrüßt, du Gnadenvolle! Der Herr ist mit dir.'" *(Lk 1, 26-28)*

Der Rosenkranz lädt den Beter dazu ein, gemeinsam mit der Gottesmutter Maria auf Jesus zu schauen und die einzelnen Stationen seines Lebens sowie sein Leiden, seinen Tod und seine Auferstehung zu betrachten.

Glaube, Hoffnung und Liebe

① der in uns den Glauben vermehre
② der in uns die Hoffnung stärke
③ der in uns die Liebe entzünde

Freudenreicher Rosenkranz
wir betrachten die Kindheit unseres Herrn

① den du, o Jungfrau, vom Heiligen Geist empfangen hast
② den du, o Jungfrau, zu Elisabeth getragen hast
③ den du, o Jungfrau, geboren hast
④ den du, o Jungfrau, im Tempel aufgeopfert hast
⑤ den du, o Jungfrau, im Tempel wiedergefunden hast

Lichtreicher Rosenkranz

wir betrachten die Jahre seines öffentlichen Wirkens

① der von Johannes getauft worden ist
② der sich bei der Hochzeit in Kana offenbart hat
③ der uns das Reich Gottes verkündet hat
④ der auf dem Berg verklärt worden ist
⑤ der uns die Eucharistie geschenkt hat

Schmerzreicher Rosenkranz

wir betrachten das bittere Leiden und Sterben unseres Herrn

① der für uns Blut geschwitzt hat
② der für uns gegeißelt worden ist
③ der für uns mit Dornen gekrönt worden ist
④ der für uns das schwere Kreuz getragen hat
⑤ der für uns gekreuzigt worden ist

Glorreicher Rosenkranz

wir betrachten das Leben nach seiner Auferstehung

① der von den Toten auferstanden ist
② der in den Himmel aufgefahren ist
③ der uns den Heiligen Geist gesandt hat
④ der dich, o Jungfrau, in den Himmel aufgenommen hat
⑤ der dich, o Jungfrau, im Himmel gekrönt hat

Vielerorts ist es üblich, nach jedem Gesätzchen des Rosenkranzes folgendes Gebet hinzuzufügen:

O mein Jesus, verzeih uns unsere Sünden, bewahre uns vor dem Feuer der Hölle, führe alle Seelen in den Himmel, besonders jene, die Deiner Barmherzigkeit am meisten bedürfen.

Barmherzigkeitsrosenkranz

Zu Beginn:
Vater unser.
Gegrüßet seist du, Maria.
Apostolisches Glaubensbekenntnis.

An den großen Perlen (je 1 x): Ewiger Vater, ich opfere Dir auf den Leib und das Blut, die Seele und die Gottheit Deines über alles geliebten Sohnes, unseres Herrn Jesus Christus, zur Sühne für unsere Sünden und für die Sünden der ganzen Welt.

An den kleinen Perlen (je 10 x): Durch sein schmerzhaftes Leiden hab' Erbarmen mit uns und mit der ganzen Welt.

Zum Schluss (3 x): Heiliger Gott, heiliger starker Gott, heiliger unsterblicher Gott, hab' Erbarmen mit uns und mit der ganzen Welt.

Kreuzweg unseres Herrn Jesus Christus

„Dann sprach Jesus zu seinen Jüngern: ‚Wer mir nachfolgen will, verleugne sich selbst, nehme sein Kreuz auf sich und so folge er mir!'" (Mt 16, 24)

Vorbereitungsgebet

Herr, auf blutgeweihtem Pfade,
mit der Mutter voll der Gnade,
tret' ich jetzt den Kreuzweg an.

Vorher will ich tief bereuen,
meine Sünden maledeien,
weil sie Leid dem Herrn getan.

Sehen will ich, wie er duldet,
ohne Klage, unverschuldet,
wie das Lamm zur Schlachtbank geht.

Wie den bitter'n Kelch er trinket,
wie sein stummer Blick uns winket:
„Jünger! Kommt mir nach und seht!

Seht die Spur, wo ich gegangen!
Seht das Kreuz, wo ich gehangen –
Opferkerze am Altar!

Tragt das Kreuz, es wird euch tragen,
wird euch sein Geheimnis sagen,
welcher Weg zum Heile war."

1. Station: Jesus wird zum Tod verurteilt

℣. Wir beten Dich an, Herr Jesus Christus, und preisen Dich.
℟. Denn durch Dein heiliges Kreuz hast Du die Welt erlöst.

Gruß Dir, Jesus! Wie geduldig
hörst Du schreien: „Er ist schuldig!
Henker, hol' das Kreuz herbei!"

Gib dass ich dem Unrecht wehre,
nicht vor fremden Türen kehre,
nicht des Nächsten Richter sei!

℣. Gekreuzigter Herr Jesus Christus,
℟. erbarme Dich unser!

2. Station: Jesus nimmt das schwere Kreuz auf seine Schulter

℣. Wir beten Dich an, Herr Jesus Christus, und preisen Dich.
℟. Denn durch Dein heiliges Kreuz hast Du die Welt erlöst.

Gruß Dir, Jesus! Voll Erbarmen
seh' ich Dich das Kreuz umarmen:
„Auf, der Vater will es so!"

Hilf mir, Jesus, ohne Zagen
Dir zulieb das Leben tragen,
kreuzesstark und kreuzesfroh.

℣. Gekreuzigter Herr Jesus Christus,
℟. erbarme Dich unser!

3. Station: Jesus fällt zum ersten Mal unter dem Kreuz

℣. Wir beten Dich an, Herr Jesus Christus, und preisen Dich.
℟. Denn durch Dein heiliges Kreuz hast Du die Welt erlöst.

Gruß Dir, Jesus! Auf den Knien,
angespuckt und angeschrien,
hältst Du an beim ersten Fall.

Herr, ich knie zu Dir nieder
und bereue immer wieder
meinen ersten Sündenfall.

℣. Gekreuzigter Herr Jesus Christus,
℟. erbarme Dich unser!

4. Station: Jesus begegnet seiner betrübten Mutter

℣. Wir beten Dich an, Herr Jesus Christus, und preisen Dich.
℟. Denn durch Dein heiliges Kreuz hast Du die Welt erlöst.

Weinet, Steine an den Wegen,
da die Mutter kommt entgegen!
Welch ein Meer von Bitterkeit!

Gib mir, Jesus, euch zu lieben,
Sohn und Mutter treu verschrieben,
jetzt und in der Sterbezeit!

℣. Gekreuzigter Herr Jesus Christus,
℟. erbarme Dich unser!

5. Station: Simon von Cyrene hilft Jesus das Kreuz tragen

℣. Wir beten Dich an, Herr Jesus Christus, und preisen Dich.
℟. Denn durch Dein heiliges Kreuz hast Du die Welt erlöst.

Gruß Dir, Jesus! Dir zur Seiten
musste - durfte Simon schreiten,
Kraft von Dir ward ihm zuteil.
Lehr' mich, Jesus, Lasten tragen!

Lehr' mich, böser Lust entsagen!
Lehr' mich: Nur im Kreuz ist Heil!

℣. Gekreuzigter Herr Jesus Christus,
℟. erbarme Dich unser!

6. Station: Veronika reicht Jesus das Schweißtuch dar

℣. Wir beten Dich an, Herr Jesus Christus, und preisen Dich.
℟. Denn durch Dein heiliges Kreuz hast Du die Welt erlöst.

Gruß Dir, Jesus! Minnig, mutig
reicht die Frau den Schleier. Blutig
drückst Du, Herr, Dein Bild darein.

Wache, Jesus, dass ein Götze
niemals mir Dein Bild ersetze!
Du mein Vorbild, Du allein!

℣. Gekreuzigter Herr Jesus Christus,
℟. erbarme Dich unser!

7. Station: Jesus fällt zum zweiten Mal unter dem Kreuz

℣. Wir beten Dich an, Herr Jesus Christus, und preisen Dich.
℟. Denn durch Dein heiliges Kreuz hast Du die Welt erlöst.

Gruß Dir, Jesus! Immer müder
wankst Du weiter, sinkst Du nieder –
weh', Du fällst ein zweites Mal.

Herr, wenn Sünden sind vergeben,
hilf mir auch zu neuem Leben!
Rückfall war Dir neue Qual.

℣. Gekreuzigter Herr Jesus Christus,
℟. erbarme Dich unser!

8. Station: Jesus begegnet den weinenden Frauen von Jerusalem

℣. Wir beten Dich an, Herr Jesus Christus, und preisen Dich.
℟. Denn durch Dein heiliges Kreuz hast Du die Welt erlöst.

Gruß Dir, Jesus! Gleich den Müttern
lässt uns das Gericht erzittern –
dürres Holz fliegt in die Glut.

Gib mir, Jesus, meine Sünden
zu erforschen und zu finden,
Nachlass, Herr, in Deinem Blut.

℣. Gekreuzigter Herr Jesus Christus,
℟. erbarme Dich unser!

9. Station: Jesus fällt zum dritten Mal unter dem Kreuz

℣. Wir beten Dich an, Herr Jesus Christus, und preisen Dich.
℟. Denn durch Dein heiliges Kreuz hast Du die Welt erlöst.

Gruß Dir, Jesus! Tief gebücket,
wie ein Wurm im Staub zerdrücket,
liegst Du da, zum Sterben wund.

Stütze, Herr, auf glatten Wegen,
schick' die Gnade uns entgegen,
die Dein Fall verdienet hat.

℣. Gekreuzigter Herr Jesus Christus,
℟. erbarme Dich unser!

10. Station: Jesus wird seiner Kleider beraubt

℣. Wir beten Dich an, Herr Jesus Christus, und preisen Dich.
℟. Denn durch Dein heiliges Kreuz hast Du die Welt erlöst.

Mann der Schmerzen! Wüst entkleidet,
duldest Du, dass man bereitet
bitt're Galle Dir als Trank.

Damals hast Du Gnad' erworben,
heimzuholen was verdorben,
was im Sinnensumpf versank.

℣. Gekreuzigter Herr Jesus Christus,
℟. erbarme Dich unser!

11. Station: Jesus wird an das Kreuz genagelt

℣. Wir beten Dich an, Herr Jesus Christus, und preisen Dich.
℟. Denn durch Dein heiliges Kreuz hast Du die Welt erlöst.

Heil'ger Gott! Die Henkerarme
werfen Dich in Kreuzesarme,
nageln Dich am Holze fest.

Herr, wenn alle Sterne sinken,
gib mir Kraft, den Kelch zu trinken
bis zum letzten, bitt'ren Rest!

℣. Gekreuzigter Herr Jesus Christus,
℟. erbarme Dich unser!

12. Station: Jesus wird erhöht und stirbt am Kreuz

℣. Wir beten Dich an, Herr Jesus Christus, und preisen Dich.
℟. Denn durch Dein heiliges Kreuz hast Du die Welt erlöst.

Gruß Dir, Jesus! Nun am Ende
legst Du in des Vaters Hände
Deinen Geist. Es ist vollbracht!

Lass, o Jesus, Dich erbarmen,
leuchten lass Dein Licht den Armen
Seelen in der Leidensnacht.

℣. Gekreuzigter Herr Jesus Christus,
℟. erbarme Dich unser!

13. Station: Jesus wird vom Kreuz herabgenommen und in den Schoß seiner heiligen Mutter gelegt

℣. Wir beten Dich an, Herr Jesus Christus, und preisen Dich.
℟. Denn durch Dein heiliges Kreuz hast Du die Welt erlöst.

Gruß Dir, Jesus! Deine Leiche
nimmt die schwertdurchbohrte, bleiche
Heldenmutter auf den Schoß.

Lass den Hochmut in mir sterben,
Deine Dornenkrone erben,
nur in Demut heldengroß!

℣. Gekreuzigter Herr Jesus Christus,
℟. erbarme Dich unser!

14. Station: Der heilige Leichnam Jesu wird ins Grab gelegt

℣. Wir beten Dich an, Herr Jesus Christus, und preisen Dich.
℟. Denn durch Dein heiliges Kreuz hast Du die Welt erlöst.

Gruß Dir, Jesus, Dank lass spenden
Deiner Liebe ohne Enden,
bei der letzten Station.

Nicht in Felsen sollst Du wohnen,
in den Seelen sollst Du thronen,
König, in der Kommunion!

℣. Gekreuzigter Herr Jesus Christus,
℟. erbarme Dich unser!

Schlussgebet

Herr, mein Kreuzweg ist beendet.
Lass Dein Blut, so reich verschwendet,
nicht verloren sein an mir!

Heiland, lass in Deinen Wunden
meinen kranken Sinn gesunden
und dann ruhen, Herr, in Dir.

Kreuz, Du Buch vom ew'gen Lieben,
drin mein Name steht geschrieben,
eingesetzt von Gottes Hand.

Kreuz, Du Stern auf dunklen Wegen,
scheinst ein Fluch und bist ein Segen:
leuchte mir zum Heimatland!

Herr und Heiland, keine Leiden
sollen je von Dir mich scheiden –
nah beim Kreuz ist nah bei Dir.

Heiland, hilf in schweren Zeiten
stark im Kreuze weiterschreiten,
bis ich lande, Herr, bei Dir!
Amen.

Kardinal Michael Faulhaber

Die sieben Worte Jesu am Kreuz

① zu den Peinigern: „*Vater, verzeihe ihnen, denn sie wissen nicht, was sie tun!*“ *(Lk 23, 34)*

Vater unser. Gegrüßet seist du, Maria. Ehre sei dem Vater.

② an den reuigen Schächer: „*Wahrlich, ich sage dir: Heute noch wirst du mit mir im Paradiese sein!*“ *(Lk 23, 43)*

Vater unser. Gegrüßet seist du, Maria. Ehre sei dem Vater.

③ zur liebsten Mutter und zum Lieblingsjünger: „*Frau, siehe da, dein Sohn! - Sohn, siehe da, deine Mutter!*“ *(Joh 19, 26-27)*

Vater unser. Gegrüßet seist du, Maria. Ehre sei dem Vater.

④ der Angstruf: „*Mein Gott, mein Gott, warum hast Du mich verlassen?*“ *(Mk 15, 34)*

Vater unser. Gegrüßet seist du, Maria. Ehre sei dem Vater.

⑤ der Durstruf: „*Mich dürstet!*“ *(Joh 19, 30)*

Vater unser. Gegrüßet seist du, Maria. Ehre sei dem Vater.

⑥ der Triumphruf: „*Es ist vollbracht!*“ *(Joh 19, 30)*

Vater unser. Gegrüßet seist du, Maria. Ehre sei dem Vater.

⑦ Jesu Sterbegebet: „*Vater, in Deine Hände empfehl’ ich meinen Geist!*“ *(Lk 23, 46)*

Vater unser. Gegrüßet seist du, Maria. Ehre sei dem Vater.

Zu Ehren der heiligen fünf Wunden

℣. Indem ich mich vor Dir, o gekreuzigter, liebenswürdigster Erlöser meiner Seele, niederwerfe, klagt mich mein Gewissen an, dass ich Dich mit meinen Händen an das Kreuz heftete, sooft ich eine schwere Sünde beging und Dich dadurch mit großem Undank beleidigte. Mein Gott, höchstes und vollkommenstes Gut, der Du alle meine Liebe verdienst, weil Du mir immer nur Gutes erwiesen hast, ich Armseliger kann meine bösen Werke nicht ungeschehen machen, wie ich es gerne möchte. Aber ich verabscheue sie mit innigstem Reueschmerz, weil ich Dich, die unendliche Güte, beleidigt habe. Zu Deinen Füßen niederkniend, will ich mich wenigstens bemühen, mit Deinen Leiden Mitleid zu haben, Dir zu danken, Dich um Verzeihung und um Besserung zu bitten, und so spreche ich mit Herz und Mund:

I. Zu der heiligen Wunde der rechten Hand

℣. Ich bete Dich an, o heiligste Wunde der rechten Hand. O mein Jesus, ich habe Mitleid mit Dir um des grausamen Schmerzes willen, den Du erduldet hast.

℟. Ich danke Dir, / dass Du mir mit so großer Liebe fortwährend Gutes erwiesen hast, / obgleich ich Deiner Liebe so schlecht entsprach.
℣. Ich opfere dem ewigen Vater die Schmerzen und die Liebe Deiner heiligsten Menschheit auf und bitte Dich, mein Herz und meine Neigungen umzuwandeln und gnädig zu bewirken, dass ich meine Handlungen ganz nach seinem göttlichen Wohlgefallen vollbringe.

Vater unser. Gegrüßet seist du, Maria. Ehre sei dem Vater.

℟. Heil'ge Mutter, drück' die Wunden, die dein Sohn für mich empfunden, tief in meine Seele ein.

II. Zu der heiligen Wunde der linken Hand

℣. Ich bete Dich an, o heiligste Wunde der linken Hand. O mein Jesus, ich habe Mitleid mit Dir um des grausamen Schmerzes willen, den Du erduldet hast.
℟. Ich danke Dir, / dass Du mit so großer Liebe die Züchtigungen und die ewige Verdammnis, / die ich für meine Sünden verdiente, / von mir ferngehalten hast.
℣. Ich opfere dem ewigen Vater die Schmerzen und die Liebe Deiner heiligsten Menschheit auf und bitte ihn um die Gnade, dass ich die mir noch übrige Zeit meines Lebens dazu

benutze, würdige Früchte der Buße zu wirken und dadurch die beleidigte göttliche Gerechtigkeit zu entwaffnen.

Vater unser. Gegrüßet seist du, Maria. Ehre sei dem Vater.

℟. Heil'ge Mutter, drück' die Wunden, die dein Sohn für mich empfunden, tief in meine Seele ein.

III. Zu der heiligen Wunde des rechten Fußes

℣. Ich bete Dich an, o heiligste Wunde des rechten Fußes. O mein Jesus, ich habe Mitleid mit Dir um des grausamen Schmerzes willen, den Du erduldet hast.
℟. Ich danke Dir für die Liebe, / in welcher Du unter Todespein und Blutvergießen durchbohrt werden wolltest / zur Strafe für meine Verirrungen und die schuldhaften Vergnügungen, / die ich meinen zügellosen Leidenschaften gestattet habe.
℣. Ich opfere dem ewigen Vater die Schmerzen und die Liebe Deiner heiligsten Menschheit auf und bitte ihn um die Gnade, dass ich mit heißen Tränen meine Vergehen beweine und in der begonnenen Besserung verharre, ohne mich jemals wieder dem Gehorsam gegen die göttlichen Gebote zu entziehen.

Vater unser. Gegrüßet seist du, Maria. Ehre sei dem Vater.

℟. Heil'ge Mutter, drück' die Wunden, die dein Sohn für mich empfunden, tief in meine Seele ein.

IV. Zu der heiligen Wunde des linken Fußes

℣. Ich bete Dich an, o heiligste Wunde des linken Fußes. Ich habe Mitleid mit Dir, o Jesus, wegen des grausamen Schmerzes, den Du erduldet hast.
℟. Ich danke Dir für die Liebe, / mit welcher Du blutend / unter den Dornen und Disteln meiner Sünden Dich abgemüht hast, / um mich auf dem Weg des Verderbens einzuholen.
℣. Ich opfere dem ewigen Vater die Liebe und die Schmerzen auf, welche Deine heiligste Menschheit zur Sühne für meine Missetaten erduldet hat, die ich jetzt mit aufrichtiger und bitterer Reue verabscheue.

Vater unser. Gegrüßet seist du, Maria. Ehre sei dem Vater.

℟. Heil'ge Mutter, drück' die Wunden, die dein Sohn für mich empfunden, tief in meine Seele ein.

V. Zu der heiligen Seitenwunde

℣. Ich bete Dich an, o heiligste Wunde der Seite Jesu. Ich habe Mitleid mit Dir, o Jesus, wegen der grausamen Misshandlung, die Du erduldet hast.

℟. Ich danke Dir für die Liebe, mit welcher Du zuließest, / dass Deine Seite und Dein Herz verwundet wurden, / wie auch dafür, / dass Du daraus die letzten Tropfen von Blut und Wasser vergießen wolltest, / um meine Erlösung überschwänglich zu machen.

℣. Ich opfere dem ewigen Vater die Misshandlungen und die Liebe Deiner heiligsten Menschheit auf, damit meine Seele in dieses liebevollste Herz, welches immer willig und mit Sehnsucht bereit ist, auch die größten Sünder aufzunehmen, endlich einmal eingehe und sich nie wieder aus demselben entferne.

Vater unser. Gegrüßet seist du, Maria. Ehre sei dem Vater.

℟. Heil'ge Mutter, drück' die Wunden, die dein Sohn für mich empfunden, tief in meine Seele ein.

O Herr Jesus Christus, der Du für die Erlösung der Welt in der sechsten Stunde den Pfahl des Kreuzes bestiegen und Dein kostbarstes Blut zur Nachlassung der Sünden vergossen hast, wir bitten Dich demütig, verleihe uns doch, dass wir nach unserem Tode freudig durch die enge Pforte des Himmelreiches eingehen mögen.

Wir bitten Dich, o Herr Jesus Christus, lasse jetzt und in der Stunde unseres Todes die allerseligste Jungfrau Maria, Deine Mutter, deren heiligste Seele in der Stunde Deines Leidens das Schwert des Schmerzes durchbohrt hat, unsere Fürsprecherin an Deinem Throne sein. Durch Dich, Jesus Christus, Erlöser der Welt, der Du mit dem Vater und dem Heiligen Geist lebst und regierst von Ewigkeit zu Ewigkeit. ℟. Amen.

Gebete der hl. Birgitta

I. Fünfzehn Gebete zum leidenden Heiland

1. Christi Leiden am Ölberg bis zur Dornenkrönung

O Jesus, Du Wonne aller, die Dich lieben, Du Freund und Heiland der Sünder, gedenke der tiefinnersten Betrübnis, die Du erduldet hast, als die von Ewigkeit vorherbestimmte Zeit Deines heiligen Leidens nahe war, Du Deinen Jüngern die Füße gewaschen, Deinen Leib und Dein Blut ihnen zur Speise gereicht, sie mildreich getröstet hattest und dann in der Fülle der Traurigkeit selbst bezeugtest: „Betrübt ist meine Seele bis zum Tod." Denke an all die Qual und Bedrängnis, die Du vor Deinem Kreuzestod erlitten, als Du nach dreimaligem Gebet und blutigem Angstschweiß von Deinem Jünger verraten, von Deinem Volk gefangen, falsch angeklagt, von Deinen Richtern ungerecht verurteilt, in der auserwählten Stadt in hochfestlicher Zeit unschuldig verworfen, Deiner Kleider beraubt, mit Fäusten geschlagen, an eine Säule gebunden, gegeißelt, mit Dornen gekrönt und mit unzähligen anderen Unbilden misshandelt wurdest.

Durch diese Leiden verleihe mir, o Herr, mein Gott, wahre Zerknirschung, würdige Genugtuung und die Nachlassung aller meiner Sünden.

Vater unser. Gegrüßet seist du, Maria.

2. Christi Verspottung

O Jesus, Du Freude der Engel, gedenke der Betrübnis, die Du ertragen, als alle Deine Feinde wie grimmige Löwen Dich umringten und mit Fäusten schlugen und Dein Angesicht bespieen.

Durch diese Qualen und die ruchlosen Schmachworte, womit Deine Feinde Dich bedrängten, erlöse mich, o Herr Jesus, von allen meinen sichtbaren und unsichtbaren Feinden und lass mich in Deinem Schutz zum ewigen Heil gelangen.

Vater unser. Gegrüßet seist du, Maria.

3. Christi Annagelung ans Kreuz

O Jesus, Du Werkmeister der Welt, der Du in Deiner Unermesslichkeit Himmel und Erde umfassest, gedenke des bitteren Schmerzes, den Du erduldet, als die grausamen Kriegsknechte Deine Hände und Füße mit scharfen Nägeln durchbohrten und ans Kreuz schlugen, wobei sie - Schmerz auf Schmerz häufend - Deine Glieder so gewaltsam nach der Länge und Breite des Kreuzes ausspannten, dass sie aus den Gelenken gerissen wurden.

Durch diese bitterste Kreuzesqual bitte ich Dich, mir die heilige Furcht und Liebe zu Deinem heiligen Namen zu erteilen.

Vater unser. Gegrüßet seist du, Maria.

4. Christi Gebet für seine Kreuziger

O Jesus, Du himmlischer Arzt, gedenke der Todesschwäche, der Schmerzen, welche Du - erhöht am Kreuzesbaume - an all Deinen verwundeten und zerfleischten Gliedern ertragen hast, so dass kein Schmerz dem Deinen glich und vom Scheitel Deines Hauptes bis zu den Fußsohlen nichts Gesundes an Dir zu finden war, und wie Du dennoch - all diese Qualen nicht beachtend - für Deine Feinde gebetet und gesprochen hast: „Vater vergib ihnen, denn sie wissen nicht, was sie tun!“

Durch diese Barmherzigkeit verleihe mir, dass die Erinnerung an Deine bittersten Leiden mir zur vollkommenen Verzeihung aller meiner Sünden und Verirrungen gereiche.

Vater unser. Gegrüßet seist du, Maria.

5. Christi Barmherzigkeit gegen reumütige Sünder

O Jesus, Du Spiegel der ewigen Klarheit, gedenke jener Betrübnis, die Dein Herz bedrängte, als Du im Licht all Deiner Weisheit zwar die selige Zukunft der Auserwählten sahest, welche durch die Verdienste Deines Leidens ihr Heil finden, aber auch die Verwerfung so vieler Gottlosen, die durch eigene Schuld in das ewige Verderben stürzen werden.

Durch die unergründliche Tiefe Deines Erbarmens, in der Du mit uns Sündern und Irrenden so schmerzliches Mitleid empfunden und die Du dem Räuber neben Dir erwiesen hast, als Du zu ihm sprachest: „Heute wirst du bei mir im Paradiese sein!“, bitte ich Dich, Du wollest auch mir in der Stunde des Todes Barmherzigkeit erweisen.

Vater unser. Gegrüßet seist du, Maria.

6. Christi Testament am Kreuz

O Jesus, König und Freund der Seelen, der Du allein aller Liebe und Sehnsucht würdig bist, gedenke jener Betrübnis, die Du empfunden, als Du in Blöße und Elend, von all Deinen Freunden verlassen, am Kreuze schwebtest und keinen anderen Tröster fandest als Deine geliebte Mutter, die in der Bitterkeit ihrer Seele und mit heiliger Treue Dir zur Seite stand und welche Du Deinem Jünger empfohlen, so wie Du den Jünger anstatt Deiner ihr zum Sohn gegeben hast, als Du sprachst: „Frau, siehe deinen Sohn!“, und zum Jünger: „Siehe, deine Mutter!“

Bei dem Schwerte des Schmerzes, das damals ihre Seele durchdrang, bitte ich Dich, o gütigster Jesus, dass Du mir in allen Trübsalen des Leibes und der Seele - besonders in der Todesstunde - Deine Erbarmung und Deinen Trost schenken wollest.

Vater unser. Gegrüßet seist du, Maria.

7. *Christi Durst*

O Jesus, Du Quelle der unerschöpflichen Güte, der Du aus tiefstem Verlangen am Kreuze sprachest: „Mich dürstet!“ (nach dem Heile des Menschengeschlechtes), entzünde in unseren Herzen die Sehnsucht nach allen Übungen der wahren Tugend und vertilge in uns gänzlich alle Begierlichkeit der Sinne, alle böse Lust nach Ergötzungen.

Vater unser. Gegrüßet seist du, Maria.

8. Christi Trank

O Jesus, Du Süßigkeit des Herzens und unauslöschliche Freude der Dir ergebenen Seelen!
Durch die Bitterkeit des Essigs und der Galle, die Du für mich gekostet hast, verleihe mir, dass ich in der Todesstunde zum Heil und Trost meiner Seele Dich würdig empfangen möge.
Vater unser. Gegrüßet seist du, Maria.

9. Christi Angstruf am Kreuz

O Gott, Du herrschende Kraft und Jubel des Gemütes, gedenke der Qual und Bedrängnis, die Du gelitten, als Du im Herannahen Deines bitteren Todes mit lauter Stimme riefest: „Mein Gott, mein Gott, warum hast Du mich verlassen!"
Durch diese Angst der scheinbaren Verlassenheit, womit Du uns von der ewigen Verlassenheit erlöst hast, bitte ich Dich, Herr, unser Gott, dass Du mich in meinen Drangsalen niemals verlassen wollest.
Vater unser. Gegrüßet seist du, Maria.

10. Christi viele Wunden

O Jesus, Anfang und Ende, Kraft und Leben, gedenke, dass Du Dich vom Haupt bis zu den Fußsohlen gänzlich für uns in das Meer der Leiden versenkt hast.
Durch die Größe und Tiefe Deiner schmerzlichsten Wunden, lehre mich in Sünden Versunkenen, durch wahren Liebesgehorsam Deine Gebote beachten.

Vater unser. Gegrüßet seist du, Maria.

11. Christi tiefe Wunden

O Jesus, Du Abgrund der tiefsten Barmherzigkeit, um der Tiefe Deiner Wunden willen, die das Mark Deiner Gebeine durchdrangen, bitte ich Dich, ziehe mich aus dem Abgrund der Sünden, und verbirg meine Seele in Deinen heiligen Wunden vor dem Angesicht Deines strafenden Zornes, damit ich nicht Deiner Gerechtigkeit anheimfalle.

Vater unser. Gegrüßet seist du, Maria.

12. Christi blutende Wunden

O Jesus, Du strahlendes Bild der Wahrheit, Zeichen der Einigkeit und Band der Liebe, gedenke der zahllosen Wunden, die Deinen ganzen Leib bedeckten und ihn mit Deinem heiligsten Blute färbten, gedenke der unbegreiflichen Peinen, die Du in diesem reinsten Leib für uns erduldet hast. Was hättest Du noch mehr tun sollen, was Du nicht getan hast?

Ich bitte Dich, o gütigster Jesus, schreibe mit Deinem kostbaren Blut alle diese Wunden in mein Herz, damit ich Deinen Schmerz und Deinen Tod darin allzeit lese und in treuer Dankbarkeit bis zum Ende verharre.

Vater unser. Gegrüßet seist du, Maria.

13. Christi letzte Angst

O Jesus, unsterblicher und unüberwindlicher König, gedenke der Schmerzen, die Du erlitten hast, als alle Kräfte Deines Körpers Dich gänzlich verließen und Du mit geneigtem Haupte sprachest: „Es ist vollbracht!" Durch diese Deine Todesangst erbarme Dich meiner in meiner letzten Stunde, wenn mein Gemüt bedrängt und mein Geist niedergebeugt sein wird.

Vater unser. Gegrüßet seist du, Maria.

14. Christi Scheiden

O Jesus, Du Eingeborener des allerhöchsten Vaters und Ebenbild seiner Weisheit, gedenke jener innigsten Hingebung, mit der Du riefest: „Vater, in Deine Hände empfehle ich meinen Geist“, und wie Du alsdann mit zerrissenem Leib, mit gebrochenem Herzen, Deine Barmherzigkeit über uns vollendet und so Deinen Geist aufgegeben hast.

Durch diesen kostbaren Tod bitte ich Dich, o König der Heiligen, stärke mich im Streit gegen den Satan, die Welt und das Fleisch, damit ich, der Welt absterbend, Dir lebe und meine Seele, wenn sie in der Stunde des Todes von ihrer Pilgerschaft zurückkehrt, mit erbarmender Liebe von Dir aufgenommen werde.

Vater unser. Gegrüßet seist du, Maria.

15. Christi letzte und gänzliche Blutvergießung

O Jesus, Du wahrer und fruchtbarer Weinstock, in welchen wir eingepflanzt sind, gedenke jener überreichen Vergießung Deines Blutes, welches Du, gleich dem Safte der gepressten Traube, vergossen, als Du aus Deiner durch die Lanze geöffneten Seite Blut und

Wasser so reichlich hervorquellen ließest, dass auch kein Tropfen zurückblieb, und Dein heiligster Leib hoch am Kreuze schwebte.

Durch diese Vergießung Deines Blutes stärke meine Seele im letzten Todesstreit und lass sie, von allen Flecken rein, vor Dir erscheinen.

Vater unser. Gegrüßet seist du, Maria.

Schlussgebet

Nimm an, o Jesus, dieses Gebet in jener übergroßen Liebe, in der Du alle Wunden Deines heiligsten Leibes für uns getragen hast. Erbarme Dich meiner und aller mit Sünden Beladenen und verleihe allen gläubigen Seelen, den lebendigen wie den abgeschiedenen, Gnade, Verzeihung und das ewige Leben. Amen.

II. Die sieben Vater unser

Zu Beginn

O Jesus, ich will jetzt siebenmal das Vater unser beten in Vereinigung mit jener Liebe, in welcher Du dieses Gebet in Deinem Herzen geheiligt und versüßt hast. Nimm es von meinen Lippen in Dein göttliches Herz auf, verbessere und vervollkommne es so sehr, dass es der allerheiligsten Dreifaltigkeit soviel Ehre und Freude bereite, als Du ihr auf Erden mit diesem Gebet erwiesen hast, und diese mögen überströmen auf Deine heiligste Menschheit zur Verherrlichung Deiner heiligen Wunden und des kostbaren Blutes, das Du daraus vergossen hast.

1. Beschneidung

Vater unser. Gegrüßet seist du, Maria.

Ewiger Vater, durch die unbefleckten Hände Mariä und das göttliche Herz Jesu opfere ich Dir die ersten Wunden, die ersten Schmerzen und die erste Blutvergießung Jesu auf zur Sühne für meine und aller Menschen Jugendsünden und zur Verhütung erster Todsünden, besonders in meiner Verwandtschaft.

2. Blutschweiß

Vater unser. Gegrüßet seist du, Maria.

Ewiger Vater, durch die unbefleckten Hände Mariä und das göttliche Herz Jesu opfere ich Dir die furchtbaren Leiden des Herzens Jesu am Ölberg auf und jedes Tröpflein seines Blutschweißes zur Sühne für meine und aller Menschen Sünden des Herzens, zur Verhütung solcher Sünden und für die Vermehrung der Gottes- und Nächstenliebe.

3. Geißelung

Vater unser. Gegrüßet seist du, Maria.

Ewiger Vater, durch die unbefleckten Hände Mariä und das göttliche Herz Jesu opfere ich Dir die vielen tausend Wunden, die grausamen Schmerzen und das kostbare Blut Jesu von der Geißelung auf zur Sühne für meine und aller Menschen Sünden des Fleisches, zur Verhütung solcher Sünden und für die Bewahrung der Unschuld, besonders in meiner Verwandtschaft.

4. Dornenkrönung

Vater unser. Gegrüßet seist du, Maria.

Ewiger Vater, durch die unbefleckten Hände Mariä und das göttliche Herz Jesu opfere ich Dir die Wunden, die Schmerzen und das kostbare Blut des heiligen Hauptes Jesu von der Dornenkrönung auf zur Sühne für meine und aller Menschen Sünden des Geistes, zur Verhütung solcher Sünden und für die Ausbreitung des Königtums Christi auf Erden.

5. Kreuztragung

Vater unser. Gegrüßet seist du, Maria.

Ewiger Vater, durch die unbefleckten Hände Mariä und das göttliche Herz Jesu opfere ich Dir die Leiden Jesu auf seinem Kreuzweg auf, besonders seine heilige Schulterwunde und deren kostbares Blut zur Sühne für meine und aller Menschen Auflehnung gegen das Kreuz und Murren gegen Deine heiligen Anordnungen und alle anderen Zungensünden, zur Verhütung solcher Sünden und für wahre Kreuzesliebe.

6. Kreuzigung

Vater unser. Gegrüßet seist du, Maria.

Ewiger Vater, durch die unbefleckten Hände Mariä und das göttliche Herz Jesu opfere ich Dir Deinen göttlichen Sohn am Kreuze auf, seine Annagelung und seine Erhöhung, seine Wunden an Händen und Füßen und die drei Ströme seines heiligen Blutes, die sich daraus für uns ergossen, seine äußerste Armut, seinen vollkommenen Gehorsam, alle seine Körper- und Seelenqualen, seinen kostbaren Tod und dessen unblutige Erneuerung in allen heiligen Messen der Erde zur Sühne aller Verletzungen der heiligen Ordensgelübde und Ordensregeln, zur Genugtuung für meine und der Welt Sünden, für die Kranken und Sterbenden, für heiligmäßige Priester und Laien, für die Anliegen des Heiligen Vaters, zur Wiederherstellung der christlichen Familie, für Starkmut im Glauben, für unser Vaterland und die Einheit der Völker in Christus und seiner Kirche sowie für die Diaspora.

7. *Öffnung der heiligen Seite*

Vater unser. Gegrüßet seist du, Maria.

Ewiger Vater, würdige Dich, für die Bedürfnisse der heiligen Kirche und zur Sühne der Sünden aller Menschen das kostbare Blut und Wasser anzunehmen, welches aus der Wunde des göttlichen Herzens Jesu geflossen ist, und sei uns allen gnädig und barmherzig. Blut Christi, letzter kostbarer Inhalt seines heiligen Herzens, wasche mich rein von allen eigenen und fremden Sündenschulden! Wasser der Seite Christi, wasche mich rein von allen Sündenstrafen und lösche mir und allen Armen Seelen die Flammen des Fegefeuers aus. Amen.

DER SICHERE WEG IN DEN HIMMEL

„Tretet ein durch die enge Pforte! Denn weit ist die Pforte und breit der Weg, der ins Verderben führt, und gar viele gehen ihn. Eng dagegen ist die Pforte und schmal der Weg, der zum Leben führt, und nur wenige gehen ihn." (Mt 7, 13)

‣ Halte eine bestimmte Stunde zum Aufstehen fest, und erhebe dich schnell aus Liebe zu Gott; denn dieses Opfer ist ihm überaus angenehm. Deine erste Handlung sei das heilige Kreuzzeichen. Weihe mit wenigen Worten den neuen Tag deinem himmlischen Vater.

‣ Kannst du es möglich machen, so wohne täglich einer heiligen Messe bei und beraube dich nicht freiwillig eines so unschätzbaren Glückes.

‣ Vergiss nicht das Tischgebet; schäme dich nirgends dieser frommen Übung.

‣ Bete täglich den Rosenkranz. Wenn es dir nicht gelingen sollte, bete wenigstens einen Teil davon. Vom Rosenkranz geht eine geheimnisvolle Kraft aus.

- Beschließe den Tag mit einem Abendgebet und einer kurzen Gewissenserforschung.

- Gehe zu einer bestimmten Stunde zu Bett. Lege dich aber nie zur Ruhe ohne davor aus Liebe zu Gott alle Sünden des vergangenen Tages bereut zu haben, denn du weißt nicht, ob dir der Herr noch einen Morgen auf dieser Erde schenken wird.

- Bemühe dich monatlich, wenigstens aber zu den großen Festtagen (Ostern, Pfingsten, Mariä Himmelfahrt, Allerheiligen, Weihnachten), zur heiligen Beichte zu gehen.

„Wenn Du mich fragst, was Du tun musst, um vollkommen zu sein, so sage ich Dir: Bleibe nicht im Bett liegen, wenn es Zeit ist, aufzustehen. Die ersten Gedanken weihe Gott, mache einen andächtigen Besuch beim allerheiligsten Sakrament, bete fromm den Angelus, iss und trink zu Gottes Ehre, bete mit Andacht den Rosenkranz, sei gesammelt, halte böse Gedanken fern, mache Deine abendliche Betrachtung gut, erforsche täglich Dein Gewissen, geh zur rechten Zeit zur Ruhe – und Du bist bereits vollkommen."

hl. Kardinal John Henry Newman

LITANEIEN

Litanei von der Heiligsten Dreifaltigkeit

Herr, erbarme Dich.
Christus, erbarme Dich.
Herr, erbarme Dich.

Heilige Dreifaltigkeit, höre uns.
Heilige Dreifaltigkeit, erhöre uns.

Gott Vater vom Himmel, erbarme Dich unser.
Gott Sohn, Erlöser der Welt,
Gott, Heiliger Geist,
Heilige Dreifaltigkeit, ein einiger Gott,

Gott, einfach in der Natur,
Gott, dreifach in den Personen,
Gott Vater, Sohn und Heiliger Geist,
Gott Vater, Du allmächtiger Schöpfer,
Gott Sohn, Du liebevoller Erlöser,
Gott Heiliger Geist, Du belebender Tröster,
Heiliger, heiliger, heiliger Gott,
Heiliger starker, heiliger unsterblicher Gott,
Gott, den die Himmel der Himmel nicht umfassen,
Gott, aus dem, in dem und durch den alles ist,
Gott, in welchem wir leben, uns bewegen und sind,

Gott, der Du bist, warst und in Ewigkeit sein wirst,
Gott, der Du Deine Hand öffnest und alles, was lebt, mit Segen erfüllst,

Sei uns gnädig,
verschone uns, o heilige Dreifaltigkeit.
Sei uns gnädig,
erhöre uns, o heilige Dreifaltigkeit.
Von allen Übeln,
erlöse uns, o heilige Dreifaltigkeit.

Von aller Sünde,
Von Stolz und falscher Einbildung,
Von Unmäßigkeit und sündhafter Anhänglichkeit an das Irdische,
Von Unglauben und Aberglauben,
Von Trägheit in Deinem Dienste,
Von aller Unreinheit in Gedanken, Worten und Werken,

Durch Deine unermessliche Allmacht,
Durch Deine unendliche Allwissenheit und Weisheit,
Durch den Reichtum Deiner Güte und Liebe,
Durch die unaussprechliche Größe Deiner Erbarmung und Langmut,

Am Tage des Gerichtes,

Wir armen Sünder,
wir bitten Dich, erhöre uns.

Dass wir Dich, o heilige Dreifaltigkeit, stets anbeten,
Dass wir Dir unser ganzes Leben hindurch treu dienen,
Dass wir Deinen allerheiligsten Namen niemals entehren,
Dass wir die Dir geheiligten Tage mit gebührender Andacht feiern,
Dass wir unseren Eltern und Vorgesetzten Ehrfurcht und Gehorsam erzeigen,
Dass wir keinem Menschen, weder am Leib noch an der Seele, Schaden zufügen,
Dass wir niemanden übervorteilen noch fremdes Eigentum begehren,
Dass wir unsere Herzen vor allen unerlaubten Gedanken und Begierden sorgfältig bewahren,
Dass wir unseren Leib durch keine sündhafte Handlung entweihen,
Dass wir über unseren Nächsten nie vermessentlich urteilen noch seine Ehre verletzen,
Dass wir Dich, o dreieiniger Gott, über alles und den Nächsten wie uns selbst lieben,
Dass wir den Reichtum Deiner Güte, Geduld und Langmut nie verachten,

Dass wir uns Dir zu einem lebendigen, heiligen und wohlgefälligen Opfer allzeit weihen,
heiligste Dreifaltigkeit,

Lamm Gottes, das Du hinwegnimmst die Sünden der Welt, versöhne uns mit dem Vater.
Lamm Gottes, das Du hinwegnimmst die Sünden der Welt, begnadige uns arme Sünder.
Lamm Gottes, das Du hinwegnimmst die Sünden der Welt, gib uns den Heiligen Geist.

Heilige Dreifaltigkeit, höre uns.
Heilige Dreifaltigkeit, erhöre uns.

℣. Lasset uns preisen den Vater und den Sohn mit den Heiligen Geist.
℟. Lasset uns ihn loben und erheben in Ewigkeit.

℣. Herr, erhöre mein Gebet,
℟. und lass mein Rufen zu Dir kommen.

Lasset uns beten.

Allmächtiger, ewiger Gott, Du hast uns, Deinen Dienern, die Gnade verliehen, dass wir in dem Licht des wahren Glaubens die Herrlichkeit der ewigen Dreifaltigkeit erkennen und in Deiner allmächtigen Majestät die Einheit anbeten. Verleihe uns, dass wir durch die Festigkeit dieses Glaubens selbst in den widrigsten Schicksalen der Tugend treu bleiben, und dass uns nichts von Deiner Liebe zu trennen vermöge, durch unseren Herrn Jesus Christus, Deinen Sohn, der mit Dir lebt und herrscht in der Einheit des Heiligen Geistes, Gott, von Ewigkeit zu Ewigkeit. ℟. Amen.

Litanei vom Heiligen Geist

Herr, erbarme Dich.
Christus, erbarme Dich.
Herr, erbarme Dich.

Christus, höre uns.
Christus, erhöre uns.

Gott Vater vom Himmel, erbarme Dich unser.
Gott Sohn, Erlöser der Welt,
Gott Heiliger Geist,
Heilige Dreifaltigkeit, ein einiger Gott,

Heiliger Geist, Du Geist der Wahrheit und Weisheit,
Geist des Verstandes und der Stärke,
Geist der Andacht und des guten Rates,
Geist des Glaubens und der Hoffnung,

Geist der Gottesfurcht und Liebe,
Geist der Freude und des Friedens,
Geist der Güte, der Sanftmut und Geduld,
Geist der Enthaltsamkeit und Reinheit,
Geist der Demut und Abtötung,
Geist des Lebens und des Heiles,
Geist der Gottesfurcht,
Du Geist aller Kinder Gottes,
Du Lehrer und Regierer der heiligen katholischen Kirche,
Du Ergründer der Gedanken und Herzen,
Du Trost der Betrübten und Stärke frommer Seelen,
Du Krone aller Vollendeten,
Du Freude der Engel,
Du Erleuchter der Patriarchen,
Du Einsprecher der Propheten,
Du Weisheit der Apostel,
Du Sieg der Martyrer und Bekenner Christi,
Du Reinheit der Jungfrauen,
Du Salbung aller Heiligen,

Sei uns gnädig,
verschone uns, o Heiliger Geist.

Sei uns gnädig,
erhöre uns, o Heiliger Geist.

Vom Geist des Irrtums,
erlöse uns, o Heiliger Geist.

Vom Geist der Gotteslästerung,
Von aller Sünde und Versuchung,
Vom Widerstreben gegen die erkannten Wahrheiten des Heiles,
Von vermessenem Vertrauen auf Gottes Barmherzigkeit,
Von Verzweiflung an der göttlichen Gnade,
Von Bosheit, Missgunst und aller Lieblosigkeit,
Von Verstockung und Unbußfertigkeit,
Von aller Nachlässigkeit und Trägheit im Guten,
Von allen bösen, unreinen und unlauteren Gesinnungen und Handlungen,
Von einem plötzlichen und unseligen Tode,
Von dem ewigen Verderben,

Wir armen Sünder,
wir bitten Dich, erhöre uns.

Dass Du die heilige katholische Kirche erhöhen, ihre Hirten erleuchten und alle ihre Glieder heiligen wollest,
Dass Du uns die Gnade verleihen wollest, Dich nie zu betrüben,

Dass Du in uns die Andacht und Gottergebenheit immerdar vermehren wollest,

Dass Du uns, gleich den Aposteln, Sanftmut und Liebe einflößen wollest,

Dass Du alle unsere Gedanken, Worte und Werke in Dir vereinigen und heiligen wollest,

Dass Du uns durch und durch reinigen und zu Deiner Wohnung einweihen wollest,

Dass Du unseren Leib und unsere Seele als Deinen Tempel unbefleckt erhalten wollest,

Dass Du in Leiden uns trösten und aufrichten wollest,

Dass Du uns Gewissensruhe und wahre Gottseligkeit verleihen wollest,

Dass Du uns in Deiner Gnade befestigen und selig machen wollest,

Dass Du die Irrenden erleuchten und in den Schoß Deiner heiligen Kirche führen wollest,

Dass Du uns alle in die Gemeinschaft Deiner Auserwählten aufnehmen wollest,

Lamm Gottes, das Du hinwegnimmst die Sünden der Welt, verschone uns, o Herr.

Lamm Gottes, das Du hinwegnimmst die Sünden der Welt, erhöre uns, o Herr.

Lamm Gottes, das Du hinwegnimmst die Sünden der Welt, erbarme Dich unser.

℣. Komm, Heiliger Geist, erfülle die Herzen Deiner Gläubigen.

℟. Und entzünde in ihnen das Feuer Deiner Liebe.

℣. Sende aus Deinen Geist, und alles wird neu geschaffen (Osterzeit: alleluja).
℟. Und Du wirst das Angesicht der Erde erneuern (Osterzeit: alleluja).

Lasset uns beten.

Gott, der Du die Herzen Deiner Gläubigen durch die Erleuchtung des Heiligen Geistes belehrst; gib, dass auch wir in demselben Geiste das, was recht ist, erkennen und seines Trostes uns allezeit erfreuen. Durch Christus, unseren Herrn. ℟. Amen.

Litanei vom heiligsten Namen Jesu

Herr, erbarme Dich.
Christus, erbarme Dich.
Herr, erbarme Dich.

Jesus, höre uns.
Jesus, erhöre uns.

Gott Vater vom Himmel, erbarme Dich unser.
Gott Sohn, Erlöser der Welt,
Gott Heiliger Geist,
Heilige Dreifaltigkeit, ein einiger Gott,

Jesus, Sohn des lebendigen Gottes,
Jesus, Abglanz des Vaters,
Jesus, Glanz des ewigen Lichtes,
Jesus, König der Herrlichkeit,
Jesus, Sonne der Gerechtigkeit,
Jesus, Sohn der Jungfrau Maria,
Du liebenswürdiger Jesus,
Du wunderbarer Jesus,
Jesus, starker Gott,
Jesus, Vater der kommenden Zeit,
Jesus, Du Künder des großen Ratschlusses,
Du mächtigster Jesus,
Du geduldigster Jesus,
Du gehorsamster Jesus,
Jesus, sanft und demütig von Herzen,
Jesus, Freund der Keuschheit,

Jesus, unser Freund,
Jesus, Gott des Friedens,
Jesus, Urheber des Lebens,
Jesus, Vorbild der Tugenden,
Jesus, Eiferer für die Seelen,
Jesus, unser Gott,
Jesus, unsere Zuflucht,
Jesus, Vater der Armen,
Jesus, Schatz der Gläubigen,
Jesus, guter Hirt,
Jesus, wahres Licht,
Jesus, ewige Weisheit,
Jesus, unendliche Güte,
Jesus, unser Weg und unser Leben,
Jesus, Freude der Engel,
Jesus, König der Patriarchen,
Jesus, Meister der Apostel,
Jesus, Lehrer der Evangelisten,
Jesus, Stärke der Martyrer,
Jesus, Licht der Bekenner,
Jesus, Reinheit der Jungfrauen,
Jesus, Krone aller Heiligen,

Sei uns gnädig, verschone uns, o Jesus.
Sei uns gnädig, erhöre uns, o Jesus.
Von allem Übel, erlöse uns, o Jesus.

Von aller Sünde, erlöse uns, o Jesus.
Von Deinem Zorne,
Von den Nachstellungen des Teufels,
Vom Geist der Unlauterkeit,
Vom ewigen Tod,
Von der Vernachlässigung Deiner Eingebungen,
Durch das Geheimnis Deiner heiligen Menschwerdung,
Durch Deine Geburt,
Durch Deine Kindheit,
Durch Dein göttliches Leben,
Durch Deine Mühen,
Durch Deine Todesangst und Dein Leiden,
Durch Dein Kreuz und Deine Verlassenheit,
Durch Deine Ermattung,
Durch Deinen Tod und Dein Begräbnis,
Durch Deine Auferstehung,
Durch Deine Himmelfahrt,
Durch die Einsetzung der heiligsten Eucharistie,
Durch Deine Freuden,
Durch Deine Herrlichkeit,

Lamm Gottes, das Du hinwegnimmst die Sünden der Welt, verschone uns, o Jesus.
Lamm Gottes, das Du hinwegnimmst die Sünden der Welt, erhöre uns, o Jesus.
Lamm Gottes, das Du hinwegnimmst die Sünden der Welt, erbarme Dich unser.

℣. Jesus, höre uns.
℟. Jesus, erhöre uns.

Lasset uns beten.

Herr Jesus Christus, der Du gesagt hast: Bittet, und ihr werdet empfangen, suchet, und ihr werdet finden, klopfet an, und es wird euch aufgetan, gib uns, so bitten wir, die Gesinnung Deiner göttlichen Liebe, damit wir Dich von ganzem Herzen in Wort und Werk lieben und von Deinem Lob niemals ablassen.

Deinen heiligen Namen, Herr, lass uns immerdar zugleich fürchten und lieben, weil Du ja niemals Deine Leitung denen entziehst, die Du fest in Deiner Liebe begründest, der Du lebst und herrschest in alle Ewigkeit. ℟. Amen.

Litanei vom heiligsten Herzen Jesu

Herr, erbarme Dich.
Christus, erbarme Dich.
Herr, erbarme Dich.

Christus, höre uns.
Christus, erhöre uns.

Gott Vater vom Himmel, erbarme Dich unser.
Gott Sohn, Erlöser der Welt,
Gott Heiliger Geist,
Heilige Dreifaltigkeit, ein einiger Gott,

Herz Jesu, des Sohnes des ewigen Vaters,
Herz Jesu, im Schoß der jungfräulichen Mutter vom Heiligen Geist gebildet,
Herz Jesu, dem Worte Gottes wesenhaft vereinigt,
Herz Jesu, von unendlicher Majestät,
Herz Jesu, heiliger Tempel Gottes,
Herz Jesu, Zelt des Allerhöchsten,
Herz Jesu, Haus Gottes und Pforte des Himmels,
Herz Jesu, brennender Feuerherd der Liebe,
Herz Jesu, Wohnstatt der Gerechtigkeit und Liebe,
Herz Jesu, voll Güte und Liebe,
Herz Jesu, Abgrund aller Tugenden,
Herz Jesu, allen Lobes überaus würdig,
Herz Jesu, König und Mitte aller Herzen,

Herz Jesu, in dem alle Schätze der Weisheit und Wissenschaft sind,
Herz Jesu, in dem die ganze Fülle der Gottheit wohnt,
Herz Jesu, an dem der Vater sein Wohlgefallen hat,
Herz Jesu, von dessen Fülle wir alle empfangen haben,
Herz Jesu, Sehnsucht der ewigen Hügel,
Herz Jesu, geduldig und voll Erbarmen,
Herz Jesu, reich für alle, die Dich anrufen,
Herz Jesu, Quell des Lebens und der Heiligkeit,
Herz Jesu, Sühne für unsere Sünden,
Herz Jesu, mit Schmach gesättigt,
Herz Jesu, zerschlagen wegen unserer Missetaten,
Herz Jesu, bis zum Tode gehorsam,
Herz Jesu, von der Lanze durchbohrt,
Herz Jesu, Quell allen Trostes,
Herz Jesu, unsere Auferstehung und unser Leben,
Herz Jesu, unser Friede und unsere Versöhnung,
Herz Jesu, Opferlamm für die Sünder,
Herz Jesu, Heil aller, die auf Dich hoffen,
Herz Jesu, Hoffnung aller, die in Dir sterben,
Herz Jesu, Wonne aller Heiligen,

Lamm Gottes, das Du hinwegnimmst die Sünden der Welt, verschone uns, o Herr.
Lamm Gottes, das Du hinwegnimmst die Sünden der Welt, erhöre uns, o Herr.
Lamm Gottes, das Du hinwegnimmst die Sünden der Welt, erbarme Dich unser.

℣. Jesus, sanft und demütig von Herzen,
℟. bilde unser Herz nach Deinem Herzen.

Lasset uns beten.

Allmächtiger, ewiger Gott, schau hin auf das Herz Deines vielgeliebten Sohnes und auf das Lob und die Genugtuung, die es im Namen der Sünder Dir darbringt, und gewähre denen, die Deine Barmherzigkeit erflehen, gnädig Verzeihung im Namen dieses Deines Sohnes Jesus Christus, der mit Dir lebt und herrscht in alle Ewigkeit. ℟. Amen.

Litanei vom kostbaren Blut

Herr, erbarme Dich.
Christus, erbarme Dich.
Herr, erbarme Dich.

Christus, höre uns.
Christus, erhöre uns.

Gott Vater vom Himmel, erbarme Dich unser.
Gott Sohn, Erlöser der Welt,
Gott Heiliger Geist,
Heilige Dreifaltigkeit, ein einiger Gott,

Blut Christi, des Eingeborenen des ewigen Vaters, rette uns.
Blut Christi, des menschgewordenen Wortes Gottes,
Blut Christi, des Neuen und Ewigen Bundes,
Blut Christi, in der Todesangst zur Erde geronnen,
Blut Christi, bei der Geißelung hervorfließend,
Blut Christi, bei der Dornenkrönung verströmt,
Blut Christi, am Kreuze ausgegossen,
Blut Christi, Kaufpreis unseres Heils,
Blut Christi, ohne das es keine Vergebung gibt,
Blut Christi, im Altarsakrament Trank und Reinigung der Seelen,

Blut Christi, Strom der Barmherzigkeit,
Blut Christi, Besieger der bösen Geister,
Blut Christi, Stärke der Martyrer,
Blut Christi, Kraft der Bekenner,
Blut Christi, das Jungfrauen hervorsprossen lässt,
Blut Christi, Stütze der Gefährdeten,
Blut Christi, Linderung der Leidenden,
Blut Christi, Trost im Jammer,
Blut Christi, Hoffnung der Büßenden,
Blut Christi, Trost der Sterbenden,
Blut Christi, Friede und Wonne der Herzen,
Blut Christi, Unterpfand des ewigen Lebens,
Blut Christi, Erlösung der Seelen aus den Tiefen des Reinigungsortes,
Blut Christi, aller Herrlichkeit und Ehre überaus würdig,

Lamm Gottes, das Du hinwegnimmst die Sünden der Welt, verschone uns, o Herr.
Lamm Gottes, das Du hinwegnimmst die Sünden der Welt, erhöre uns, o Herr.
Lamm Gottes, das Du hinwegnimmst die Sünden der Welt, erbarme Dich unser.

℣. Du hast uns erlöst, Herr, in Deinem Blut
℟. und hast uns für unseren Gott zu einem Königreich gemacht.

Lasset uns beten.

Allmächtiger, ewiger Gott, der Du Deinen eingeborenen Sohn zum Erlöser der Welt eingesetzt hast und durch sein Blut versöhnt werden wolltest, gewähre, so bitten wir, dass wir den Lösepreis unseres Heils so verehren und durch seine Kraft von den Übeln dieses Lebens beschützt werden auf Erden, dass wir uns seiner Frucht auf ewig erfreuen im Himmel, durch ihn, Christus, unseren Herrn.
℟. Amen.

Litanei vom heiligsten Altarsakrament

Herr, erbarme Dich.
Christus, erbarme Dich.
Herr, erbarme Dich.

Christus, höre uns.
Christus, erhöre uns.

Gott Vater vom Himmel, erbarme Dich unser.
Gott Sohn, Erlöser der Welt,
Gott Heiliger Geist,
Heilige Dreifaltigkeit, ein einiger Gott,

Jesus, der Du im heiligsten Altarsakrament als Gott und Mensch zugegen bist,
Jesus, Du lebendiges Brot, welches vom Himmel gekommen ist,
Jesus, Du verborgener Gott und Heiland,
Jesus, Du immerwährendes Opfer des Neuen Bundes,
Jesus, Du würdiges Opfer der Anbetung und Danksagung,
Jesus, Du wahres Versöhnungsopfer für Lebende und Verstorbene,
Jesus, Du unbeflecktes Lamm Gottes,
Jesus, Du Brot der Engel,
Jesus, Du unsere Seelenspeise,
Jesus, Du Band der Liebe und des Friedens,
Jesus, Du Kraft und Wonne reiner Seelen,
Jesus, Du Urquell aller Gnaden,
Jesus, Du Trost der Betrübten,
Jesus, Du Zuflucht der Sünder,
Jesus, Du Stärke der Schwachen,
Jesus, Du Arznei der Kranken,
Jesus, Du Wegzehrung der im Herrn Sterbenden,
Jesus, Du ewige Seligkeit der Auserwählten,
Jesus, Du Unterpfand der glorreichen Auferstehung,

Sei uns gnädig, verschone uns, o Jesus.
Sei uns gnädig, erhöre uns, o Jesus.
Vor dem unwürdigen Genusse Deines heiligen Fleisches und Blutes,
bewahre uns, o Jesus.

Vor aller Begierlichkeit des Fleisches,
Vor aller Begierlichkeit der Augen,
Vor aller Hoffart des Lebens,
Vor aller Gefahr und Gelegenheit zur Sünde,
Vor allem Leichtsinn des Herzens,
Vor aller Lieblosigkeit gegen den Nächsten,
Vor aller Sünde,
Vor der ewigen Verdammnis,
Durch Deine heilige Menschwerdung,
Durch Dein bitteres Leiden und Sterben,
Durch Dein sehnliches Verlangen, Deinen Jüngern und uns Dein heiliges Fleisch und Blut zur Seelenspeise zu geben,
Durch die inbrünstige Liebe, mit welcher Du Deinen Jüngern und uns Dein heiliges Fleisch zur Speise und Dein göttliches Blut zum Trank gegeben hast,
Durch die tiefste Demut, mit welcher Du zuvor Deinen Jüngern die Füße gewaschen hast,
Durch die heiligen fünf Wunden, welche Du am Kreuz für uns empfangen hast,

Durch Dein kostbares Blut, das Du uns auf dem Altar hinterlassen hast,

Wir armen Sünder,

wir bitten Dich, erhöre uns.

Dass Du den Glauben, die Ehrfurcht und Andacht gegen dieses heilige Sakrament in uns stets erhalten und vermehren wollest,

Dass Du alles, was lasterhaft und Dir missfällig ist, in uns ertöten und vertilgen wollest,

Dass Du uns in Deiner Gnade erhalten und stärken wollest,

Dass Du uns vor den Nachstellungen des bösen Feindes beschützen wollest,

Dass Du unser Herz durch Deine Gnade reinigen und heiligen wollest,

Dass Du die kostbaren himmlischen Früchte dieses allerheiligsten Sakramentes uns reichlich mitteilen wollest,

Dass Du durch dieses heilige Sakrament der Liebe uns untereinander in heiliger Liebe immer mehr vereinigen wollest,

Dass Du eine heilige Sehnsucht, Dich oft in der heiligen Kommunion zu empfangen, in uns erwecken wollest,

Dass Du uns die Gnade verleihen wollest, uns zu diesem heiligen Mahle durch wahre Buße würdig vorzubereiten,

Dass Du uns auf unserem Sterbebett mit dieser himmlischen Wegzehrung versehen und stärken wollest,

Dass Du uns im Todeskampfe nicht verlassen wollest,

Dass Du uns eine selige Sterbestunde verleihen wollest,

Dass Du uns zum ewigen, glorreichen Leben auferwecken wollest,

Sohn Gottes, wir bitten Dich, erhöre uns.

Lamm Gottes, das Du hinwegnimmst die Sünden der Welt, verschone uns, o Herr.

Lamm Gottes, das Du hinwegnimmst die Sünden der Welt, erhöre uns, o Herr.

Lamm Gottes, das Du hinwegnimmst die Sünden der Welt, erbarme Dich unser.

O heiliges Gastmahl, in welchem Christus genossen, das Andenken seines Leidens erneuert, das Herz mit Gnaden erfüllt und uns das Unterpfand der künftigen Herrlichkeit gegeben wird.

℣. Brot vom Himmel hast Du ihnen gegeben,
℟. das alle Erquickung in sich birgt.

Lasset uns beten.

Gott, der Du uns in diesem wunderbaren Sakrament das Gedächtnis Deines Leidens hinterlassen hast, lass uns, so bitten wir, die hochheiligen Geheimnisse Deines Leibes und Blutes so verehren, dass wir die Frucht Deiner Erlösung immerdar in uns erfahren. Der Du lebst und herrschst in alle Ewigkeit. ℟. Amen.

Litanei vom Leiden und Sterben Jesu

Herr, erbarme Dich.
Christus, erbarme Dich.
Herr, erbarme Dich.

Christus, höre uns.
Christus, erhöre uns.

Gott Vater vom Himmel, erbarme Dich unser.
Gott Sohn, Erlöser der Welt,
Gott, Heiliger Geist,
Heilige Dreifaltigkeit, ein einiger Gott
Jesus, Du fleischgewordenes Wort des Vaters,
Jesus, Du Sohn der Jungfrau Maria,
Jesus, Du wahrer Mensch und Gott,

Jesus, der Du wahrhaft bist der Mann der Schmerzen,
Jesus, arm und entblößt von allem,
Jesus, verkannt und verstoßen von Deinem Volk,
Jesus, verachtet und verspottet,
Jesus, gehasst und verfolgt,
Jesus, wie ein Sklave um Geld verkauft,
Jesus, der Angst und Mattigkeit überlassen,
Jesus, betrübt bis in den Tod,
Jesus, mit Blutschweiß überronnen,
Jesus, vom eigenen Jünger verraten,
Jesus, wie ein Dieb gefangen und gebunden,
Jesus, fälschlich angeklagt und gerichtet,
Jesus, verhöhnt und geschlagen,
Jesus, dem irdischen Richter zum Tod überliefert,
Jesus, dem Barabbas nachgesetzt,
Jesus, an die Säule gebunden,
Jesus, gegeißelt und mit Dornen gekrönt,
Jesus, zum Tod verurteilt,
Jesus, mit der Last des Kreuzes beladen,
Jesus, den Berg Kalvaria besteigend,
Jesus, unter dem Kreuze niedergesunken,
Jesus, mit Nägeln an das Kreuz geschlagen,
Jesus, am Kreuze emporgerichtet,
Jesus, mit Galle und Essig getränkt,

Jesus, am Kreuze gestorben,
Jesus, mit einer Lanze durchbohrt,
Jesus, tot im Schoß Deiner Mutter liegend,
Jesus, ins Grab getragen,
Jesus, Du wahres Opfer,
Jesus, Du blutiges Opfer,
Jesus, Du lebendiges und freiwilliges Opfer,
Jesus, Du Vorbild und Zuflucht in allen Leiden,
Jesus, Du Heiland der Welt,

Sei uns gnädig, verschone uns, o Jesus.
Sei uns gnädig, erhöre uns, o Jesus.
Von allem Übel, erlöse uns, o Jesus.

Von aller Sünde,
Von aller Gefahr des Leibes und der Seele,
Von Kleinmut und Ungeduld,
Von aller Hoffart des Lebens,
Von eitler Augenlust und Fleischeslust,
Von einem jähen, unversehenen Tode,
Von der ewigen Verdammnis,
Durch Deine Schmerzen,
Durch Deinen blutigen Angstschweiß,
Durch Deine schmerzhafte Geißelung,
Durch Deine schimpfliche Krönung,
Durch Deinen Kreuzweg,
Durch Deine grausame Kreuzigung,
Durch Dein Gebet für die Feinde,

Durch Deinen Tod,
Durch die Wunde Deines heiligsten Herzens,
Durch Dein gnadenreiches Begräbnis,
Am Tage des Gerichtes,

Wir armen Sünder,
wir bitten Dich, erhöre uns.

Dass Du uns durch Dein bitteres Leiden und Sterben gnädig sein wollest,
Dass Du uns zur wahren Buße und Besserung des Lebens führen wollest,
Das Du uns die Verdienste Deines Leidens und Sterbens zuwenden wollest,
Dass wir durch die Kraft Deines Kreuzes die Welt, das Fleisch und den Teufel überwinden mögen,
Dass wir in Deinem heiligen Blut von allen Sünden gereinigt werden mögen,
Dass Du uns durch Dein heiliges Kreuz in allen Widerwärtigkeiten des Lebens trösten und schirmen wollest,
Dass Du uns durch Deinen Tod in unseren Todesnöten stärken wollest,
Dass Du uns durch Dein Kreuz in Deine Glorie einführen wollest,
Dass Du durch Dein heiliges Begräbnis die Seelen der Verstorbenen aus den Peinen des Fegfeuers erretten wollest,

Jesus Christus, für uns gekreuzigt und gestorben,

Lamm Gottes, das Du hinwegnimmst die Sünden der Welt, verschone uns, o Herr.
Lamm Gottes, das Du hinwegnimmst die Sünden der Welt, erhöre uns, o Herr.
Lamm Gottes, das Du hinwegnimmst die Sünden der Welt, erbarme Dich unser.

℣. Jesus Christus ist für uns gehorsam geworden bis zum Tod,
℟. bis zum Tod am Kreuz.

Lasset uns beten.

O Jesus, Du hast durch Dein Leiden und Sterben die Welt erlöst und uns das vortrefflichste Beispiel hinterlassen, wie wir in den Widerwärtigkeiten dieses Lebens und in der Stunde unseres Todes uns verhalten sollen. Verleihe uns die Gnade, dass wir Deine Lehren und Beispiele immer vor Augen haben, denselben jederzeit getreu nachfolgen, und dadurch der glorreichen Früchte Deiner Erlösung teilhaftig werden, der Du lebst und herrschst mit Gott, dem Vater, in der Einheit des Heiligen Geistes, Gott, von Ewigkeit zu Ewigkeit. ℟. Amen.

Lauretanische Litanei

Herr, erbarme Dich.
Christus, erbarme Dich.
Herr, erbarme Dich.

Christus, höre uns.
Christus, erhöre uns.

Gott Vater vom Himmel, erbarme Dich unser.
Gott Sohn, Erlöser der Welt,
Gott Heiliger Geist,
Heilige Dreifaltigkeit, ein einiger Gott,

Heilige Maria, bitte für uns.
Heilige Gottesgebärerin,
Heilige Jungfrau der Jungfrauen,
Mutter Christi,
Mutter der Barmherzigkeit,
Mutter der göttlichen Gnade,
Du reinste Mutter,
Du keuscheste Mutter,
Du unversehrte Mutter,
Du unbefleckte Mutter,
Du liebenswürdige Mutter,
Du wunderbare Mutter,
Du Mutter des guten Rates,
Du Mutter der schönen Liebe,
Du Mutter des Schöpfers,
Du Mutter des Erlösers,
Du Mutter der Kirche,

Du weiseste Jungfrau,
Du ehrwürdige Jungfrau,
Du lobwürdige Jungfrau,
Du mächtige Jungfrau,
Du gütige Jungfrau,
Du getreue Jungfrau,
Du Spiegel der Gerechtigkeit,
Du Thron der Weisheit,
Du Ursache unserer Freude,
Du geistliches Gefäß,
Du ehrwürdiges Gefäß,
Du vortreffliches Gefäß der Andacht,
Du geheimnisvolle Rose,
Du Turm Davids,
Du elfenbeinerner Turm,
Du goldenes Haus,
Du Lade des Bundes,
Du Pforte des Himmels,
Du Morgenstern,
Du Heil der Kranken,
Du Zuflucht der Sünder,
Du Trösterin der Betrübten,
Du Helferin der Christen,
Du Königin der Engel,
Du Königin der Patriarchen,
Du Königin der Propheten,
Du Königin der Apostel,
Du Königin der Martyrer,
Du Königin der Bekenner,

Du Königin der Jungfrauen,
Du Königin aller Heiligen,
Du Königin, ohne Makel der Erbsünde empfangen,
Du Königin, aufgenommen in den Himmel,
Du Königin des heiligen Rosenkranzes,
Du Königin der Familien,
Du Königin des Friedens,

Lamm Gottes, das Du hinwegnimmst die Sünden der Welt, verschone uns, o Herr.
Lamm Gottes, das Du hinwegnimmst die Sünden der Welt, erhöre uns, o Herr.
Lamm Gottes, das Du hinwegnimmst die Sünden der Welt, erbarme Dich unser.

℣. Bitte für uns, heilige Gottesgebärerin,
℟. auf dass wir würdig werden der Verheißungen Christi.

Lasset uns beten.

Gewähre uns, Deinen Dienern, so bitten wir, Herr, unser Gott, dass wir uns ständiger Gesundheit der Seele und des Leibes erfreuen und auf die glorreiche Fürsprache der seligen, immerwährenden Jungfrau Maria von der gegenwärtigen Trübsal befreit werden und die ewige Freude genießen dürfen, durch Christus, unseren Herrn. ℟. Amen.

Litanei von den heiligen Engeln

Herr, erbarme Dich.
Christus, erbarme Dich.
Herr, erbarme Dich.

Christus, höre uns.
Christus, erhöre uns.

Gott Vater vom Himmel, erbarme Dich unser.
Gott Sohn, Erlöser der Welt,
Gott Heiliger Geist,
Heilige Dreifaltigkeit, ein einiger Gott,

Heilige Maria, Königin der Engel
bitte(t) für uns.
Heiliger Michael,
Heiliger Gabriel,
Heiliger Raphael,
Alle heiligen Cherubim und Seraphim,
Alle heiligen Throne und Herrschaften,
Alle heiligen Kräfte und Mächte,
Alle heiligen Fürstentümer und Erzengel,
Alle heiligen Engel,
Alle heiligen Chöre der seligen Geister,
Die ihr allezeit das Angesicht Gottes schauet,
Die ihr immerdar Gott lobet und preiset,
Die ihr freudig und treu Gottes Willen vollstrecket,

Die ihr unser Gebet vor Gott bringt,
Die ihr mit Rat und Hilfe uns zur Seite steht,
Die ihr in den Gefahren uns beschützt,
Die ihr wider die Geister der Finsternis für uns kämpft,
Die ihr über unsere Buße euch freut,
Die ihr am Ende der Welt die Gerechten von den Gottlosen absondern werdet,
Die ihr die Auserwählten dem Throne Gottes vorstellen werdet,

Ihr heiligen Engel,
behütet und bewahret uns.
Vor aller Sünde,
Vor allen Gefahren des Leibes und der Seele,
Vor den Nachstellungen der bösen Geister,
Vor allen sichtbaren und unsichtbaren Feinden,
Vor Pest, Hunger und Krieg,
Vor den Werken der Finsternis,
Vor Lauheit im göttlichen Dienste,
Vor Kleinmut und Verzagtheit,
Vor einem unbußfertigen Herzen,
Vor dem unwürdigen Empfang der heiligen Sakramente,
Vor einem jähen Tode,
Vor der ewigen Verdammnis,

Lamm Gottes, das Du hinwegnimmst die Sünden der Welt, verschone uns, o Jesus.
Lamm Gottes, das Du hinwegnimmst die Sünden der Welt, erhöre uns, o Jesus.
Lamm Gottes, das Du hinwegnimmst die Sünden der Welt, erbarme Dich unser.

℣. Bittet für uns, ihr heiligen Engel Gottes,
℟. auf dass wir würdig werden der Verheißungen Christi.

Lasset uns beten.

O Gott, der Du Deinen heiligen Engeln befohlen hast, uns zu beschützen auf allen unseren Wegen, wir bitten Dich, lass uns unter ihrem Schutz vor den Nachstellungen der Feinde jederzeit gesichert und gegen alle Widerwärtigkeiten befestigt sein. Durch unseren Herrn Jesus Christus, Deinen Sohn, der mit Dir lebt und herrscht in der Einheit des Heiligen Geistes, Gott, von Ewigkeit zu Ewigkeit. ℟. Amen.

Litanei vom heiligen Joseph

Herr, erbarme Dich.
Christus, erbarme Dich.
Herr, erbarme Dich.

Christus, höre uns.
Christus, erhöre uns.

Gott Vater vom Himmel, erbarme Dich unser.
Gott Sohn, Erlöser der Welt,
Gott Heiliger Geist,
Heilige Dreifaltigkeit, ein einiger Gott,

Heilige Maria, bitte für uns.
Heiliger Joseph,
Du erlauchter Spross Davids,
Du Licht der Patriarchen,
Du Bräutigam der Gottesgebärerin,
Du keuscher Beschützer der Jungfrau,
Du Nährvater des Sohnes Gottes,
Du eifriger Beschirmer Christi,
Du Haupt der Heiligen Familie,
Du gerechtester Joseph,
Du keuschester Joseph,
Du klügster Joseph,
Du starkmütigster Joseph,
Du gehorsamster Joseph,
Du getreuester Joseph,
Du Spiegel der Geduld,

Du Freund der Armut,
Du Vorbild der Arbeiter,
Du Zierde des häuslichen Lebens,
Du Beschützer der Jungfrauen,
Du Stütze der Familien,
Du Trost der Elenden,
Du Hoffnung der Kranken,
Du Patron der Sterbenden,
Du Schrecken der bösen Geister,
Du Schutzherr der heiligen Kirche,

Lamm Gottes, das Du hinwegnimmst die Sünden der Welt, verschone uns, o Herr.
Lamm Gottes, das Du hinwegnimmst die Sünden der Welt, erhöre uns, o Herr.
Lamm Gottes, das Du hinwegnimmst die Sünden der Welt, erbarme Dich unser.

℣. Er hat ihn bestellt zum Herrn seines Hauses
℟. und zum Verwalter seines ganzen Besitzes.

Lasset uns beten.

Gott, der Du in unaussprechlicher Vorsehung den heiligen Joseph zum Bräutigam Deiner heiligsten Mutter erwählt hast, gewähre, so bitten wir, dass wir ihn, den wir als Beschützer auf Erden verehren, als Fürsprecher im Himmel zu haben verdienen, der Du lebst und regierst in alle Ewigkeit. ℟. Amen.

Litanei von allen Heiligen

Herr, erbarme Dich.
Christus, erbarme Dich.
Herr, erbarme Dich.

Christus, höre uns.
Christus, erhöre uns.

Gott Vater vom Himmel, erbarme Dich unser.
Gott Sohn, Erlöser der Welt,
Gott Heiliger Geist,
Heilige Dreifaltigkeit, ein einiger Gott,

Heilige Maria, bitte(t) für uns.
Heilige Gottesgebärerin,
Heilige Jungfrau der Jungfrauen,
Heiliger Michael,
Heiliger Gabriel,
Heiliger Raphael,
Alle heiligen Engel und Erzengel,
Alle heiligen Chöre der seligen Geister,
Heiliger Johannes der Täufer,
Heiliger Joseph,
Alle heiligen Patriarchen und Propheten,
Heiliger Petrus,
Heiliger Paulus,
Heiliger Andreas,
Heiliger Jakobus,
Heiliger Johannes,

Heiliger Thomas,
Heiliger Jakobus,
Heiliger Philippus,
Heiliger Bartholomäus,
Heiliger Matthäus,
Heiliger Simon,
Heiliger Thaddäus,
Heiliger Matthias,
Heiliger Barnabas,
Heiliger Lukas,
Heiliger Markus,
Alle heiligen Apostel und Evangelisten,
Alle heiligen Jünger des Herrn,
Alle heiligen Unschuldigen Kinder,
Heiliger Stephanus,
Heiliger Laurentius,
Heiliger Vincentius,
Heiliger Fabian und Sebastian,
Heiliger Johannes und Paulus,
Heiliger Kosmas und Damian,
Heiliger Gervasius und Protasius,
Alle heiligen Martyrer,
Heiliger Silvester,
Heiliger Gregorius,
Heiliger Ambrosius,
Heiliger Augustinus,
Heiliger Hieronymus,
Heiliger Martinus,

Heiliger Nikolaus,
Alle heiligen Bischöfe und Bekenner,
Alle heiligen Kirchenlehrer,
Heiliger Antonius,
Heiliger Benediktus,
Heiliger Bernardus,
Heiliger Dominikus,
Heiliger Franziskus,
Alle heiligen Priester und Leviten,
Alle heiligen Mönche und Einsiedler,
Heilige Maria Magdalena,
Heilige Agatha,
Heilige Lucia,
Heilige Agnes,
Heilige Cäcilia,
Heilige Katharina,
Heilige Anastasia,
Alle heiligen Jungfrauen und Witwen,
Alle Heiligen Gottes, tretet für uns ein.

Sei uns gnädig, verschone uns, o Herr.
Sei uns gnädig, erhöre uns, o Herr.

Von allem Übel, erlöse uns, o Herr.
Von aller Sünde,
Von Deinem Zorne,
Von einem jähen und unversehenen Tode,
Von den Nachstellungen des Teufels,
Von Zorn, Hass und allem bösen Willen,

Vom Geist der Unzucht,
Von Blitz und Ungewitter,
Von der Geißel des Erdbebens,
Von Pest, Hunger und Krieg,
Vom ewigen Tode,
Durch das Geheimnis Deiner heiligen Menschwerdung,
Durch Deine Ankunft,
Durch Deine Geburt,
Durch Deine Taufe und Dein heiliges Fasten,
Durch Dein Kreuz und Leiden,
Durch Deinen Tod und Dein Begräbnis,
Durch Deine heilige Auferstehung,
Durch Deine wunderbare Himmelfahrt,
Durch die Ankunft des Hl. Geistes, des Trösters,
Am Tage des Gerichtes,

Wir armen Sünder,
wir bitten Dich, erhöre uns.

Dass Du uns verschonest,
Dass Du uns vergebest,
Dass Du uns zu wahrer Buße führen wollest,
Dass Du Deine heilige Kirche regieren und erhalten wollest,
Dass Du den Apostolischen Oberhirten und alle Stände der Kirche in der heiligen Religion erhalten wollest,

Dass Du die Feinde der heiligen Kirche demütigen wollest,
Dass Du den christlichen Königen und Fürsten Frieden und wahre Eintracht schenken wollest,
Dass Du dem ganzen christlichen Volke Frieden und Einigkeit verleihen wollest,
Dass Du alle Irrenden zur Einheit der Kirche zurückrufen und alle Ungläubigen zum Lichte des Evangeliums führen wollest,
Dass Du uns in Deinem heiligen Dienste stärken und erhalten wollest,
Dass Du unsre Herzen zu himmlischen Begierden erheben wollest,
Dass Du alle unsre Wohltäter mit den ewigen Gütern belohnen wollest,
Dass Du unsre Seelen und die Seelen unsrer Brüder, Verwandten und Wohltäter vor der ewigen Verdammnis bewahren wollest,
Dass Du die Früchte der Erde geben und erhalten wollest,
Dass Du allen verstorbenen Gläubigen die ewige Ruhe verleihen wollest,
Dass Du uns erhören wollest,
Sohn Gottes, wir bitten Dich, erhöre uns.

Lamm Gottes, das Du hinwegnimmst die Sünden der Welt, verschone uns, o Herr.

Lamm Gottes, das Du hinwegnimmst die Sünden der Welt, erhöre uns, o Herr.

Lamm Gottes, das Du hinwegnimmst die Sünden der Welt, erbarme Dich unser.

℣. Du hast uns erlöst, Herr, in Deinem Blut,
℟. und hast uns für unseren Gott zu einem Königreich gemacht.

Lasset uns beten.

Wir bitten Dich, o Gott, gib Deinem gläubigen Volk immerdar Freude durch die Verehrung aller Heiligen und Schutz durch ihre dauernde Fürbitte, durch Christus, unseren Herrn. ℟. Amen.

Litanei für die Verstorbenen

Herr, erbarme Dich.
Christus, erbarme Dich.
Herr, erbarme Dich.

Christus, höre uns.
Christus, erhöre uns.

Gott Vater vom Himmel, erbarme Dich ihrer.
Gott Sohn, Erlöser der Welt,
Gott Heiliger Geist,
Heilige Dreifaltigkeit, ein einiger Gott,

Heilige Maria, bitte für sie.
Heilige Gottesgebärerin,

Alle heiligen Engel und Erzengel,
bittet für sie.
Alle heiligen Chöre der seligen Geister,
Alle heiligen Patriarchen und Propheten,
Alle heiligen Apostel und Evangelisten,
Alle heiligen Martyrer,
Alle heiligen Bischöfe und Bekenner,
Alle heiligen Kirchenlehrer,
Alle heiligen Priester und Leviten,
Alle heiligen Jungfrauen und Witwen,
Alle Heiligen Gottes,

Sei ihnen gnädig, verschone sie, o Herr.
Sei ihnen gnädig, erhöre sie, o Herr.
Von allem Übel, erlöse sie, o Herr.
Von Deinem Zorne,
Von der Strenge Deiner Gerechtigkeit,
Von dem nagenden Gewissenswurm,
Von ihrer langen und tiefen Betrübnis,
Von der Qual der Flammen,
Von der schauerlichen Finsternis,

Von dem schrecklichen Jammern und Wehklagen,
Durch Deine wunderbare Empfängnis,
Durch Deine heilige Geburt,
Durch Deinen süßen Namen,
Durch Deine Taufe und Dein heiliges Fasten,
Durch Deine tiefe Demut,
Durch Deinen Gehorsam,
Durch die unendliche Liebe Deines göttlichen Herzens,
Durch Deine Ängste und Mühseligkeiten,
Durch Deinen blutigen Schweiß,
Durch Deine Gefangennahme,
Durch Deine grausame Geißelung,
Durch Deine schmachvolle Krönung und Verspottung,
Durch Deinen mühevollen Kreuzweg,
Durch das teuere Blut Deiner heiligen Wunden,
Durch Dein bitteres Kreuz und Leiden,
Durch Deinen Tod und Dein Begräbnis,
Durch Deine glorreiche Auferstehung,
Durch Deine wunderbare Himmelfahrt,
Durch die Ankunft des Heiligen Geistes, des Trösters,
Am Tage des Gerichtes,

Wir armen Sünder,
wir bitten Dich, erhöre uns.